群馬の山歩き ベストガイド

安心して登れる126コース

Hiking best guide

上毛新聞社

発刊のことば

　本書は群馬県内の山をよく知る「群馬県山岳団体連絡協議会」（群馬県山岳連盟、群馬県勤労者山岳連盟、日本山岳会群馬支部）会員が総力を挙げて全コースを歩き直し総点検し、みんなの眼で見直したものです。

　登山道、登山コースは時を経ると様相が変わります。今から40〜50年前は一つの山でも数コースのアプローチがあり、当時の登山者の多くはその全てをトレースしようと考えていました。それ故に登山道は程度の差はあってもそれなりに維持し得ました。

　しかし、現在は○○百名山のような山に集中し、それらを制覇するのが目標、目的となり、一番楽なコースを登って一山稼がないといけない。そんな今風の登山者にとっても本書は役に立つ本といえます。また、隠れた名山も取り上げています。

　現在、日本中で制定が進んでいるグレーディングにも準拠しています。登山コースを体力は10段階、技術的難易度を5段階に分けて登山者が自分のレベルに合わせて登れる山、コースを選べるようにもなっていますから、安全登山を楽しめます。

　2018（平成30）年8月から運用され始めた群馬県境稜線トレイルの主要コースも紹介しています。稜線トレイルは群馬県からの依頼で、前出協議会員らが毎月コース点検をしていますので、体力、技術と相談しながら、登山を楽しんで下さい。

　登山者の皆さんにはコースの状況変化などをその都度、編集・発行者に伝えてほしいと思います。群馬の山を広く楽しむためのガイドブックでありたいと願っています。

　　2019年11月吉日　　　　　　　　　　群馬県山岳団体連絡協議会
　　　　　　　　　　　　　　　　　　　　　　会長　八木原圀明

群馬の山歩きベストガイド
安心して登れる 126 コース

もくじ

発刊のことば	1
エリアマップ	6
お読みになる前に	8
難易度の解説	9
本書に出てくる主な登山用語	10

■谷川・三国・武尊　［難易度/体力度］

谷川岳　天神尾根コース［B/2］	12
谷川岳　西黒尾根コース［C/3］	14
谷川岳　巌剛新道（マチガ沢出合から山頂まで）［C/3］	16
朝日岳　白毛門、朝日岳往復コース［C/5］	18
蓬峠越え　吾策新道コース［B/4］	20
谷川岳　馬蹄形縦走コース［C/6］	22
谷川岳から平標山　県境稜線縦走コース［B/5］	24
万太郎山　吾策新道復コース［B/3］	26
平標山　三国峠縦走コース［A/3］	28
平標山・仙ノ倉山　平元新道〜松手山コース［B/4］	30
三国山　三国峠コース［A/2］	32
赤沢峠　赤沢林道コース［B/2］	34
稲包山　四万温泉からの往復コース［A/3］	36
稲包山　三国峠から四万温泉へ下るコース［A/4］	38
巻機山　桜坂駐車場から山頂往復コース［B/4］	40
丹後山・大水上山　十字峡コース［C/5］	42
大峰山　上牧駅から山頂へのコース［A/3］	44
大峰山・吾妻耶山　大峰山登山口から2山縦走コース［A/2］	46
三峰山　後閑駅からの周回コース［A/3］	48
上州武尊山　藤原口からの山頂往復コース［B/3］	50
上州武尊山　藤原口周回コース［C/4］	52
上州武尊山　川場谷野営場コース［C/4］	54
上州武尊山　武尊牧場コース［B/3］	56
尼ケ禿山・玉原高原　尼ケ禿山周回コース［A/2］	58
雨乞山　高平から山頂を経て川場田園プラザへ下るコース［B/2］	60
戸神山・高王山　虚空蔵尊から観音堂縦走コース［B/1］	62
平ケ岳　中ノ岐林道コース［B/3］	64

■尾瀬・奥日光

尾瀬沼　大清水から尾瀬沼往復コース［A/3］　66
尾瀬ヶ原　鳩待峠からの往復コース［A/2］　68
尾瀬沼から尾瀬ヶ原　大清水から鳩待峠へのコース［A/3］　70
三条ノ滝　尾瀬ヶ原、三条ノ滝周回コース［A/4］　72
裏燧林道　大清水から裏燧林道を経て鳩待峠へのコース［A/5］　74
燧ヶ岳　鳩待峠から見晴新道コース［B/5］　76
至仏山　鳩待峠からの往復（山の鼻経由周回）［B/3］　78
笠ヶ岳　鳩待峠からの往復コース［B/3］　80
アヤメ平　富士見下から鳩待峠へのコース［A/3］　82
皿伏山　尾瀬沼からの往復コース［A/3］　84
日光白根山　菅沼から金精峠へのコース［B/4］　86
日光白根山　丸沼高原スキー場からの山頂部周回コース［B/2］　88
鬼怒沼山　大清水から鬼怒沼山往復コース［B/4］　90
四郎岳・燕巣山　丸沼から四郎峠経由往復コース［B/3］　92

■赤城・足尾・東毛

黒檜山　駒ヶ岳周回コース［B/2］　94
鈴ケ岳　新坂平から山頂往復コース［B/2］　96
荒山・鍋割山　箕輪から２山往復コース［A/3］　98
長七郎山・オトギの森　覚満淵から小沼周回コース［A/2］　100
皇海山　皇海橋から山頂往復コース［C/2］　102
袈裟丸山　折場登山口から弓の手コース［B/3］　104
袈裟丸山　郡界尾根コース［A/3］　106
栗生山　栗生神社から山頂往復コース［A/1］　108
根本山　根本沢コース［C/2］　110
鳴神山　駒形から木品へのコース［A/2］　112
吾妻山　吾妻公園から村松沢を下るコース［A/1］　114
仙人ケ岳　菱町泉龍院から尾根周回コース［B/3］　116
八王子丘陵　茶臼山から唐沢山までの縦走コース［A/2］　118
太田金山　金龍寺から山頂周回コース［A/1］　120

■吾妻・子持・小野子

高田山　駒岩から往復コース［B/2］　122
嵩山　西登山口から山頂周回コース［B/1］　124
岩櫃山　郷原駅から山頂周回コース［C/2］　126
吾嬬山・薬師岳　岩島駅からの往復コース［B/2］　128

有笠山　西登山口から東登山口への周回コース［C/1］	130
王城山　八ッ場ふるさと館からの往復コース［A/2］	132
菅峰・丸岩　須賀尾峠からの往復コース［B/2］	134
子持山　子持神社から浅間山周回コース［B/2］	136
小野子　北毛青少年自然の家から小野上駅へのコース［A/2］	138
十二ヶ岳　小野上温泉駅からの往復コース［B/3］	140

■浅間・白根

籠ノ登山・三方ヶ峰　籠ノ登山往復、池の平周回コース［A/2］	142
小浅間山・信濃路自然歩道　小浅間山から軽井沢へのコース［A/3］	144
黒斑山　車坂峠から蛇骨岳往復コース［B/2］	146
湯ノ丸山・烏帽子岳　地蔵峠から2峰周回コース［A/2］	148
四阿山　鳥居峠コース［B/3］	150
四阿山　バラギコース［B/3］	152
鼻曲山　霧積温泉コース［B/2］	154
鼻曲山　一の字山縦走コース［B/3］	156
角落山・剣の峰　女坂往復コース［C/2］	158
碓氷峠旧道下り　軽井沢から旧中山道の下山コース［A/2］	160
矢ヶ崎山　碓氷峠からの往復コース［A/1］	162
浅間隠山　二度上峠東から山頂往復コース［A/2］	164
浅間隠山　浅間隠温泉郷コース［A/3］	166
高倉山　わらび平森林公園からの往復コース［A/1］	168
芳ヶ平　草津天狗山ゲレンデから芳ヶ平・渋峠コース［A/3］	170
八間山　野反峠コース（山頂往復または池/峠へ）［A/2］	172
三壁山・エビ山　野反湖から3山周回コース［A/2］	174
白砂山　野反湖から山頂往復コース［B/3］	176
白砂山　三坂峠から白砂山往復コース［B/6］	178
御飯岳・破風岳　毛無峠からの往復コース［A/2］	180

■妙義・榛名

妙義山　中之嶽神社から石門、金洞山周回コース［C/2］	182
表妙義自然探勝路　大の字から石門コース［C/3］	184
丁須岩　御岳から鍵沢コース［D/3］	186
裏妙義縦走　丁須岩から赤岩、烏帽子岩コース［D/3］	188
谷急山　岩の平登山口から三方境を経由するコース［C/3］	190
高岩　雄岳、雌岳周回コース［C/2］	192
稲村山　赤坂橋から山頂往復コース［A/1］	194
水沢山　水沢観音コース［B/2］	196
伊香保森林公園　二ツ岳と園内周回コース［A/2］	198

相馬山　沼の原から山頂往復コース［B/1］	200
掃部ヶ岳・杏ヶ岳　杖の神峠コース［A/2］	202
榛名天狗山　榛名神社から天狗山往復コース［A/2］	204

■西上州

神津牧場・物見山　香坂峠周回コース［A/2］	206
物語山　サンスポーツランドから山頂往復コース［A/2］	208
兜岩山　荒船不動尊コース［B/2］	210
荒船山　内山峠往復コース［B/2］	212
立岩　線ヶ滝から左回り山頂周回コース［C/2］	214
毛無岩　道場川（東）尾根コース［C/3］	216
黒滝山　不動寺から観音岩、九十九谷周回コース［C/2］	218
四ツ又山　マメガタ峠から大天狗峠コース［C/2］	220
鹿岳　下高原コース［C/2］	222
大屋山　菱沼から山頂往復コース［A/1］	224
御堂山　西牧関所跡から高石峠周回コース［B/2］	226
三ツ岩岳　竜王里宮登山口から周回コース（右回り）［B/2］	228
烏帽子岳　シボツ沢登山口からマルを経由するコース［B/2］	230
小沢岳　七久保橋から山頂往復コース［B/2］	232
碧岩・大岩　三段の滝から両山往復コース［C/3］	234
桧沢岳　大森橋コース［B/2］	236
天狗岩　登山口からの往復コース［A/1］	238
笠丸山　住居附から地蔵峠への周回コース［B/1］	240
稲含山　秋畑コース［A/1］	242
大桁山・鍬柄岳　やすらぎの森からの周回コース［C/2］	244
雨降山　御荷鉾スーパー林道からの周回コース［B/2］	246
御荷鉾山・オドケ山　スーパー林道から3山周回コース［A/2］	248
赤久縄山　栗木平から山頂周回コース［A/3］	250
父不見　道の駅万葉の里から山頂周回コース［A/3］	252
大山・天丸山　天丸橋からの周回コース［C/2］	254
大ナゲシ　赤岩沢（赤岩橋から山頂往復）コース［C/3］	256
諏訪山　浜平コース［C/3］	258
二子山　坂本からの周回コース［D/2］	260
諏訪山　志賀坂登山口から九十の滝周回コース［B/2］	262

さくいん	264
取材・執筆者名簿	266
編集委員会名簿	267

谷川・三国・武尊エリア

- 大水上山
- ▲巻機山
- ▲朝日岳
- 谷川岳▲
- みなかみ町
- 平標山 ▲仙ノ倉山
- 尼ヶ禿山
- ▲三国山
- 白砂山▲ 稲包山▲ 吾妻耶山▲
- ▲大峰山 ▲三峰山
- 三壁山▲ ▲八間山
- ▲戸神
- エビ山▲
- 中之条町

吾妻・子持・小野子エリア

- 御飯山▲
- ▲白根山
- 草津町
- 高山村
- 有笠山▲ ▲嵩山 十二ヶ岳
- 昭和
- ▲子持山
- 吾嬬山▲ ▲岩櫃山 ▲小野子山
- ▲四阿山
- 王城山▲
- 渋川市 鈴ヶ岳
- 嬬恋村 菅峰▲
- 東吾妻町
- 長野原町 相馬山▲ ▲水沢山 鍋割山

浅間・白根エリア

- 湯の丸山▲
- 浅間隠山▲
- 掃部ヶ岳▲
- 杏ヶ岳▲ 榛東村・吉岡町
- 籠ノ登山▲ ▲鼻曲山
- 角落山▲ ▲榛名天狗山
- 浅間山▲

妙義・榛名エリア

- 安中市
- 谷急山▲ ▲丁須岩
- 赤城
- 高岩▲ ▲妙義山
- 高崎市
- 物見山▲ 下仁田町 富岡市
- 御堂山▲ ▲大桁山
- 荒船山▲ 物語山▲
- 甘楽町
- 立岩▲ 黒滝山▲ 鹿岳
- 藤岡市
- ▲稲含山
- 南牧村 ▲御荷鉾山
- 烏帽子岳▲ オドケ山
- 天狗岩▲ 赤久縄山 神流町

西上州エリア

- 笠丸山▲
- 上野村▲ ▲諏訪山
- 諏訪山▲ ▲父不見山
- ▲天丸山

群馬の山エリアマップ

平ヶ岳

●尾瀬沼
●尾瀬ヶ原
至仏山　▲アヤメ平　▲鬼怒沼山

尾瀬・奥日光エリア

片品村

州武尊山
　　　　▲日光白根山
雨乞山

　　　　▲皇海山

沼田市
　　　　▲袈裟丸山

みどり市

黒檜山　▲栗生山　　▲根本山
荒山　桐生市
　　　　▲鳴神山
　　　　桐生市
　　　　▲仙人ヶ岳
　　　　▲吾妻山

東毛エリア

　　　　▲八王子丘陵
　　　　▲太田金山

伊勢崎市　　太田市
　　　大泉町 邑楽町 館林市
　　　　千代田町 明和町 板倉町

Hiking best guide

お読みになる前に

- このガイドブックは、1990年に発行され、多くの登山者、ハイカーに愛用されてきた『群馬の山歩き130選』をベースに、新たに企画されたもので、2018年から19年にかけて群馬県山岳団体連絡協議会を構成する群馬県山岳連盟、群馬県勤労者山岳連盟、日本山岳会群馬支部の山岳3団体が分担して取材・調査した結果を基に、同協議会が編成した編集委員会において編集したものです。
- グレードは2017年に群馬県と群馬県山岳団体連絡協議会が作成した「群馬県 山のグレーディング」に準拠しています。

  体力度は1から10まで（本書では6まで）で、3までが平均的な体力であれば日帰りが可能、3の一部（尾瀬ヶ原〜尾瀬沼）と4・5は1泊が適当、6以上は1〜2泊、2〜3泊が適当となります。

  難易度は最もやさしいAから最も難易度の高いEまでで、群馬県内および本書ではDが最高となります（右表参照。グレードは長野県、新潟県、栃木県などの隣県のほか主要山岳を擁する県で同一の基準で作成されています）。
- コースタイムは、取材時の実測値をもとに、編集委員会において検討し定めた目安の時間です。休憩や食事時間は含まれていません。個人の年齢、体力、その時の体調、また天候や登山道の状態などの外的なコンディションによって増減しますので、余裕をもった計画を立ててください。
- コースガイドは原則として無雪期のものとし、適期はコース状態、気象条件、その他の要因を考慮してスケール上に表現しました。
- 本文中の地図は概念図で、距離や位置関係など実際とは異なります。また、方位の表示のないものは上が北です。実際の山行の際は必ず国土地理院発行の地形図とコンパスなどを携行し、また事前に読図法をマスターしておいてください。見出し下に必要な2万5千分の1地形図を示しました。
- 登山情報、交通機関、宿泊、問い合わせ先などのデータは2019年9月時点のものです。

難易度の解説

	登山道	技術・能力
A	◇概ね整備済み ◇転んだ場合でも転落・滑落の可能性は低い。 ◇道迷いの心配は少ない。	●登山の装備が必要
B	◇沢、崖、場所により雪渓などを通過 ◇急な登下降がある。 ◇道が分かりにくいところがある。 ◇転んだ場合の転落・滑落事故につながる場所がある。	●登山経験が必要 ●地図読み能力があることが望ましい。
C	◇ハシゴ・クサリ場、また、場所により雪渓や渡渉箇所がある。 ◇ミスをすると転落・滑落などの事故になる場所がある。 ◇案内標識が不十分な箇所も含まれる。	●地図読み能力、ハシゴ・クサリ場などを通過できる身体能力が必要
D	◇厳しい岩稜や不安定なガレ場、ハシゴ、クサリ場、薮漕ぎを必要とする箇所、場所により雪渓や渡渉箇所がある。 ◇手を使う急な登下降がある。 ◇ハシゴ・クサリ場や案内標識など人工的な補助は限定的で、転落・滑落の危険箇所が多い。	●地図読み能力、岩場、雪渓を安定して通過できるバランス能力や技術が必要 ●ルートファインディングの技術が必要
E	◇緊張を強いられる厳しい岩稜の登下降が続き、転落・滑落の危険箇所が連続する。 ◇深い薮漕ぎを必要とする箇所が連続する場合がある。	●地図読み能力、岩場、雪渓を安定して通過できるバランス能力や技術が必要 ●ルートファインディングの技術、高度な判断力が必要 ●登山者によってはロープを使わないと危険な場所もある。

[用語解説]

地図読み能力：地図を見て自分の位置を知ることができ、目的地へのルートを識別できる能力

ルートファインディング：登山道がついていないところ、または分かりづらいところで、一番安全に通過できるコースを見つけること

薮漕ぎ：ササや低木などが密生する薮を手でかき分けながら進むこと

(「群馬県 山のグレーディング」から)

本書に出てくる主な登山用語

右岸・左岸（うがん・さがん）	沢や川の下流に向かって右が右岸、左が左岸。
エスケープルート	天候急変時などにすみやかに安全圏へ下山するための登山道。
(〇〇の) 頭（かしら）	沢の源頭や山稜上の小ピーク。谷川連峰の「オジカ沢ノ頭」など。
ガレ（ガレ場）	岩礫の斜面。急傾斜の場合、転滑落や落石などに注意。
キレット	稜線上の深い切れ込み。縦走中の難所となることも多い。槍・穂高の「大キレット」など。
コル（鞍部）	稜線上の峰と峰の間の凹部。
三角点（図根点）	全国に張り巡らされた測量網の基準点。三角点標石が埋設され、1等から4等までである。
ザレ	砂礫・砂利の斜面。富士山や浅間山などの火山斜面に多い。
チムニー	岩場内の狭い割れ目。人の体が入れるくらいの煙突状をしたもの。
ルンゼ	岩壁や急斜面に切れ込んだ凹状または割れ目状の地形。チムニーより大きく、沢より急峻。
リッジ	尾根のこと。特にナイフリッジなど、岩尾根や急峻な尾根を指す場合が多い。
テラス	岩壁や急斜面の途中にある狭い平坦部。
トラバース	斜面を横切ること。急斜面の場合、バランスの確保が難しい。
バンド	岩壁や急斜面を横切る、帯状の狭い平坦部。登山路やルートにとられることも多い。
巻き道	ピークや滝などの急登や難所を避け、それらを迂回する道。

本書の地図にある主な記号

- ▬▬ 尾根
- ── 沢
- ●●●●● 山歩きコース
- ・・・・・・ 参考コース
- 🏠 山小屋（有人）
- ⌂ 山小屋（無人・東屋）
- ♀ バス停
- P 駐車場
- 🚻 トイレ
- 💧 水場

群馬の山歩きベストガイド

安心して登れる126コース

谷川岳 天神尾根コース
たにがわだけ

難易度 B
体力度 2

| 適期 | 1 | 2 | 3 | 4 | 5 | 6 | 7 | 8 | 9 | 10 | 11 | 12 |

スタート地点	最高地点	終了地点	ルート長	累積登り標高差	累積下り標高差
天神平 1313m	トマの耳 1963m	トマの耳 1963m	6.0km	700m	700m

2万5千分の1地形図　水上

アプローチ

「谷川岳ロープウェイ」土合口駅まで。ロープウエーで天神平まで約15分。
●車：関越道水上ICから国道291号土合駅前経由でロープウェイ駅まで14km（谷川岳ベースプラザ有料駐車場）
●公共交通機関：JR上越線土合駅から徒歩20分。上越新幹線上毛高原駅から上越線水上駅経由谷川岳ロープウェイ駅行きバス45分（水上駅から20分）
　＊谷川岳ロープウェイ ☎ 0278-72-3575
　＊バス（関越交通沼田営業所）☎ 0278-23-1111
　＊タクシー（関越交通沼田営業所）☎ 0278-24-5151

コースガイド

　谷川岳は標高2000mに満たないが、その急峻さと雄大な展望で日本アルプス並みの登山を楽しめる「近くてよい山」である。雪解けを待って高山植物が咲き始め、隠れた花の名山でもある。本コースはロープウエーを利用して天神平から山頂に至る最短コースで、家族連れも多い一般向けコースである。天神平からリフトを乗り継ぎ、天神峠からも歩ける。傾いて滑りやすい木道やガレ場、岩場ではクサリやロープがあり、気を付けて歩きたい。

　❶ロープウェイ駅には隣接してベースプラザがあり、立体駐車場とチケットブースや食堂、トイレなどがある。天神平まではロープウエーで15分。❷天神平から登山がスタートする。リフトで❸の天神峠まで上がり、尾根筋を行くルートと天神平から田尻尾根を絡んで行くルートがある。時間的に大差はない。2つの道はまもなく合流し、❹の熊穴沢避難小屋までアップダウンはあるが、ほぼ標高差のない道が続く。木道が滑りやすいので雨天、雨後は足元に注意。1カ所クサリの付いた岩場の横断があるが、落ち着いて渡れば問題はない。❹の避難小屋付近でこの後に続く急登に備えた休憩をとろう。廃道となったいわお新道を左に見て、間もなく急な岩混じりの上りが始まる。右の西黒沢側が切れたガレ状では落石に気を付け、上り下りの擦れ違いにも注意したい。樹林帯を抜け、天狗の留まり場と呼ばれる小さ

熊穴沢避難小屋手前から谷川岳

な岩場から天神ザンゲ岩を過ぎると肩の広場は近い。ガレ状となった斜面に木の階段が続く。この斜面を上り、左に巻くと肩の小屋。❺のトマの耳へは小屋から10分ほど。山頂からは眼下にマチガ沢、湯檜曽川対岸に白毛門から朝日岳へ続く「馬蹄形」の稜線、振り返れば平標山に続く国境稜線、そしてオキの耳（1977m）を近くに望む。オキの耳への往復は40分ほど。

＊山頂直下の肩の広場は幅が広く分岐も多いので、

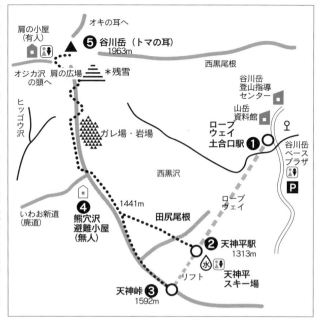

下山時に視界が悪いとコースを誤りやすい。地図とコンパス、指導標をしっかり確認したい。また、例年遅くまで雪が残り、早い年は10月初旬に初雪が訪れ、積雪することもある。装備をしっかりし、夏季も天候の急変に注意すること。
＊谷川岳などに分布する蛇紋岩は特有の植生を見せるが、滑りやすいので注意。

コースタイム (合計 4 時間)

ロープウェイ天神平駅 ⇄ 熊穴沢避難小屋 ⇄ 谷川岳（トマの耳）
　　　　　　　　0:50　　　　　　　　1:30
　　　　　　　　0:40　　　　　　　　1:00

問い合わせ

● みなかみ町エコパーク推進課
　☎ 0278-25-8228
● 県谷川岳登山指導センター
　☎ 0278-72-3688（登山全般）
● 谷川岳山岳資料館
　☎ 0278-72-6446（登山史・登山文化）
● 山小屋
　肩の小屋（4月下旬から11月上旬＊要問い合わせ）
　☎ 090-3347-0802（連絡は8時～16時）
● 温泉・宿泊（湯檜曽温泉・水上温泉）
　みなかみ町観光協会 ☎ 0278-62-0401

天神平の安全登山の鐘

谷川岳 西黒尾根コース

たにがわだけ

難易度 C
体力度 3

| 適期 | 1 | 2 | 3 | 4 | 5 | 6 | 7 | 8 | 9 | 10 | 11 | 12 |

スタート地点	最高地点	終了地点	ルート長	累積登り標高差	累積下り標高差
西黒尾根登山口 803m	トマの耳 1963m	西黒尾根登山口 803m	7.1km	1163m	1163m

2万5千分の1地形図：水上

アプローチ

●車：関越道水上ICから国道291号土合駅前経由14km（谷川岳ベースプラザ有料駐車場）

●公共交通機関：JR上越線土合駅から徒歩20分。上越新幹線上毛高原駅から上越線水上駅経由谷川岳ロープウェイ駅行きバス45分（水上駅から20分）
　＊谷川岳ロープウェイ ☎ 0278-72-3575
　＊バス（関越交通沼田営業所）☎ 0278-23-1111
　＊タクシー（関越交通沼田営業所）☎ 0278-24-5151

コースガイド

　谷川岳山頂トマの耳から東に延びるのが西黒尾根。天神尾根と共にポピュラーなルートの一つである。登山口からは樹林帯の中、いきなり急登が始まる。森林限界まで約2時間、かなりこたえる上りである。森林限界を超えれば左に西黒沢を挟んで天神尾根、右にマチガ沢を挟んでオキの耳に突き上げる東尾根が、正面には谷川岳が迫力をもってそびえている。快適な岩稜歩きで、振り返れば白毛門、朝日岳の馬蹄形縦走の山々、赤城山、武尊山、尾瀬の山々が見渡せる。ザンゲ岩の右手を巻いて越えれば、肩の小屋は近い。トマの耳までは小屋から10分。

　❶谷川岳山岳資料館は谷川岳やヒマラヤなどの資料多数。❷谷川岳登山指導センターに登山計画書を必ず提出すること。ルートの情報なども教えてもらえる。❸西黒尾根登山口は指導センターから5分。トマの耳から東に延びるのが西黒尾根。天神尾根と共にポピュラーなルートの一つ。登山口からは樹林帯の中、いきなり急登が始まる。しばらくすると❹の鉄塔が現れる。最初の休憩ポイントとして最適だ。これから森林限界を目指して、大小入り混じった石ころで足元の悪い樹林帯をひたすら登る。視

西黒尾根とトマの耳（中央）、オキの耳（右）

界が開け天神尾根をはじめ赤城、榛名、武尊山などが見渡せる。ここで一息入れ、ラクダの背まではあと少し。❺途中クサリ場が3カ所あるが慎重に行動すれば問題はない。ラクダの背からは谷川岳の山容に圧倒される。❻のガレ沢のコルまでいったん下り、再び急登が始まる。積雪期には雪壁になる箇所だ。1カ所クサリ場があるが、これを難なく越せば、勾配は一時緩やかになり、快適な稜線歩きが楽しめる。残りの急登を登り切り、❼

のザンゲ岩の右手を巻けば、❽の肩の小屋まではもう少し。下山は往路を戻るか、巌剛新道または天神尾根で。

コースタイム (合計 7 時間 20 分)

西黒尾根登山口 ⇄ 2:40/1:50 ガレ沢のコル（巌剛新道分岐）⇄ 1:40/1:10 谷川岳（トマの耳）

問い合わせ

- みなかみ町エコパーク推進課 ☎ 0278-25-8228
- 谷川岳登山指導センター
  ☎ 0278-72-3688（登山全般）
- 谷川岳山岳資料館
  ☎ 0278-72-6446（登山史・登山文化）
- 山小屋
  肩の小屋（4月下旬から11月上旬＊要問い合わせ）
  ☎ 090-3347-0802（連絡は8時〜16時）
- 温泉・宿泊（湯檜曽温泉・水上温泉）
  みなかみ町観光協会 ☎ 0278-62-0401

西黒尾根上部

谷川岳 巖剛新道（マチガ沢出合から山頂まで）

難易度 C　体力度 3

適期	1	2	3	4	5	6	7	8	9	10	11	12
						●	●	●	●			

スタート地点	最高地点	終了地点	ルート長	累積登り標高差	累積下り標高差
マチガ沢出合 828m	トマの耳(谷川岳) 1963m	トマの耳(谷川岳) 1963m	4.7km	1135m	0m

２万５千分の１地形図　茂倉岳

アプローチ

●**車**：関越道水上ICから国道291号土合駅前経由14km（谷川岳ベースプラザ有料駐車場）

●**公共交通機関**：JR土合駅から徒歩40分。バスでロープウェイ駅まで5分、そこから徒歩20分。バスは前項を参照。
　＊谷川岳ロープウェイ ☎ 0278-72-3575
　＊バス（関越交通沼田営業所）☎ 0278-23-1111
　＊タクシー（関越交通沼田営業所）☎ 0278-24-5151

コースガイド

　巖剛新道の名は1954（昭和29）年、沼田営林署の竹花巖、川中剛によって開かれたことによる。樹林帯を直登する西黒尾根前半部を避け、明るいマチガ沢から登り、西黒尾根にガレ沢のコルで合流するルート。開削者のねらいどおり、登山口から「トマ・オキの耳」の山頂とそこに達するマチガ沢本谷を見ることができる。中間点の展望台から、6月までS字状の雪渓とそびえ立つ山頂、一ノ倉沢とマチガ沢を分ける東尾根、シンセンの岩峰が間近だ。ガレ沢のコル上部の岩尾根からは、右にマチガ沢、左に西黒沢の谷と、振り返れば群馬県の平野部から関東の山々の大展望が広がる。

　❶登山口はマチガ沢出合手前50m左のケルン。谷川岳登山指導センターから登山口までブナ、ミズナラなどの明るい樹林帯の中の道である。1885（明治18）年開通の国道291号は、芝倉沢から先は車の通れない国道である。登山道はマチガ沢右岸の小さな沢を右に左に渡りながら、河原のような道を進む。傾斜がきつくなると第一展望台に着く。マチガ沢の谷、シンセンの岩峰、東尾根から山頂まで、一息入れながら見渡そう。振り返ると白毛門から

マチガ沢を望む

朝日岳までの稜線と沢筋がよく見える。ここからは低木と根の絡んだ急登を進む。マチガ沢側へ切れた斜面のトラバース数カ所は注意したい。やがて清水峠も見えるようになり、三角屋根のJR作業小屋、山手線への送電線も見える。❷クサリ2本、中間のハシゴを越える。登山道に蛇紋岩が出てくると西黒尾根も近くなる。斜度が落ちてくると、❸のガレ沢のコルに出る。ここから先は西黒尾根上部をたどり、トマの耳を目指す。「西黒尾根コース」を参照。

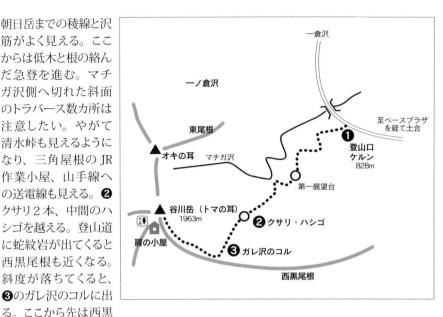

コースタイム（合計 4 時間 50 分／トマの耳まで）

土合駅➡〈0:40〉マチガ沢出合➡〈1:00〉第一展望台➡〈1:30〉ガレ沢のコル➡〈1:40〉トマの耳

問い合わせ

- みなかみ町エコパーク推進課 ☎ 0278-25-8228
- 谷川岳登山指導センター
  ☎ 0278-72-3688（登山全般）
- 谷川岳山岳資料館
  ☎ 0278-72-6446（登山史・登山文化）
- 山小屋
  肩の小屋（トマの耳山頂直下 4月下旬から11月上旬）
  ☎ 090-3347-0802（連絡は 8 時から 16 時まで）
- 温泉・宿泊（湯檜曽温泉・水上温泉）
  みなかみ町観光協会 ☎ 0278-62-0401

ハシゴ場

朝日岳 （あさひだけ） 白毛門、朝日岳往復コース

難易度 **C**
体力度 **5**

適期 | 1 | 2 | 3 | 4 | 5 | 6 | 7 | 8 | 9 | 10 | 11 | 12 |

スタート地点	最高地点	終了地点	ルート長	累積登り標高差	累積下り標高差
土合駅 663m (地下ホーム584m)	朝日岳 1945m	土合駅 663m (地下ホーム584m)	12.8km	1474m （駅構内高低差含まず）	1474m （駅構内高低差含まず）

■2万5千分の1地形図 　茂倉岳

アプローチ
●**車**：関越道水上ICから国道291号土合駅前経由15km、土合橋直前右折。無料駐車場 (100台)
●**公共交通機関**：JR上越線土合駅から徒歩15分で駐車場。上越新幹線上毛高原駅から上越線水上駅経由谷川岳ロープウェイ駅行きバス39分、土合橋下車、1200円（水上駅から14分、700円）
＊バス（関越交通沼田営業所）☎ 0278-23-1111
＊タクシー（関越交通沼田営業所）☎ 0278-24-5151

コースガイド

　湯檜曽川（ゆびそ）を間に挟み、谷川岳の東側に屹立する山塊である。白毛門山頂から笠ケ岳、朝日岳にかけて望む谷川岳の朝の陽光を浴びたその美しい姿には、息をのまずにはいられない。左から天神尾根、西黒尾根、マチガ沢、トマの耳、オキの耳、一ノ倉沢、衝立岩、一ノ倉岳、茂倉岳、武能岳、蓬峠へと続く山並みは、日本を代表する山岳風景の一つといえるだろう。

　所要時間10時間以上の健脚向きコースである。できる限り早出に努めたい。日が短くなると日没後の下山となることもあり得るので、ヘッドライトなどは必携である。コース上に水場やトイレは全くない。土合駅の水も「飲料不適」と表示されている。しっかりとした準備の上、入山したい。また、有人の小屋はなく、避難小屋は笠ケ岳から朝日岳側に下ってすぐにかまぼこ形の避難小屋がある。6〜8人収容可。白毛門〜朝日岳は登山者も稀で、静かな山旅を満喫できる。

❶土合駅を出発、約20分で駐車場を抜け、東黒沢に架かる赤い橋を渡る。❷東黒沢方面との分岐にある道標に従って左へ。すぐに樹林の中の急登となる。❸約80分、1154mの地点は平坦で休憩適地。右側に白毛門沢の滝を樹間に望める。ここを過ぎると徐々に中低灌木となり、松ノ木沢の頭手前❹のクサリ場辺りで視界が開け、頭 (1484m) に立つと正面に白毛門、左に谷川岳の雄姿を望む。❺白毛門山頂から望むトマ・オキの双耳峰、一ノ倉沢や衝立岩、マチガ沢が素晴らしい。❻白毛門を過ぎ、笠ケ岳から朝日岳にかけては高山植物が多く、お花畑が散在する。紅葉の時季も色鮮やかである。❼朝日岳山頂の北側には高層湿原が広がり、清水峠へのたおやかな稜線や遠く巻機山（まきはたやま）を望める。ここに来るまでには、笠ケ岳からノコギリ刃のように続く小ピークを越える。❽朝日岳から宝川温泉への下降ルートがあるが、降雨で宝川 (大石沢・ウツボキ沢) が増

水した場合、渡渉は困難となる。歩行時間も約6時間かかる。清水峠避難小屋へはおよそ1時間45分、水場あり。笠ヶ岳避難小屋へは1時間10分。

* 東黒沢との分岐から始まる急登は、松ノ木沢の頭まで続く。その間、樹木の根が縦横に伸び、雨の日は滑りやすいので、下山時は特に注意したい。
* クサリやロープが7～8カ所あるが、ほとんどが花崗岩でしっかりしている。要注意は2カ所、松ノ木沢の頭直前のロープのある場所は、右端を選ぶと湿っていて、上部で黒土を横切

ることになり滑りやすい。もう1カ所は、朝日岳山頂直前に花崗岩の巨岩があり、その左右を巻くが、右側は切れ落ち、花崗岩の岩肌にハイマツがへばりつき、底が抜けている上を通過する。左側を巻く方がよい。

コースタイム（合計 10時間55分）

土合駅 ⇄ 0:15/0:10 登山口駐車場 ⇄ 0:05/0:05 東黒沢分岐 ⇄ 2:30/1:40 松ノ木沢の頭 ⇄ 0:50/0:40 白毛門 ⇄ 1:10/0:45 笠ヶ岳 ⇄ 1:30/1:15 朝日岳

問い合わせ

● みなかみ町エコパーク推進課
 ☎ 0278-25-8228
● 谷川岳登山指導センター
 ☎ 0278-72-3688（登山全般）
● 谷川岳山岳資料館
 ☎ 0278-72-6446
 （登山史・登山文化）
● 山小屋
 笠ヶ岳避難小屋（無人）
● 温泉・宿泊
 （湯檜曽温泉・水上温泉）
 みなかみ町観光協会
 ☎ 0278-62-0401

白毛門山頂から谷川岳

蓬峠越え　土樽から土合へ抜けるコース

難易度 B　体力度 4

| 適期 | 1 | 2 | 3 | 4 | 5 | **6** | **7** | **8** | **9** | 10 | 11 | 12 |

スタート地点	最高地点	終了地点	ルート長	累積登り標高差	累積下り標高差
土樽駅 600m	蓬峠 1529m	土合駅 663m	17.6km	950 m	900 m

2万5千分の1地形図　茂倉岳・土樽

アプローチ

JR上越線を利用し周回するのがよい。列車の本数が限られている。

●**車**：関越道水上ICから国道291号、土合駅周辺の駐車場を利用。または関越道湯沢ICから土樽駅周辺、茂倉新道登山口付近の駐車スペースなどを利用。駐車場はない。

●**公共交通機関**：土樽駅、土合駅共にJR上越線の利用が便利。ただし、本数が少ない。土合駅前からは関越交通バスの水上駅―谷川岳ロープウェイ線が利用できる。JR上越線の最終列車より遅い便はない点に注意。

　＊JR東日本 ☎ 050-2016-1600（運行情報はJR東日本ホームページから）
　＊バス（関越交通沼田営業所）☎ 0278-23-1111
　＊タクシー（関越交通沼田営業所）☎ 0278-24-5151
　　　　　　（アサヒタクシー　土樽側）☎ 0257-84-3410（要予約）

コースガイド

　谷川連峰の縦走路を横断する、穏やかな山行ができるルート。紅葉の季節など、ゆっくりとした山行が楽しめる。蓬峠にある稜線上の営業小屋に泊まれば、なお趣が深まるだろう。降雪の多い地域で、例年6月まで蓬峠の土樽側、土合側に雪田が残り、登山道を覆っている。特に蓬峠から白樺避難小屋までの間はガスの場合、ルート確認が難しい。また、湯檜曽川沿いの雪渓は多雪の年は急峻、寡雪の年は踏み抜けば湯檜曽川の激流となり、注意が必要だ。梅雨明けには登山道も安定する。土合側では湯檜曽川の右岸を歩く。突然の降雨による鉄砲水で死亡事故が発生したケースもあった。また、10月の初旬に降雪を見ることもあるので注意。ここではJR上越線を利用し、土樽から土合へ越えるコースを、2018年現在の時刻表を念頭において紹介する。高崎駅朝7時過ぎの水上行きは水上駅で長岡行きの始発に連絡し、土樽駅に9時前に到着する。

　❶土樽駅から高速道路の陸橋をくぐり、魚野川に架かる蓬橋を渡る。上流へ向かい、高波吾作像・水場を過ぎ、吾作新道（浅間平橋）を分けると、❷の茂倉新道分岐である。そのまま林道を進む。林道終点から、蓬新道は蓬沢の右岸を通り、❸の東俣沢出合から尾根に登り、水場から10分ほどで蓬峠に到着する。峠に蓬ヒュッテがある。❹蓬峠から武能岳へ向かい、100mほど進み土合方面へ。やや急な斜面を下り、沢を巻きながら旧道に。すぐに❺の白樺避難小屋があり、その先で旧

一ノ倉沢の岩壁を見上げる

道を分け新道へ。一気に武能沢出合に下る。湯檜曽川右岸に沿って、やや急な斜面を横切りながら芝倉沢出合を越せば、❻の巡視小屋に到着する。マチガ沢出合を過ぎると林道に。❼の土合橋を経て、❽の土合駅に到着する。土合駅18時過ぎの列車が終電で、水上駅で連絡し、高崎駅に20時前に到着する。コースタイムは余裕を見て設定した。足に自信があれば、コースタイムの3分の2ほどで、土合発15時台の列車に乗ると、高崎駅に17時ごろ到着する。

＊1/25000地形図茂倉岳に記載された登山道は一部、蓬沢の左岸にある。実際の登山道は沢の右岸沿いに整備され明瞭だ。＊多雪地帯であり、6月は沢筋に大きな雪渓が残る。また、沢沿いを歩くルートであり、鉄砲水にも注意が必要だ。
＊2015年に建て替えられた蓬ヒュッテにはバイオトイレが設置。利用協力金500円。

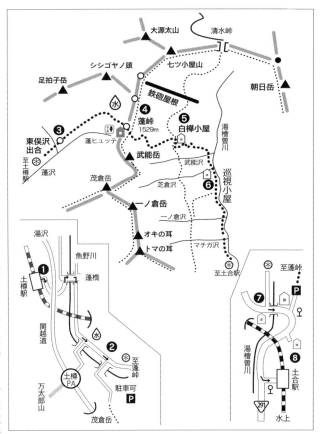

コースタイム（合計 8時間40分）
土樽駅➡〈0:30〉茂倉新道分岐➡〈2:00〉東俣沢出合➡〈2:30〉蓬峠➡〈0:50〉白樺小屋➡〈1:30〉巡視小屋➡〈1:10〉土合橋➡〈0:10〉土合駅

問い合わせ
- みなかみ町エコパーク推進課 ☎ 0278-25-8228
- みなかみ町観光協会 ☎ 0278-62-0401
- 湯沢町観光商工課 ☎ 025-784-4850
- 谷川岳登山指導センター
  ☎ 0278-72-3688（登山全般）
- 谷川岳山岳資料館
  ☎ 0278-72-6446（登山史・登山文化）
- 山小屋 蓬ヒュッテ ☎ 025-787-3268
  白樺避難小屋（無人）

蓬峠から武能岳

谷川岳 馬蹄形縦走コース
たにがわだけ

適期 | 1 | 2 | 3 | 4 | 5 | **6** | **7** | **8** | **9** | 10 | 11 | 12

C

体力度 **6**

スタート地点	最高地点	終了地点	ルート長	累積登り標高差	累積下り標高差
土合（白毛門登山口駐車場）690m	茂倉岳 1978m	天神平 1310m	1日目：10.7km 2日目：14.4km	1日目：1931m 2日目：1837m	1日目：1183m 2日目：1980m

２万５千分の１地形図　茂倉岳・水上

アプローチ

電車、バスを利用すると登山口9時ごろの出発になる。長時間の登山行動を考えると、前夜泊か車利用で朝早く出発することを勧めたい。

●車：関越道水上ICから国道291号土合駅前経由13km、土合橋直前右折し無料駐車場（100台）。

●公共交通機関：JR上越線土合駅から徒歩15分で登山口駐車場。JR上越新幹線上毛高原駅から上越線水上駅経由谷川岳ロープウェイ駅行きバス39分、土合橋下車、1200円（水上駅から14分、700円）

　＊バス（関越交通沼田営業所）☎ 0278-23-1111
　＊タクシー（関越交通沼田営業所）☎ 0278-24-5151
　＊谷川岳ロープウェイ☎ 0278-72-3575 平日：8:00〜17:00、土日祝：7:00〜17:00（4〜11月）

コースガイド

　谷川連峰は「ぐんま県境稜線トレイル」の出発にふさわしい群馬県を代表する山である。ここで紹介するコースは白毛門、朝日岳、武能岳、茂倉岳、一ノ倉岳、谷川岳という順に巡るコースで、その形から馬蹄形と呼ばれているコースである。清水峠避難小屋泊の1泊2日で谷川岳から下山するコースを紹介する。

　1日目：朝日岳までは「朝日岳」の項を参照。❶登山口駐車場から❷白毛門までは4時間の長くてつらい急登が続く。白毛門山頂から先は多少のアップダウンはあるが気持ちのよい稜線歩きとなる。❸笠ヶ岳から大烏帽子、小烏帽子などの小ピークをいくつか超えると❹の朝日岳に到着する。宝川方面へ数十メートル行ったところに水場があり、冷たい水で喉を潤したい。❺のジャンクションピークを越えると尾根に沿っての下りとなるが、北側にスリップしないように注意したい。樹林帯を越え鉄塔まで来ると❻清水峠避難小屋は近い。無人小屋ではあるが、近くに水場もあり快適に宿泊することができる。

　2日目：1日目と同様に早い時間に出発したい。避難小屋を出発するとすぐに深いササの中の上りである。朝露で濡れるのでカッパを着用したい。❼七ツ小屋山で茂倉岳、一ノ倉岳方面の眺めを楽しんだら、ササ原の緩やかなアップダウンの続く気持ちよい登山道が続き、間もなくして❽の蓬ヒュッテに到着する。馬蹄形を逆に回る場合はここに泊まるとよいだろう（要予約）。昨日歩いた朝日岳方面の眺めも楽しむことができるようになり、ササ原の上り1時間で武能岳❾に着く。次の茂倉岳までの長い上りに備えて休憩を取ろう。武能岳を下り、笹平から長くて辛い上りを経て❿の茂倉岳に到着する。ここから20分で⓫の一ノ倉

谷川・三国・武尊

岳を過ぎ、鎖場のある急な下り上りを経てオキの耳⓬に着く。この間、ノゾキなどから見る一ノ倉沢の絶壁は迫力がある。⓭トマの耳まで来ると一安心である。県境稜線トレイルは西へ延びる平標山方面への稜線に進むことになる。トマの耳からの下山は天神尾根コース、西黒尾根コースなどがあるが、それぞれのコース案内を参照されたい。

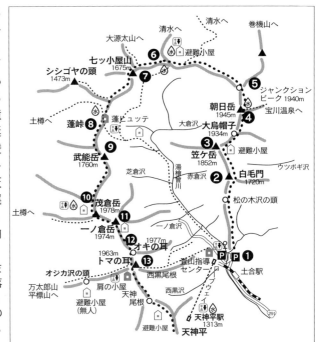

＊一ノ倉岳から谷川岳までは群馬県側が切れ落ちている。転落に注意。
＊清水峠周辺は送電線の巡視道がたくさんある。道間違いに注意。
＊登山道に6月上旬までは残雪があるのでアイゼン必携。適期は梅雨明け6月下旬～10月上旬であるが、紅葉の時季にも雪が降ることがあるので注意。
＊雷など天気の急変に注意。特に白毛門から朝日岳まではエスケープルートがないので注意。

コースタイム （1日目：7時間50分／2日目：8時間20分）

白毛門登山口駐車場 ⇄(3:30/2:30) 白毛門 ⇄(2:30/2:00) 朝日岳 ⇄(1:50/2:40) 清水峠 ⇄(2:00/1:30) 蓬峠 ⇄(1:00/0:40) 武能岳 ⇄(2:00/1:30) 茂倉岳 ⇄(1:50/1:40) トマの耳 ⇄(1:30/2:30) 天神平

問い合わせ

● みなかみ町エコパーク推進課 ☎ 0278-25-8228
● 谷川岳登山指導センター　☎ 0278-72-3688
● 谷川岳山岳資料館
　☎ 0278-72-6446
● 山小屋
　蓬ヒュッテ ☎ 025-787-3268
　肩の小屋 ☎ 090-3347-0802
● 温泉・宿泊（湯檜曽温泉・水上温泉）
　みなかみ町観光協会
　☎ 0278-62-0401

遠く谷川を見ながら蓬峠へ

谷川岳から平標山 県境稜線縦走コース

たにがわだけ　たいらっぴょうやま

| 適期 | 1 | 2 | 3 | 4 | 5 | 6 | 7 | 8 | 9 | 10 | 11 | 12 |

難易度 B　体力度 5

スタート地点	最高地点	終了地点	ルート長	累積登り標高差	累積下り標高差
西黒尾根登山口 745m	仙ノ倉山 2026m	湯沢町町営駐車場 978m	20.4km	1996m	1819m

2万5千分の1地形図　茂倉岳・水上・三国峠

アプローチ

［群馬県側］谷川岳ベースプラザまたは谷川岳登山指導センターへ登山計画書を提出。［新潟県側］元橋の町営駐車場内の登山ポストに提出。
●車：［群馬県側］関越道水上ICから国道291号土合駅前経由14km 谷川岳ベースプラザ（有料）　［新潟県側］関越道湯沢ICから国道17号線二居トンネル経由19km 元橋町営駐車場（有料）
●公共交通機関：［群馬県側］JR上越線土合駅から徒歩20分。JR上越新幹線上毛高原駅から上越線水上駅経由谷川岳ロープウェイ駅行きバス45分（水上駅から20分）＊バス（関越交通沼田営業所）☎0278-23-1111／谷川岳ロープウェイ☎0278-72-3575　［新潟県側］JR越後湯沢駅から南越後観光バス、西武クリスタル線元橋下車35分。＊バス（南越後観光バス湯沢車庫）☎025-784-3321

コースガイド

　谷川岳から平標山までほぼ真西に延びる稜線が、群馬県と新潟県の県境いわゆる国境稜線であり、肩の小屋から万太郎山、仙ノ倉山、平標山を経て元橋の町営駐車場までは約16kmのロングコースである。健脚、熟達向き。時間的には肩の小屋から平標山に抜ける方が逆コースより1時間ほど短い。肩の小屋か大障子避難小屋に泊まれば、2日目に元橋まで下山できるが、避難小屋泊となると寝具、炊事用具などが必要となる。谷川岳、平標山間は幕営禁止となっている。万太郎山から毛渡乗越まで400m下り、仙ノ倉山まで約500mの登り返しとなるので、ペース配分に注意が必要。初夏から盛夏には稜線上は高山植物が咲き乱れ、仙ノ倉山からはお花畑が広がる雲表の散歩道となる。エスケープルートとしては、万太郎山から吾策新道を土樽に下山となるが4時間と長い。

　肩の小屋から国境稜線を望む。まずは中ゴー尾根分岐の鞍部まで下り、オジカ沢の頭まで登り返す。❶クサリ場それに続くヤセ尾根の通過には要注意。1時間半ほどでオジカ沢の頭に到着、すぐ下には避難小屋（3人）がある。ここから40分ほどで大障子避難小屋（7人）、赤谷川側に下り、10分で水場がある。大障子の頭を越え200mほど登り返すと、❷の万太郎山山頂に着く。山頂右手前では土樽側からの吾

万太郎山から谷川岳遠望

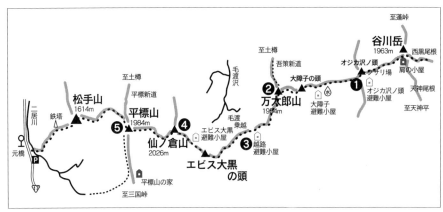

策新道が合流する。万太郎山頂から南西に東俣ノ頭を巻いて越路避難小屋（5人）を過ぎ、濡れた岩場に注意して下ると、エビス大黒の頭との鞍部の毛渡乗越❸になる。ここまで万太郎山頂から400m下ったことになる。左手の群馬側には赤谷川沿いに川古温泉に下る道があるが、あまり使われていない。ここから最高峰の仙ノ倉山まで500mの上りとなる。途中のエビス大黒の頭までは岩場を含む急登となる。1時間30分ほどで山頂。一部やせた尾根を通過し100mほど下るとエビス大黒避難小屋（3人）。残り250mを登り切ると山頂が広く平らな仙ノ倉山❹に到着する。初夏から盛夏にはお花畑が広がるなだらかな尾根を下り、100m登り返すと❺の平標山頂である。ここから下山口の元橋までは、松手山コースまたは平標山の家を経て平元新道を下っても、時間はほぼ同じで2時間30分ほどである。

＊オジカ沢の頭の東、エビス大黒の頭付近はヤセ尾根、岩場の通過となるので注意。
＊水場は大障子避難小屋から赤谷川側に10分ほど下る。

コースタイム (合計 14 時間 5 分)

西黒尾根登山口➡〈4:20〉谷川岳（トマの耳）➡〈0:10〉肩の小屋➡〈1:15〉オジカ沢ノ頭避難小屋➡〈0:40〉大障子避難小屋➡〈1:30〉万太郎山➡〈0:30〉越路避難小屋➡〈0:10〉毛渡乗越➡〈1:20〉エビス大黒ノ頭➡〈1:15〉仙ノ倉山➡〈0:40〉平標山➡〈0:45〉松手山➡〈1:30〉町営駐車場

問い合わせ

- みなかみ町エコパーク推進課 ☎ 0278-25-8228
- 谷川岳登山指導センター ☎ 0278-72-3688 （登山全般）
- 谷川岳山岳資料館 ☎ 0278-72-6446 （登山史・登山文化）
- 山小屋
  肩の小屋（トマの耳山頂直下 4月下旬～11月上旬）
  ☎ 090-3347-0802 （連絡は 8時～16時）

  平標山の家（平標山山頂から南へ 1km）
  ☎ 090-7832-0316 （連絡は 9時～15時）
- 温泉・宿泊（湯檜曽温泉・水上温泉）
  みなかみ町観光協会 ☎ 0278-62-0401

万太郎山を望む

万太郎山（まんたろうやま） 吾策新道コース

| 適期 | 1 | 2 | 3 | 4 | 5 | **6** | **7** | **8** | **9** | **10** | 11 | 12 |

難易度 **B**
体力度 **3**

スタート地点	最高地点	終了地点	ルート長	累積登り標高差	累積下り標高差
吾策新道登山口 769m	万太郎山 1954m	吾策新道登山口 769m	7.0km	1185m	1185m

2万5千分の1地形図　茂倉岳・水上

アプローチ

（新潟県側）登山ポストはJR土樽駅前および土樽駅から10分ほど水上側に行った安全登山の広場にある。

●**車**：（新潟県側）関越道湯沢ICからJR土樽駅に向かい、関越道土樽PAを右手に見て関越道をくぐり1.5kmほど進んだところに10台ほど止められる。

●**公共交通機関**：（新潟県側）JR上越線土樽駅から徒歩1時間。越後湯沢駅からタクシー利用。

＊タクシー　（湯沢魚沼タクシー）☎ 0257-84-2025
　　　　　　（アサヒタクシー）☎ 0120-109-481

谷川・三国・武尊

コースガイド

　万太郎山は谷川岳の西側、平標山までの縦走路のほぼ真ん中に位置する。群馬県側は川古温泉から毛渡乗越（けとのっこし）経由で、また、新潟県側は吾策新道を利用して万太郎山山頂を目指す。どちらからも高度差1300mほどで往復10時間を超える行程である。新潟県側の吾策新道利用がアプローチがよいため、ここでは吾策新道を紹介する。

　関越道土樽PAを右手に見て関越道をくぐり、沢沿いの林道を詰めると、右手に吾策新道入口（769.2m）の道標❶がある。時季によっては草で覆われている場合があるので注意のこと。ここから❷の船窪（1250m）まで杉林からブナ林の中の急登を上る。さらに高度を稼ぎ❸の大ベタテノ頭（1499m）まで来ると展望が開ける。❹井戸小屋沢ノ頭（1650m）まではザレて足場も悪く、トラロープなどが張ら

万太郎山から谷川岳遠望

れている。井戸小屋沢ノ頭で一休み。壊れた枠だけの表示板にかろうじて井戸小屋沢ノ頭の小さなプレートがある。ここから山頂まで高度差300m。岩場の通過になるので要注意。❺分岐まで出たら右に折れると、万太郎山頂はすぐそこ。下山は往路をたどるが、岩場とザレ場は慎重に通過したい。

＊井戸小屋沢ノ頭手前はザレて足場が悪くトラロープあり。これより上部は一部岩場の通過となるので、注意のこと。
＊水場は安全登山の広場の向かいに湧水がある。

コースタイム (合計 7時間20分)

吾策新道登山口 ⇄(2:10/1:20) 大ベタテノ頭 ⇄(0:45/0:35) 井戸小屋沢ノ頭 ⇄(1:30/1:00) 万太郎山

問い合わせ

- みなかみ町エコパーク推進課
  ☎ 0278-25-8228
- 湯沢町観光商工課
  ☎ 025-784-4850
- みなかみ町観光協会
  ☎ 0278-62-0401

万太郎山を望む

平標山 — 三国峠縦走コース

たいらっぴょうやま

| 適期 | 1 | 2 | 3 | 4 | 5 | **6** | **7** | **8** | **9** | **10** | 11 | 12 |

難易度 **A**　体力度 **3**

谷川・三国・武尊

スタート地点	最高地点	終了地点	ルート長	累積登り標高差	累積下り標高差
平標山 1984m	平標山 1984m	上越橋（駐車場） 1095m	8.5km	309m	1198m

2万5千分の1地形図　三国峠

アプローチ

平標山の家は5～10月まで有人で営業、宿泊は協力金として2000円/人。小屋の北側に数張りのテント幕営可。三角山登山道は尾根に真っすぐ付けられた道で、ほとんどが急な下り。所々トラロープあり。バスを利用する場合はJR越後湯沢駅から元橋、西武クリスタル。JR上越線後閑駅から猿ヶ京経由法師温泉となる。

●**車**：元橋まで関越道湯沢ICから国道17号を17km。上越橋まで関越道月夜野ICから国道17号を28km。

●**公共交通機関**：JR越後湯沢駅から南越後観光バスで平標登山口まで35分。終点の西武クリスタルまで50分。
　JR上越線後閑駅から上毛高原駅経由で猿ヶ京まで関越交通バス40分。猿ヶ京から法師温泉までは町営バスで15分。

＊バス（南越後観光バス）☎ 025-784-3322
　　　（関越交通バス沼田営業所）☎ 0278-23-1111

コースガイド

　このコースは谷川岳からの縦走路のうち、平標山～三国山の区間である。平標山から平標山の家までは大勢の登山者でにぎわうが、小屋から先の三国山方面は静かな山歩きが楽しめる。特に大源太山頂は訪れる人もまばらである。逆コースの場合、上越橋から三国山までの登りと平標山の家から平標山までの登りを合わせ、1時間ほどをこのコースタイムにプラスになる。平標山までは平標山・仙ノ倉山の項の松手山コース、平元新道または谷川岳から平標山の項を参照のこと。

　❶平標山から南へと木の階段を下る。眼下には平標山の家❷が見える。❷小屋の横には水が出ており、トイレも使える。ここからは平元新道経由2時間で元橋に下山できる。❷～❸の稜線は灌木に覆われていて、時々開けた稜線からは雄大な仙ノ倉山が間近に見える。❸大源太山分岐には道標があり、左へ進むと15分ほどで平らな❹大源太山山頂である。山頂からは仙ノ倉山、エビス大黒ノ頭、万太郎山から谷川岳へ

大源太山頂から谷川方面を望む

の国境稜線が望める。川古温泉へ下る場合は東へ踏み跡をたどるが、林道を合わせ、4時間ほどかかる。❸分岐に戻り南へ向かうと10分で❺三角山である。ここからは三角山登山道を浅貝へと下れるが、所々トラロープが付けられた急な道なので注意したい。❺三角山からは小さなピークを2つほど越すと三国山❻への最後の登りとなる。登り出しには倒れた道標があり、右が三国山の巻き道となる。上り切ったところの分岐を左へ50mほどで三国山山頂である。
❼三国峠へは分岐へ戻

り、階段の多い道を南に下る。旧三国街道を群馬側へ進むと5分ほどで❽の分岐である。分岐を右に下れば20分ほどで上越橋、国道17号へ出る。法師温泉までは徒歩1時間。法師温泉からは猿ヶ京経由でJR後閑駅までバスがある。JR越後湯沢駅へは❼三国峠から新潟側登山口へ下り、国道を1.7kmで西武クリスタルバス停。

＊三国山から三国峠までは斜めになった木の階段あり。雨天時はスリップ注意。

コースタイム (合計 4 時間 10 分)

平標山➡〈0:40〉平標山の家➡〈0:40〉大源太山分岐➡〈0:15〉大源太山➡〈0:10〉大源太山分岐➡〈0:10〉三角山➡〈1:10〉三国山➡〈0:40〉三国峠➡〈0:25〉上越橋

問い合わせ

- ●みなかみ町エコパーク推進課
   ☎ 0278-25-8228
- ●みなかみ町観光協会 ☎ 0278-62-0401
- ●谷川岳登山指導センター
   ☎ 0278-72-3688（登山全般）
- ●山小屋
   平標山の家 ☎ 090-7832-0316
   三国峠避難小屋（無人）

平標山の家から平標山頂

平標山・仙ノ倉山 平元新道〜松手山コース

難易度 B
体力度 4

| 適期 | 1 | 2 | 3 | 4 | 5 | 6 | 7 | 8 | 9 | 10 | 11 | 12 |

スタート地点	最高地点	終了地点	ルート長	累積登り標高差	累積下り標高差
元橋登山口 980m	仙ノ倉山 2026m	元橋登山口 974m	13.8km	1046m	1046m

2万5千分の1地形図　三国峠

アプローチ

●車：関越道湯沢ICから国道17号二居トンネル経由19km、元橋町営駐車場（有料）
●公共交通機関：JR越後湯沢駅から南越後観光バス、西武クリスタル線で35分、平標登山口下車。
　＊バス（南越後観光バス）☎ 025-784-3321

コースガイド

　平標山は谷川連峰の最西端に位置する。その東に続く仙ノ倉山との稜線はなだらかな広いハイマツ帯で6月から8月にかけて、お花畑を形成する。平標山および仙ノ倉山の山頂は広く平らで、森林限界を超えているため展望がよい。平標山へは元橋から松手山を越える松手山コースか、平元新道を使い平標山の家を経由して山頂に至るルートがあり、また土樽からの平標新道はロングコースとなっている。

　❶町営駐車場にはトイレと登山届けポストがある。150台駐車可能。❷旧三国小学校裏の林道を行く。途中にゲートがあるので一般車両はここまで。❸平標山の登山口の道標。水場がある。ここから樹林帯を登る。平標山の家まで1時間強。❹平標山の家からは展望が開け平標山から仙ノ倉山に延びる稜線が見渡せる。山の家は有人で水場、トイレがある。平標山までは❺のササ原の中を木道と階段が続く。1時間ほどで山頂に着く。❻平標山から仙ノ倉山にかけては気持ちのよいなだらかな稜線歩き

松手山から平標山

谷川・三国・武尊

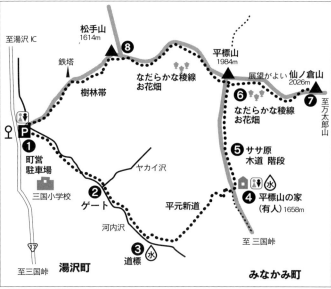

ができるが、悪天候時には注意が必要である。初夏からのお花畑が素晴らしい。❼仙ノ倉山頂は谷川連峰唯一の2000m峰。東眼下のエビス大黒の頭から続く万太郎山はじめ国境稜線の峰々を眺望する。帰路は平標山を経て❽の松手山までは展望のよい緩やかな尾根道を400mほど下る。ここから600mほど樹林帯の中を下り、駐車場に着く。

＊特に危険なところはないが、平標山・仙ノ倉山間は稜線が広いので、濃霧、悪天候時は特に注意が必要。

コースタイム (合計 7時間20分)

町営駐車場➡〈1:10〉林道・平元新道分岐➡〈1:20〉平標山の家➡〈0:50〉平標山➡〈0:50〉仙ノ倉山➡〈0:50〉平標山➡〈0:50〉松手山➡〈0:40〉鉄塔➡〈0:50〉町営駐車場

問い合わせ

- ●みなかみ町エコパーク推進課
  ☎ 0278-25-8228
- ●湯沢町商工課
  ☎ 025-784-4850
- ●平標山の家
  （平標山頂から南約１km／５月から10月有人）
  ☎ 090-7832-0316
  連絡は午後３時まで
- ●日帰り温泉
  宿場の湯 ☎ 025-789-5855
  街道の湯 ☎ 025-788-9229

仙ノ倉山から平標山

三国山 （みくにやま） 三国峠コース

難易度 **A**　体力度 **2**

| 適期 | 1 | 2 | 3 | 4 | 5 | 6 | 7 | 8 | 9 | 10 | 11 | 12 |

スタート地点	最高地点	終了地点	ルート長	累積登り標高差	累積下り標高差
上越橋（駐車場）1095m	三国山 1636m	上越橋（駐車場）1095m	4.0km	541m	541m

２万５千分の１地形図　三国峠

アプローチ

駐車場は上越橋手前約 300m に 30 台駐車可能でトイレあり。その他、橋の 100m 手前除雪ステーション付近にスペースがあるが、'19 年 10 月現在トンネル拡張工事のため使用不可。周辺の温泉は法師温泉のほか、猿ヶ京温泉、川古温泉、湯宿温泉など豊富である。

●車：関越道月夜野 IC から国道 17 号を 28km。
●公共交通機関：三国峠登山口までの公共交通機関なし。ただし、JR 越後湯沢駅から南越後観光バス 50 分で終点西武クリスタル下車、徒歩 1.7km で三国トンネル新潟側登山口から登山可能。法師温泉からの登山であれば、JR 上越線後閑駅から上越新幹線上毛高原駅経由、猿ヶ京までは関越交通バス 40 分。猿ヶ京から法師温泉までは町営バスで 15 分。

　＊バス（関越交通バス沼田営業所）☎ 0278-23-1111
　　　　（南越後観光バス）☎ 025-784-3322
　　　　（みなかみ町観光協会）☎ 0278-62-0401
　＊タクシー（関越交通バス沼田営業所）☎ 0278-24-5151

コースガイド

　三国山は国道 17 号三国トンネルの北に位置する。三国トンネルをバスが運行していた頃は谷川岳からの国境縦走の最終目的地であったが、バスがなくなってからは平標（たいらっぴょう）から先へ縦走する者も少なくなったようだ。三国峠は奈良時代から往来があったようで、三国街道は越後と上州をつなぐ主要道であった。旧三国街道は現在、三国路自然歩道として猿ヶ京までが整備されている。歩道には長岡藩士の雪崩による遭難碑や、妖怪を封じ込めたという大般若塚、戊辰ノ役古戦場などが点在する。三国峠から猿ヶ京までは 5 時間ほどなので、1 日かけて散策するのもよいだろう。

❶トイレのある駐車場から三国トンネル入り口の上越橋までは 300 mほど。途中左側の広場脇❷に法師温泉へ下る看板あり。温泉までは約 1 時間。❸登山口は橋を渡りトンネル入り口右側。しっかりした登山道を 30 分ほど上ると旧三国街道❹に出る。❹を左に曲がり 5

三国山山頂

分ほどで三国峠に到着する。峠から西には新潟側登山口、南には稲包山へ分岐する。峠には石の鳥居や灯籠があり、三国権現を祭った避難小屋がある。しっかりした小屋は10人ほど休憩可能。三国山へは石灯籠の脇を北へ進む。低木の間を階段状の道に導かれ、30分ほどで中間点のお花畑に到着する。平坦なササ原が2段になっており、7月にはニッコウキスゲ、8月にはマツムシソウなどが見られる。さらに15分ほど上ると砂礫地となり、左へ進むと三国山

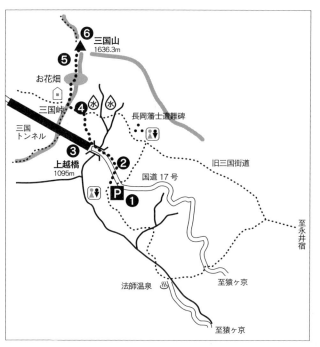

を巻いて平標方面へ向かうことができる。砂礫地手前には道標があるが、見落としやすい。道を右に曲がると木の階段が現れるが、所々斜めに傾いていて歩きづらい。急な階段❺を上り切ると山頂と縦走路の分岐となる。分岐から平らな道を50mほど進むと「平和の鐘」が置かれた❻の山頂に。三国峠へは来た道を戻るが、ほとんど階段の下山道は膝にこたえる。❹を上越橋へ下らず真っすぐ進むと沢を2回渡り20分ほどで長岡藩士遭難碑に着く。すぐ先にはトイレのある休憩所がある。休憩所から右へ国道へ下りる道が続く。国道へは20分ほどで、駐車場へ戻ることができる。

*山頂付近の木の階段が高く浮いていて傾いている部分がある。特に雨天ではスリップに注意。

コースタイム（合計 3時間10分）

駐車場 ⇄ 上越橋 ⇄ 三国峠 ⇄ お花畑 ⇄ 三国山
0:10 / 0:10　0:40 / 0:30　0:30 / 0:20　0:30 / 0:20

問い合わせ

- みなかみ町エコパーク推進課
  ☎ 0278-23-8228
- 三国峠避難小屋（無人）
- 温泉・宿泊（水上温泉・法師温泉）
  みなかみ町観光協会　☎ 0278-62-0401
  長寿館　☎ 0278-66-0005

山頂直下の階段

赤沢峠 赤沢林道コース

あかざわとうげ

難易度 **B**
体力度 **2**

適期	1	2	3	4	5	6	7	8	9	10	11	12
				■	■	■	■	■	■	■		

スタート地点	最高地点	終了地点	ルート長	累積登り標高差	累積下り標高差
赤沢スキー場 760m	赤沢峠 1380m	奥四万湖登山口 780m	8.1km	803m	732m

2万5千分の1地形図　四万

アプローチ

●車：関越道月夜野ICから国道17号を経て、猿ヶ京温泉先を左（法師温泉方面）へ入り、赤沢スキー場まで37.6Km
●公共交通機関：JR上越新幹線上毛高原駅から関越交通バス猿ヶ京行き30分。猿ヶ京温泉まんてん星の湯から、みなかみ町営バス法師線で赤沢スキー場まで15分。下山後は四万温泉から関越交通バスでJR吾妻線中之条駅まで40分。
  ＊バス（関越交通沼田営業所）☎ 0278-23-1111
　　　（関越交通吾妻営業所）☎ 0279-75-3511
  ＊タクシー（関越交通沼田営業所）☎ 0278-24-5151

コースガイド

　稲包山から南に延びる尾根上にある赤沢峠を東西に越える赤沢林道は上信越自然歩道の一部で、法師温泉南の町営赤沢スキー場から四万温泉に抜けるコース。静かなコースで季節に応じた楽しみ方ができるが、展望はよくない。道はある程度整備されているが、送電線監視道との分岐に注意。また、夏場はヒルが多いので注意が必要。

　❶国道17号を猿ヶ京温泉からさらに北上し三国峠へ向かう。途中で法師温泉方面に左折する。町営赤沢スキー場が登山口となる。スキー場入口の道標に従って登ると、ゲレンデと合流する。道標に従って左折して登山道に入る。きつい尾根の下部をトラバースしながら高度をかせぐ。赤沢峠が見える辺りで❷の林道を横断する。林道から植林帯をトラバースする。広葉樹林帯に入る頃から傾斜がきつ

赤沢峠の東屋

谷川・三国・武尊

なり、水場のある大きな沢をクサリを使いながら越える。送電線と鉄塔が大きく見え始めると、まもなく東屋のある❸の赤沢峠だ。一休みしたら四万への下り。赤沢山には登らずに巻き道を使う。傾斜の緩い尾根に入ると、右手の木々の間から稲包山が見える。尾根道から左に折れて急な斜面を下りると、❹の奥四万湖の登山口に着く。

＊最終トイレは猿ヶ京温泉街を越えた17号パーキングにある。
＊東電の鉄塔監視道に迷い込まないように注意する。

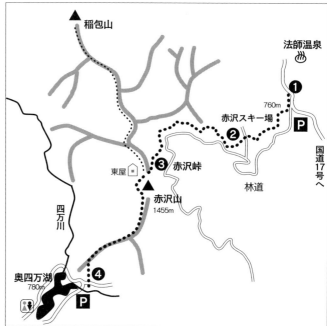

コースタイム (合計 4時間)

赤沢スキー場➡〈1:00〉林道➡〈1:40〉赤沢峠➡〈1:20〉四万湖登山口

問い合わせ

- みなかみ町エコパーク推進課
  ☎ 0278-25-8228
- 中之条町観光商工課
  ☎ 0279-25-7727
- 温泉・宿泊
  （みなかみ温泉・四万温泉）
  みなかみ町観光協会
  ☎ 0278-62-0401
  四万温泉観光協会
  ☎ 0279-64-2321

赤沢峠登山口

稲包山 （いなつつみやま） 四万温泉からの往復コース

難易度 **A**　体力度 **3**

| 適期 | 1 | 2 | 3 | **4** | **5** | **6** | **7** | **8** | **9** | **10** | 11 | 12 |

スタート地点	最高地点	終了地点	ルート長	累積登り標高差	累積下り標高差
奥四万湖登山口 830 m	稲包山 1598m	奥四万湖登山口 830 m	13.2km	1257m	1257m

2万5千分の1地形図　四万

アプローチ

●車：関越道渋川伊香保ICから中之条市街地を経て国道353号経由43Km、奥四万湖の奥にある登山口の駐車スペースは10台くらい。
●公共交通機関：JR吾妻線中之条駅から関越交通バス四万温泉行きで40分。
　＊バス（関越交通吾妻営業所）☎ 0279-75-3811

コースガイド

　稲包山は群馬・新潟県境の三国峠西に位置し、山頂は県境からわずかに南下したところにある。山頂からは360度の展望が楽しめる。頂上には四万温泉の稲裏神社奥社と三等三角点がある。新潟県側、苗場スキー場南にあった旧三国スキー場から県境稜線を越える三坂峠を通るルートと、三国峠からの県境稜線ルート、そして法師温泉近くにある赤沢スキー場からの登山道もある。ぐんま県境稜線トレイルの開通で、展望がよい山として注目されるようになった。

　❶「四万ブルー」で有名な奥四万湖を奥に進んで橋を渡り、周回道路を左に入ると「赤沢林道入口」の看板がある。登山口だ。階段を左上して尾根へ向かって急登をジグザグに進み1100mまで高度を上げる。稲包山頂が見えるようになる。❷尾根をしばらく行くと赤沢山を左に巻く道となり、少しずつ高度を上げながら東屋のある赤沢峠❸に出る。近くに高圧線が見える。右

稲包山

に下ると赤沢スキー場。ここで上信越自然歩道と分かれる。稲包山へは尾根道を行く。この辺りから東京電力の鉄塔監視道が入り込んでくるので注意が必要だ。刈り払いがしてある道が右側に出てくるが忠実に尾根をたどって行こう。最後に急登が待っている。これを越えるとすぐ❹の山頂だ。登り口の奥四万湖から新潟方面、ぐんま県境稜線トレイルの谷川連峰、白砂山など、そして群馬の山々と360度の展望が楽しめる。

＊最終トイレは四万せせらぎ資料館にある。
＊東電の鉄塔監視道に迷い込まないように注意する。夏場はヒルが多い。

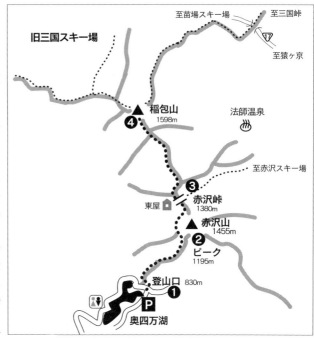

コースタイム (合計 6時間)

奥四万湖登山口 ⇄(2:00/1:20) 赤沢峠 ⇄(1:40/1:00) 稲包山

問い合わせ
- 中之条町観光商工課
  ☎ 0279-26-7727
- 温泉・宿泊
  （四万温泉）
  四万温泉観光協会
  ☎ 0279-64-2321

稲包山山頂

稲包山 いなつつみやま
三国峠から四万温泉へ下るコース

| 適期 | 1 | 2 | 3 | 4 | **5** | **6** | **7** | **8** | **9** | **10** | 11 | 12 |

難易度 **A**　体力度 **4**

スタート地点	最高地点	終了地点	ルート長	累積登り標高差	累積下り標高差
上越橋（駐車場）1095m	稲包山 1598m	奥四万湖登山口 830m	12.93km	1066m	1365m

2万5千分の1地形図　三国峠・四万

アプローチ

駐車場、トイレは上越橋手前300m。
- **車**：関越道月夜野ICから国道17号を28Km。登山口駐車スペースは30台くらい。
- **公共交通機関**：上越新幹線上毛高原駅から関越交通で猿ヶ京まで40分。猿ヶ京から町営バスで法師温泉15分。越後湯沢駅から南越後観光バスで西武クリスタル50分。徒歩1.7Kmで新潟県側登山口。
  * バス（関越交通沼田営業所）☎ 0278-23-1111
  　　（南越後観光バス）☎ 025-784-3322

谷川・三国・武尊

コースガイド

　三国峠西に位置し、新潟県との県境からわずか南下したところにある、360度の展望が楽しめる。頂上には四万温泉の稲裏神社奥社と三等三角点がある。旧三国スキー場から三坂峠を通るルートと法師温泉近くにある赤沢スキー場からの登山道もある。ぐんま県境トレイルの開通で展望がよい山として注目されるようになった。

　猿ヶ京から三国トンネルに向かって行くと、左側にトイレのある駐車場が出てくる。ここから300mで登山口だ。三国トンネルの手前の上越橋を渡り終えると、右に❶の登山口がある。急な道を旧三国街道と合流するまで登る。峠はもうすぐだ。その昔主要街道であった三国街道の難所、三国峠には御坂三社神社（三国権現）を祭る神社がある。右に行くと三国山、真っすぐは旧三国街道で新潟県側の登山口に至る。稲包山へはここを左折して県境稜線を行く。ここでぐんま県境稜線トレイルコースと合流だ。急坂を上り切るとなだらかな稜線となる。小ピークをいくつか越えると❷のキワノ平の頭に到着する。稲包山まで半分行程だ。ここからは同じように小ピークを越えてゆく。眺めのよい稜線を楽しめる。送電線が出てくると巡視道が入り込んでくるので道を間違えないように注意が必要だ。行く先に三角形の稲包山が見えてくる。❸稲包山頂は県境稜線から少し外れた群馬県側になる。県境からは急登だ。上り切ると360度の素晴らしい展望が

三坂峠付近から稲包山

待っている。ぐんま県境トレイルの谷川岳から白砂山までよく見ることができる。南を見るとこれから下る奥四万湖が小さく見える。四万への道は急下降から始まる。下りきるとなだらかな尾根道となる。送電線の巡視道が左から出てくるので迷い込まないように注意。しばらく行くと東屋のある❹赤沢峠に着く。左へ下ると赤沢スキー場と法師温泉に至る。目の前の赤沢山には登らずに右の巻き道をトラバースする。広い尾根を下り、ジグザグに急下降すると四万の登

山口に出る。登山口からは奥四万湖を見ながら車道を通って四万川ダムへ。

＊東電の鉄塔監視道に迷い込まないように注意する。
＊夏場の四万方面はヒルが多い。10月中旬からの紅葉時季がお勧め。

コースタイム (合計 6 時間)

上越橋➡〈0:30〉三国峠➡〈1:30〉キワノ平の頭➡〈1:40〉稲包山➡〈1:00〉赤沢峠➡〈1:20〉奥四万湖登山口

問い合わせ

- みなかみ町エコパーク推進課
  ☎ 0278-25-8228
- 中之条町観光商工課 ☎ 0279-26-7727
- 谷川岳登山指導センター
  ☎ 0278-72-3688（登山全般）
- 温泉・宿泊（法師温泉・四万温泉）
  みなかみ町観光協会 ☎ 0278-62-0401
  四万温泉観光協会 ☎ 0279-64-2321

三国峠

巻機山(まきはたやま) 桜坂駐車場から山頂往復コース

| 適期 | 1 | 2 | 3 | 4 | 5 | 6 | 7 | 8 | 9 | 10 | 11 | 12 |

難易度 **B**　体力度 **4**

スタート地点	最高地点	終了地点	ルート長	累積登り標高差	累積下り標高差
桜坂駐車場 731m	巻機山山頂標識 1933m	桜坂駐車場 731m	11.2km	1374	1370m

2万5千分の1地形図　巻機山

アプローチ

清水バス停から桜坂駐車場まで40分。
●**車**：関越道塩沢石打ICから18km、桜坂駐車場(有料500円/日) 100台
●**公共交通機関**：JR上越線六日町駅からバスは清水バス停まで(1日3本/50分)。六日町駅からタクシーは桜坂駐車場まで30分、約6000円。
　＊バス (南越後観光バス六日町営業所) ☎ 025-773-2573
　＊タクシー (銀嶺タクシー) ☎ 025-772-2440

コースガイド

　牛ヶ岳から割引岳(わりめきだけ)まで東西に連なるたおやかな頂稜部を総称して、巻機山と呼ぶ。最高点は植生保護のため立ち入り禁止となっており、ケルンの積まれている所が最高到達点となっている。時間に余裕があれば、割引岳や牛ヶ岳を往復するとより充実した山行になるだろう。ただし、さらに2時間以上要するため早立ちを心掛けたい。登山道は全般的によく整備されており、八合目からの階段状の道も2018年に竣工されて歩きやすくなった。山頂に至るには他にもヌクビ沢・天狗尾根コースがある。いずれも沢登りとなり、遅くまで雪渓も残り危険なため、経験者同行以外は安易に立ち入らないよう注意したい。

　❶桜坂駐車場登山口で登山届を出して林道を行くとすぐに井戸尾根コースとヌクビ沢・天狗尾根コースの分岐表示板があるので、これに従い進む。❷の三合目までは樹林帯の急坂が続くのでゆっくりと体調を整えて歩こう。やがて大きなジグザグを切るようになるが、いくぶん緩やかな歩きとなる。しばらく進むと初めて見晴らしのきく五合目❸に着く。それほど広くはないが目前に米子沢(こめこ)や屹立した大源太山、

巻機山割引岳

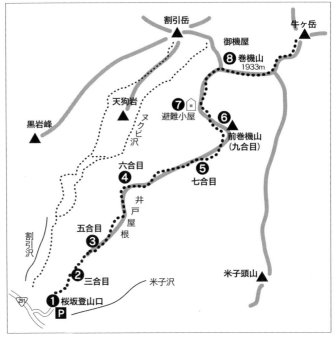

その後方に谷川連峰が望める。ここからまた樹林帯の上りとなるが、ブナ林に癒やされる。道は赤土の浅い窪地状で滑りやすいので、特に下山時には注意。❹六合目からは目前に大きな黒々とした存在感のある天狗岩やヌクビ沢、割引沢の上部が望める。この先の灌木帯を抜けると視界の開けた❺の七合目に出る。急斜面を上れば見晴らしのよい八合目である。整備された階段状の道を行けば❻の前巻機山(九合目)だ。ここからは目指す巻機山のゆったりとした全容が見えて、新たな気力が湧いてくるだろう。❼緩やかな木道を下ればオオシラビソに囲まれた鞍部に立つ巻機山避難小屋に着く。小屋前は広いテント場で、わずかに下れば米子沢源頭部で水を得られる。小屋からは池塘の点在する木道を歩き草原を越えれば平坦な御機屋に出る。ここには山頂標示があり、一般的にここが巻機山山頂とされている。

コースタイム (合計 8時間25分)

桜坂駐車場 ⇄(1:30/1:00) 五合目 ⇄(1:10/0:40) 六合目 ⇄(0:40/0:25) 七合目 ⇄(1:00/0:40) 前巻機山 ⇄(0:50/0:30) 巻機山

問い合わせ

●南魚沼市商工観光課
　☎ 025-773-6665
●巻機山避難小屋
　(南魚沼市商工観光課)
　☎ 025-773-6665
●温泉・宿泊(六日町温泉・清水集落)
　南魚沼市観光協会 ☎ 025-783-3377

八合目付近より至仏山

丹後山・大水上山 十字峡コース

難易度 **C**　体力度 **5**

適期	1	2	3	4	5	**6**	**7**	**8**	**9**	10	11	12

スタート地点	最高地点	終了地点	ルート長	累積登り標高差	累積下り標高差
十字峡登山センター 450m	大水上山 1831m	十字峡登山センター 450m	15.8km	1608m	1608m

2万5千分の1地形図　兎岳

アプローチ

野中バス停から十字峡登山センターまで2時間。
● 車：関越自動車道六日町ICから19km、十字峡登山センターおよび登山口（無料）20台
● 公共交通機関：JR上越線六日町駅からバスは野中バス停まで（1日7本、30分、400円、大きな荷物別途100円）。JR六日町駅からタクシーは十字峡登山センターまで（30分、約6000円）。
　＊バス（南越後観光バス）☎ 025-773-2573
　＊タクシー（銀嶺タクシー）☎ 025-772-2440

コースガイド

　丹後山まではアプローチが長く、尾根に出るまでは急登が続く。途中に水場は無いので十分に確保したい。山頂に至るまで石の合目標示もあり登山道はよく整備されているので迷う心配もない。この合目標示は必ずしも時間と距離には比例しないので目安としたい。八合目に出てしまえば緩やかな起伏のない弾力性のある一面ササ原の中の道が続く。遮るものもない尾根道からは越後三山や荒沢岳、平ヶ岳や巻機山などの素晴らしい眺望が得られる。ササ原に建つ牧歌的な丹後山避難小屋に泊まりゆっくりと過ごすのもよいだろう。また利根川水源地である大水上山までも緩やかでよく刈り払いされたササ帯の道なので足を延ばせばより充実感を得ることができるだろう。

　❶登山届の提出は十字峡登山センター前の中ノ岳登山口か林道ゲートの所にある。三国川沿いの平坦な林道を約2km進むと栃の木橋を渡り100mほど行くと左側に登山口❷がある。この先水場はないので沢に下りて十分確保しよう。上り始めから二合目までは急登の連続となるのでゆっくりとペースを保って登ろう。ここからはやや傾斜も落ちて尾根状の道となりゴヨウマツの大木がある三合目に着く。見晴らしもきくようになり中ノ岳を眺めながら高度を稼いで行こう。部分的にガレたところも現れるが特に問題は無い。やがて灌木帯となり抜ければ七合目だ。南西方面の視界も開け後ろに八海山も望めるようになり苦しかった登りも報われる思いがする。

利根川水源

❸八合目標示のあるシシ岩に立てば一面ササ原の稜線は間近だ。ササ帯の道を進めばほどなく右手に本谷山方面からの稜線との合流点に九合目標識が立つ。左に折れて行けばササ原に中ノ岳山頂部が見え出して歩みとともに全容が現れてくる。❹右手には丹後山避難小屋が目前だ。小屋は2階建てで40人収容できるトイレ付きのこざっぱりとした建物だ。入り口前の板張りで間近に平ヶ岳を眺めながら寛ぎたくな

る。小屋からほんの数分で山頂標識がなければ分からない丹後山に到着する。あまり起伏のない笹原に一筋の快適な登山道が延びているのでできることなら大展望を満喫しながら利根川水源地である大水上山まで歩を進めたい。

*残雪期は十字峡登山センターまで車乗り入れ不可能。三国川沿いの林道も遅くまで雪　崩れた状態で非常に危険。

*十字峡登山センターは無人で営業はしていない。2Fに素泊まりは可能。(協力金1,000円／人、入金箱へ)水場無し。避難小屋の天水ポリタンクは基本的に10月第2日曜日に撤収され利用不可となる。天候状況により早まることもあるので必ず事前確認を。

コースタイム (合計 11時間50分)

十字峡登山センター ⇄ 0:50/0:40 丹後山登山口 ⇄ 1:30/1:10 二合目 ⇄ 1:30/1:00 五合目 ⇄ 0:40/0:30 七合目 ⇄ 1:20/1:00 丹後山 ⇄ 0:40/1:00 大水上山

問い合わせ

- 南魚沼市商工観光課
  ☎ 025-773-6665
- 十字峡登山センター (無人)
  ☎ 025-773-6665 (問合先)
- 山小屋
  丹後山避難小屋 ☎ 025-773-6665
- 温泉・宿泊
  (六日町温泉・五十沢温泉など)
  南魚沼市観光協会 ☎ 025-783-3377

丹後山避難小屋

大峰山
おおみねやま
上牧駅から山頂へのコース

難易度 **A**
体力度 **3**

適期	1	2	3	4	5	6	7	8	9	10	11	12
				●	●	●	●	●	●	●		

スタート地点	最高地点	終了地点	ルート長	累積登り標高差	累積下り標高差
上牧駅 440 m	大峰山山頂 1254 m	上牧駅 440 m	14km	843 m	843 m

2万5千分の1地形図　猿ヶ京

アプローチ
●**車**：関越道月夜野ICから国道291号13Km、みなかみ町下石倉公民館の手前を左折。路上駐車になるので注意。
●**公共交通機関**：JR上越線上牧駅下車

コースガイド

　上牧駅に降りると、西側正面に大峰山から吾妻耶山（あづまやさん）に続く穏やかな感じの稜線が望める。本州最大の浮島のある大峰沼やモリアオガエルの生息する古沼を山懐に抱く大峰山のさまざまな広葉樹の豊かな色合いを味わえるコースである。小和知集落を過ぎて山に入る辺りから大峰沼にかけてヤマビルに注意のこと。

　❶上牧駅前の道を右に行き、角に「大峯道」の道標が立っている信号のある交差点を左折して利根川に架かる吾妻橋を渡り、すぐに左折、そこに「大峰沼まで4.5km」の道標がある。400mほど進んで右折、登山道の案内板があり、そこから急坂を上り切ると「竹の上」集落で国道291号に出て、そこを横断して小和知へ向かい、1.3kmで小和知集落に着く。道の左側を流れる不動沢の小川に架かる橋を渡ってすぐに右折して600mほどで水道施設第1配水池があり、そのまま舗装路を300m行くと右側に大峰沼への道標がある。右折して登山道に入って行き、約1kmほど上ると❷の水分不動尊に着いて、ここで水分補給ができる。ここから25分ほど上るとカラマツ林が出てきて平坦な道になり、その先に大峰沼が現れる。❸大峰沼には周遊路があるが北側が崩れていて、現在は通行禁止となっている。沼に沿って左側を5分ほ

大峰沼

谷川・三国・武尊

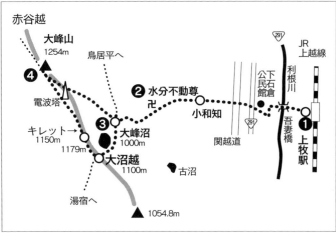

ど歩いて大沼越方面へ左折して急坂を20分ほど上ると大沼越で、湯宿からの道と合流し尾根道になる。そこは展望が開けて眼下に赤谷湖、その先に三国山や苗場山が望める。その尾根道をアップダウンしながら右手の木の間から三峰山、武尊山、至仏山を望む。20分ほど歩くと1179mのピークで、そこから1150mのキレットに向かって鉄製階段を下り、キレットから再び急坂を上って行き、急坂を過ぎると緩やかになり、やがてNHK電波塔を通過すると10分ほどで❹の大峰山の山頂である。山頂手前に展望台があるが、周りの高い樹木にさえぎられ、展望はよくない。山頂も地味な感じなので、NHK電波塔の辺りで休憩する方がよい。下山は電波塔手前で東側に行き、大峰沼へ直接、下降する道を下って行く。30分ほどで大峰沼へ戻れる。大峰沼からは上ってきた道を上牧駅まで戻る。

＊夏はヒルが多いので注意。

コースタイム（合計 6時間40分）

上牧駅➡〈1:50〉小和知➡〈1:20〉大峰沼➡〈0:25〉大沼越➡〈0:55〉大峰山➡〈0:30〉大峰沼➡〈1:00〉小和知➡〈0:40〉上牧駅

問い合わせ

● みなかみ町エコパーク推進課
☎ 0278-25-8228
● 温泉・宿泊・日帰り温泉（上牧温泉）
みなかみ町温泉協会 ☎ 0278-62-0401
上牧温泉 風和の湯 ☎ 0278-72-1526

大峰山（左）と吾妻耶山（右）

大峰山・吾妻耶山

おおみねやま・あづまやさん

大峰山登山口から2山縦走コース

難易度 A
体力度 2

適期 | 1 | 2 | 3 | **4** | **5** | 6 | 7 | 8 | 9 | **10** | **11** | 12

スタート地点	最高地点	終了地点	ルート長	累積登り標高差	累積下り標高差
大峰山登山口 870 m	吾妻耶山山頂 1341 m	大峰山登山口 870 m	9.0km	566 m	566 m

2万5千分の1地形図　猿ヶ京

谷川・三国・武尊

アプローチ

大峰山南登山口まで。

●**車**：関越道月夜野ICから国道17号、国道291号、上越新幹線上毛高原駅前経由 10.5km。

●**公共交通機関**：JR上越線後閑駅からタクシー20分、上越新幹線上毛高原駅からタクシー15分。

※タクシー（関越交通沼田営業所）☎ 0278-24-5151

コースガイド

みなかみ町の中央に位置する大峰山と吾妻耶山。尾根筋を阿能川岳に延ばす谷川エリアの2つの名低山を縦走するコース。春4月のカタクリやスミレの花の頃からヤマモミジ、カエデやナナカマドが色づく紅葉シーズンまで、素晴らしい景色を見ながら山歩きが楽しめる。暖かい時期はヤマヒルに気を付けること。

❶の大峰山登山口は、そばに駐車場（20台）、トイレがある。スタートしてしばらくはコンクリート舗装の緩い勾配の登りで、それから間もなく左側にモリアオガエル生息池の古沼への脇道が出てくる。登山口から30分ほどで❷の大峰沼に到着する。ベンチやテーブル、屋根のある休憩舎などがあるよい休憩場所である。沼の周遊路は北側が崩れて通行禁止となっている。登山道は大峰沼の東を300mほどで上牧方面に下る分岐があり、そこを左に行く。200mほどで吾妻耶山への分岐を左へ大峰山に向かい、伐採地を南に抜けてジグザグ道を尾根に向かって上って行く。尾根近くの分岐を右へ行くとすぐに尾根道に出て左側にNHK電波塔があり、そこから西に下ると湯宿温泉に行ける。尾根道を北へ10分ほどで❸の大

吾妻耶山から谷川岳を望む

峰山頂で途中に展望台があるが、高い木々にさえぎられて展望はきかない。大峰山頂から少し下り、アップダウンを繰り返して標高差90mほど下ると赤谷越峠に出る。そこから少しずつ急な上りになって、急坂を上り切って40分ほどで❹の仏岩分岐に出合う。その分岐を右に行き、5分ほどで❺の吾妻耶山山頂に着く。山頂には吾妻耶神社の3つの石社が並んでいる。東側から北側にかけての武尊山、至仏山、谷川連峰の稜線の眺望は見事である。下山は

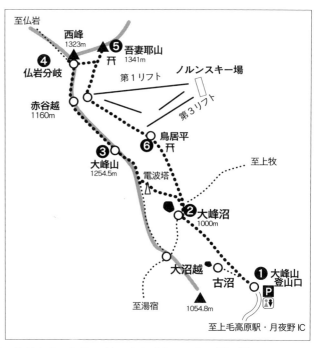

山頂から少し戻って最初の分岐を左へ下り、林の中をノルンスキー場の第1リフト降り場脇に出る。そこから登山道は右側の林の中に入り、15分ほど下るとゲレンデの緩斜面に出る。ゲレンデを下って林道に出て右に行くと❻の鳥居平（第3リフト降り場）。大峰沼方面への道標に従い、石造りの鳥居を過ぎたら、杉林の中を大峰沼へ戻る。沼から20分ほどで登山口の駐車場に着く。

コースタイム（合計 4時間）

大峰山登山口➡〈0:30〉大峰沼➡〈0:40〉大峰山➡〈0:40〉赤谷越峠➡〈0:45〉吾妻耶山➡〈0:40〉鳥居平➡〈0:25〉大峰沼➡〈0:20〉大峰山登山口

問い合わせ

●みなかみ町エコパーク推進課
☎ 0278-25-8228

●温泉・宿泊
　真沢の森
☎ 0278-20-2121

吾妻耶山頂から至仏山、武尊山遠望

三峰山（みつみねやま） 後閑駅からの周回コース

難易度 **A**　体力度 **3**

適期	1	2	3	4	5	6	7	8	9	10	11	12

スタート地点	最高地点	終了地点	ルート長	累積登り標高差	累積下り標高差
後閑駅 372 m	後閑峰 1123 m	後閑駅 372 m	17.2km	805 m	805 m

2万5千分の1地形図　後閑

アプローチ
上越線後閑駅から直接アプローチできる。
- **車**：関越道月夜野ICから5km、県道61号月夜野後閑の「明徳寺」信号を東に入り、登山口の石切場に駐車場がある。
- **公共交通機関**：JR上越線後閑駅下車

コースガイド

　赤松が山全体に広がっている三峰山は、南北に5km近い長い頂上台地を持つ山容で、後閑駅の北東約3kmに位置している。後閑駅から歩くこのコースは4月から11月まで、ゆっくり楽しいハイキングを満喫できる。登山口から河内神社の間ではヤマビルに注意すること。

　❶後閑駅前を南へ400m行き、上入の交差点を左折して上越線の踏切を渡り、望郷ラインには入らず直進する。突き当たりを右に行き、駅から1.3km地点で左折して三峰神社の赤鳥居を潜る。鳥居脇に「三峰山ハイキングマップ」の看板と「グラン・ボレ」（パラグライダースクール）へ1kmの表示がある。300mくらい進んだら左折して関越道をくぐり、すぐに右折して竜谷寺の正面に出て東へ200mほど上る。そこを右折、すぐに左折して行くと「三峰山→」の表示があり、グラン・ボレへの道と別れて右に入ると「三峰山河内神社」への道標があり、❷の登山道の入口である。100mほど上ると左手に三峰神社の石鳥居があり、松林の中を50分くらい上って行くと舗装路に出る。この道を左に上って行き、20分くらいで❸の河内神社境内に出る。眼下に沼田市街、その先に子持山、赤城山、皇海山が望める。神社の左手から尾根道に出て、左に行くとグラン・ボレのテイク・オフ場があり、西側の眺望が素晴らしい。歩き出してすぐにFM-OZEのアンテナがあり、その先に追母峰の小さなプレートがある。松林の中を20分ほど行くと三峰

南北に連なる三峰山

沼への分岐があり、左折すると沼畔を歩いて30分ほどで尾根道に再び合流する。合流から500mに「三峰山頂へ2.6km」の道標があり、軽い上り下りを繰り返して1kmで吹返峰に着く。ここからいったん、西に向かい200mで❹の後閑林道に下る分岐があり、右手に武尊山が木の間に見えてくる。アップダウンを繰り返しながら30分ほどで❺の三峰山頂（後閑峰）に着く。山頂にはベンチがあり、北側が開けていて、左手に谷川岳、右手に武尊山の見事な眺望を楽しむことができる。帰路は後閑林道に下る分岐まで戻り、分岐を右に40分ほど下ると❻の後閑林道に出る。

脇に駐車場があり、林道を左へ100mで望郷ラインに出て、800m下ると右手に町営温泉センターがある。温泉センターから後閑駅までは3km。西南にひたすら下って関越道をくぐり、正面に駅が見えたら右に折れ、古馬牧小学校前から踏切を渡り、左折して200mで駅に着く。

コースタイム（合計 5時間45分）

後閑駅➡〈0:40〉三峰山登山口➡〈1:10〉河内神社➡〈1:05〉吹返峰➡〈0:10〉後閑林道への分岐➡〈0:30〉三峰山頂・後閑峰➡〈0:30〉後閑林道への分岐➡〈0:50〉後閑林道出合➡〈0:50〉後閑駅

問い合わせ

- みなかみ町エコパーク推進課
  ☎ 0278-25-8228
- みなかみ町観光協会
  ☎ 0278-62-0401
- 温泉・宿泊（みなかみ温泉）
  日帰り温泉（三峰の湯）
  みなかみ町営温泉センター
  ☎ 0278-62-1022

三峰山頂

上州武尊山 藤原口からの山頂往復コース

じょうしゅうほたかさん

難易度 **B**　体力度 **3**

| 適期 | 1 | 2 | 3 | 4 | 5 | 6 | 7 | 8 | 9 | 10 | 11 | 12 |

スタート地点	最高地点	終了地点	ルート長	累積登り標高差	累積下り標高差
裏見の滝駐車場 駐車場 1096m	沖武尊山 2158m	沖武尊山 2158m	11.3km	1165m	1165m

2万5千分の1地形図　藤原湖

谷川・三国・武尊

アプローチ
公共交通機関・バス利用の場合、日帰りは無理。
●**車**：関越道水上ICから国道291号、県道63号を経由し20km、裏見の滝駐車場（武尊神社）
●**公共交通機関**：JR水上駅からバス35分・1000円、武尊橋バス停から登山口まで徒歩2時間30分
　＊バス（関越交通沼田営業所）☎ 0278-23-1111
　＊タクシー（関越交通沼田営業所）☎ 0278-24-5151

コースガイド
「日本武尊（ヤマトタケルノミコト）」を祭る群馬県北部の独立峰で、修験によって開かれた山。標高2158mの沖武尊山は360度の眺望があり、上越、尾瀬、日光の山々が望める。標高1800m以上にはクサリ場があり、上に行くほど傾斜が強くなる。7月末まで、ところによって残雪がある。8月から10月初めまでが最適期。

❶トイレのある裏見の滝駐車場からすぐに武尊神社がある。この先から林道へ入り、1.7kmで林道終点になる。この先も林道はあるが、荒廃がひどく徒歩でしか行けない。やがて剣ヶ峰山から下りて来る道と武尊山へ向かう道の分岐に着く。❷道標があり左への登りになる。小沢を2本越えると登りは急になる。標高1450mを越えるとさらに急になった登山道をつづらに折れながら稜線に出る。❸の手小屋沢避難小屋分岐の道標には、上ノ原登山口と武尊山山頂と書かれている。実際の避難小屋は武尊山方向に少し行ったところの左下になる。

中ノ岳、家の串へと続く尾根

小屋は鉄板でできており、4人くらいが寝れる。水場は手小屋沢から取れるが、8月ごろは枯れることもある。❹の辺りにはクサリ場が複数あり、上の段になるほど傾斜が増し、支点にも注意が必要。クサリ場帯を抜けて山頂稜線に出ると景色のよい森林限界を

抜けた雲上のコースで、季節には高山植物も見られる。❺山頂には石の方位盤があり、視界のよい日には至仏山・燧ケ岳・日光白根山・皇海山・赤城山が一望できる。大きな御嶽山大神の石板はこの沖武尊山を開闢した深澤心明行者が1926（大正15）年に立てた。石盤ははじめは土台のコンクリートの台座の上に乗っていたが、今は台座から外れた状態で寄り掛かっている。明治から大正の時代には武尊山大権現の信者が2万5千人ほどいたという。少し東には1890（明治23）年建立の銅像もある。

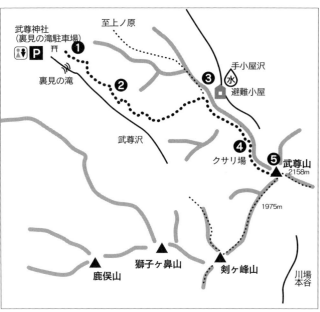

＊手小屋沢分岐の尾根に出るまで、所々に路肩の崩壊や倒木があるので注意。クサリ場は上に行くほど傾斜が強くなる。特に下降時は注意。
＊7月半ばはまだ雪が多いので通過に迷うこともある。藤原口は日本海気候の風が吹くので、関東平野が晴れていても雲がかかることがある。
＊トイレは裏見の滝駐車場にしかない。

コースタイム（合計 5 時間 30 分）

❶裏見の滝駐車場 ⇄(1:00/0:40) ❷登山道分岐 ⇄(1:00/0:50) ❸手小屋沢避難小屋分岐 ⇄(1:00/1:00) (❹クサリ場あり) ❺沖武尊山頂

問い合わせ
● みなかみ町エコパーク推進課
　☎ 0278-25-8228
● みなかみ町観光協会
　☎ 0278-62-0401

上州武尊山の頂稜

上州武尊山 （じょうしゅうほたかさん） 藤原口周回コース

| 適期 | 1 | 2 | 3 | 4 | 5 | **6** | **7** | **8** | 9 | 10 | 11 | 12 |

難易度 **C**
体力度 **4**

スタート地点	最高地点	終了地点	ルート長	累積登り標高差	累積下り標高差
裏見の滝駐車場 1096m	沖武尊山 2158m	沖武尊山 2158m	12.6km	1262m	1262m

2万5千分の1地形図　藤原湖

アプローチ

バス利用の場合、日帰りは無理。
●**車**：関越道水上ICから国道291号、県道63号を経由し20km、裏見の滝・駐車場（武尊神社）
●**公共交通機関**：JR上越線水上駅からバス35分、1000円。武尊橋バス停から登山口まで徒歩2時間30分。
　＊バス（関越交通沼田営業所）☎0278-23-1111
　＊タクシー（関越交通沼田営業所）☎0278-24-5151

コースガイド

　日本武尊（ヤマトタケルノミコト）を祭る上州の独立峰、修験で開かれた山。2158mの沖武尊山は360度の眺望に恵まれ、上越の山、尾瀬、日光の山々が望める。標高1800m以上にはクサリ場があり、上に行くほど傾斜が強くなる。下りは剣ヶ峰山（2020m）を回り、登山口に戻る。

　❶トイレのある裏見の滝駐車場からすぐ先に武尊神社がある。この先から林道へ入り1.7kmで林道終点になる。この先も林業道はあるが荒廃がひどく、徒歩でしか行けない。❷やがて剣ヶ峰山からの道が下りてくる所に道標があり、左への上りになる。小沢を2本越え上りは急になる。標高1450mを越えるとさらに急になった登山道をつづらに折れながら稜線に出ると、❸の手小屋沢避難小屋分岐の道標には「上ノ原登山口」と「武尊山山頂」と書かれている。実際の避難小屋は武尊山方向に少し行ったところの左下になる。小屋は鉄板製で4人ほどが寝られる。水場は手小屋沢から取れるが、8月頃は枯れることもある。山頂までの間にクサリ場が複数あり、上の段になるほど傾斜が増し、支点にも注意が必要。クサリ帯を抜けて山頂稜線に出ると景色がよい。季節には高山植物も見られる。❹山頂には石の方位盤があり、晴れていれば至仏山・燧ケ岳・日光白根山・皇海山・赤城山が一望できる。ここには石仏とこの沖武尊山を開闢した深澤心明行者が大正時代に立て

剣ヶ峰山を望む

谷川・三国・武尊

た御嶽山大神の石碑がある。元々は台座の上に乗っていたが、今は台座に寄り掛かった状態、明治の時代には武尊山大権現の信者が2万5千人ほどいたという。山頂で景色を堪能して休息したら、❺の剣ヶ峰山に向かおう。沖武尊から見ると尖がった山頂が目立つ。距離で1.8kmの森林限界を超える稜線で、武尊山頂から初めは急な下り、その後の1975mピークからの絶景は

見逃せない。稜線から潅木帯に入ると武尊神社と剣ヶ峰山への分岐に着く。天気がよければここから80mで剣ヶ峰の山頂へ。景色は素晴らしい。戻って来て分岐からはかなり急な下りが数百m続くので、気持ちを引き締めて下ろう。約2時間で上りの時に通った❷の手小屋沢方面分岐に着く。さらに50分で裏見の滝駐車場に到着する。

＊手小屋沢分岐の尾根に出るまで、所々に路肩の崩壊や倒木があるので注意。クサリ場は上に行くほど傾斜が強くなる。
＊7月中旬はまだ雪が多いので通過に迷うこともある。藤原口は日本海側気候の風が吹くので、関東平野が晴れていても雲がかかることがある。
＊トイレは裏見の滝駐車場にしかない。

コースタイム（合計 9時間20分）
❶裏見の滝駐車場➡〈1:00〉❷登山道分岐➡〈1:00〉❸手小屋沢避難小屋分岐➡〈1:00〉（クサリあり）❹沖武尊山頂➡〈0:50〉❺剣ヶ峰山➡〈1:00〉1時間➡〈0:50〉❷林道終点➡〈0:40〉❶裏見の滝駐車場

問い合わせ
●みなかみ町エコパーク推進課
　☎ 0278-25-8228
●みなかみ町観光協会
　☎ 0278-62-0401

頂稜越しに皇海山方面を望む

上州武尊山 川場谷野営場コース

じょうしゅうほたかさん

| 適期 | 1 | 2 | 3 | 4 | 5 | 6 | 7 | 8 | 9 | 10 | 11 | 12 |

難易度 **C** 体力度 **4**

スタート地点	最高地点	終了地点	ルート長	累積登り標高差	累積下り標高差
川場谷野営場 1220m	武尊山（沖武尊） 2158m	川場谷野営場 1220m	11.4km	1232m	1230m

| 2万5千分の1地形図 | 鎌田 |

アプローチ

登山口までのバスがないため、マイカーかタクシーの利用となる。

●**車**：関越道沼田ICから奥利根湯けむり街道を行き、背嶺トンネル手前の林道に入り19km、35分（無料駐車場、50台）

●**公共交通機関**：JR上越線沼田駅から川場谷野営場までタクシー40分、約7000円。JR沼田駅から川場温泉口までバス30分。川場谷野営場まで徒歩3時間15分。

＊バス（関越交通沼田営業所）☎ 0278-23-1111
＊タクシー（関越交通沼田営業所）☎ 0278-24-5151

コースガイド

上州武尊山は日本武尊（ヤマトタケルノミコト）の像が武尊山や前武尊に祭られていることからも分かるように、かつては修験者の道場として栄えた信仰の山である。1983（昭和58）年に開催されたあかぎ国体山岳競技の会場となり、登山道もよく整備されている。日本百名山の一つでもあり、この山系で毎年秋に開催される上州武尊山スカイビュートレイルには多くの参加者がある。このコースは前武尊、剣ヶ峰、家ノ串、中ノ岳、武尊山と2000mを超える峰々を縦走、変化に富み展望にも恵まれた快適な稜線歩きが楽しめる。ただし、現在は剣ヶ峰は崩落の危険性があるため、頂稜は立ち入り禁止となっている。また、中ノ岳は登山道が斜面を巻いているので頂には立てない。

❶避難小屋に設置されているボックスに登山届を出して林道を進むと、不動岩コースとの分岐点❷に出る。不動岩コースは岩場・クサリ場が続くので、岩に慣れない人は避けた方が無難だろう。ここから天狗尾根に取り付くが、しばらくの間急登に耐えて尾根上に出る。❸で右からオグナほたかスキー場からの登山道と合流する。傾斜も増してくるが、やがて日本武尊の銅像が

前武尊（東面から）

安置された❹の前武尊に着く。赤城山や日光白根山の展望がよい。少し下ると剣ヶ峯は立ち入り禁止のため、道は東側をトラバースして北側の鞍部に出る。ここは岩稜コースと巻き道があるので、初心者は巻き道の選択が無難だろう。山慣れた人も雨天時などは避けたほうがよい。❺唯一の難所を過ぎれば家ノ串は目前だ。ここから中ノ岳下の武尊牧場分岐点までは細い岩稜歩きも出てくるので注意して進もう。分岐点からほんの数分で笹清水と呼ばれる水場に着く。この先はガレ場をトラバースして行くと、細長い窪地に数個の池（三ツ池）がある。そこからササ帯の

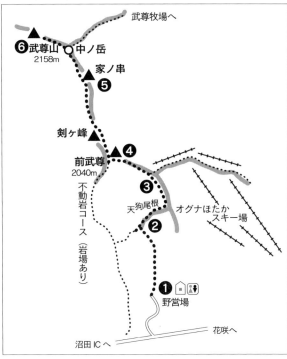

道を上り、右上に日本武尊の銅像が見えるようになれば、山頂はもうすぐだ。❻360度の雄大な展望を満喫したら、下山も長いので注意して下ろう。

＊剣ヶ峰は岩稜コースと巻き道があるが、初心者や、岩が濡れている時は巻き道が無難。
＊川場谷野営場避難小屋は無人。電気、水場なし、屋外にトイレあり。

コースタイム（合計 9時間10分）

川場谷野営場 0:30/0:25 不動岩分岐点 2:00/1:30 オグナほたかスキー場分岐点 0:30/0:20 前武尊 1:30/1:20 中ノ岳下武尊牧場分岐点 0:35/0:30 武尊山

問い合わせ

● 川場村むらづくり振興課
☎ 0278-52-2111
● 川場村観光協会 ☎ 0278-52-3412
● 山小屋
川場谷野営場避難小屋（無人）
☎ 0278-52-2111（川場村）

剣ヶ峰

上州武尊山 (じょうしゅうほたかさん) 武尊牧場コース

難易度 B　体力度 3

適期	1	2	3	4	5	6	7	8	9	10	11	12
						●	●	●	●			

スタート地点	最高地点	終了地点	ルート長	累積登り標高差	累積下り標高差
武尊牧場入り口 駐車場　1075m	沖武尊山 2158m	沖武尊山 2158m	19.8km	1406m	1406m

２万５千分の１地形図　鎌田

アプローチ

公共交通機関・バス利用の場合、日帰りは無理。

●**車**：関越道沼田ICから国道120号で椎坂トンネルを抜けて平川の交差点を左へ、県道64号を武尊牧場へ向かい、武尊牧場スキー場駐車場まで（現在スキー場は営業を止めたが上のキャンプ場は営業している）。

●**公共交通機関**：JR上越線沼田駅から武尊山口バス停まで50分、1450円。上越新幹線上毛高原駅から同バス停まで1時間20分、1850円。同バス停から牧場キャンプ場まで徒歩4時間30分。

＊バス　（関越交通沼田営業所）☎ 0278-23-1111
＊タクシー（関越交通沼田営業所）☎ 0278-24-5151

コースガイド

関東平野の西部から見ると赤城山と榛名山の間にわずかに見える武尊山だが、近づくにつれ、独立峰であることが分かる。南に広い裾野を持つ70万年ほど前の火山である。爆発と火砕流により、外輪山の形を残している。南の関東平野に向かって開いていることから風水的にも縁起がよく、関東守護の意味もあり、日本武尊(ヤマトタケルノミコト)の字を頂き武尊権現とした。200年ほど前の1795（寛政7）年に木曽御嶽山を開いた普寛行者が開いた山だ。その後、この沖武尊山は深澤心名行者が開闢し、最盛期の1890（明治23）年には2万5千人の信徒がこの山に通った。木曽御嶽山より近い利もあり盛んになった。この武尊牧場コースは登りやすく景色のよいコースだ。

沼田市利根町の国道120号平川から❶の武尊牧場スキー場跡に向かい、標高差で380m上のキャンプ場まで行く。❷の武尊牧場キャンプ場から登山道へ入り、ツツジの原を歩き灌木とササの山道になる。オオシラビソが増えてくると、❸の三角屋根の避難小屋に着く。その少し上で武尊田代への道を右に分けて尾根上を進むと❹のセビオス岳のお

南面から望む上州武尊山

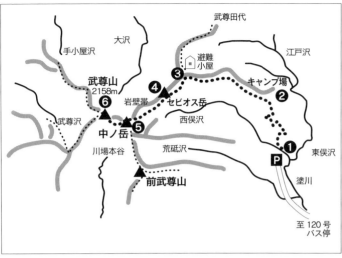

花畑を通る。時季には可憐な高山植物が見られる。その先には展望台があったが、今はササが茂って眺望はよくない。いったん下りになると、正面に岩壁帯が見える、道は垂直のクサリ場になり、2段ほどで越える。左へトラバースぎみで中ノ岳の分岐❺に着く。先に池が数個ある。手前に清水があるが、時期により枯れていることもある。池にはサンショウウオがいる。池を過ぎて急な上りになると、1890（明治23）年建立の日本武尊の銅像がある。ここが白鳥講の奥の院で、像の表情は怒っているようにも微笑んでいるようにも見える。さらに上り、剣ヶ峰山からの道と合流し、すぐ主峰の沖武尊山だ。頂上には石の方位盤と祠と石板がある。晴れていれば、360度のパノラマで関東平野まで見えることもある。下りは来た道を戻る。

＊キャンプ場上の尾根は広いので、避難小屋付近まで霧が出た時や夜は迷いやすい。
＊7月中旬まで中ノ岳付近から残雪があり、多い時にはルートが判然としないこともある。10月には降雪もある。

コースタイム (合計 9時間)

武尊牧場スキー場駐車場 ⇄ 1:50/1:10 キャンプ場 ⇄ 1:10/0:50 避難小屋 ⇄ 1:40/1:15 中ノ岳分岐 ⇄ 0:35/0:30 沖武尊山

問い合わせ
●片品村むらづくり観光課
　☎ 0278-58-2112
●片品村観光協会
　☎ 0278-58-3222
●片品ほたか牧場キャンプ場
　☎ 0278-58-3757

上州武尊山（沖武尊）

尼ヶ禿山・玉原高原
尼ヶ禿山周回コース

難易度 A　体力度 2

適期	1	2	3	4	5	6	7	8	9	10	11	12
					●	●	●	●	●	●		

スタート地点	最高地点	終了地点	ルート長	累積登り標高差	累積下り標高差
玉原センターハウス 1220m	尼ヶ禿山 1466m	玉原センターハウス 1220m	7.2km	386m	386m

2万5千分の1地形図　藤原湖

谷川・三国・武尊

アプローチ

玉原高原・玉原センターハウスへ。ラベンダーパークへのバスは夏季運行。
- 車：関越道沼田ICから県道266号（上発知・材木町線）で20km、約30分。
- 公共交通機関：上越線沼田駅からタクシーで40分
  - ＊タクシー（関越交通沼田営業所）☎ 0278-24-5151
  - 　　　　（沼田観光タクシー）☎ 0278-23-1122

コースガイド

　沼田市の北に位置する玉原高原は、玉原湖に「小尾瀬」と呼ばれる玉原湿原、関東有数のブナ林の広がるブナ平、東側に鹿俣山、西側に尼ヶ禿山が控えていて、春の新緑、夏の避暑、秋の紅葉、冬の雪と、年間を通して自然を楽しむことができる。鹿俣山は山麓にたんばらスキーパーク、ラベンダーパークがあり、玉原湿原からブナ平を経て、それらを取り巻くようにハイキング道が造られている。

　尼ヶ禿山へ登るのは、玉原湖畔の奥にある❶の玉原センターハウスの駐車場からスタートするのがよい。駐車場は無料でトイレも整備されている。車止めの先の道路を下り、探鳥路コースの看板を右に見て進むと、約10分で❷の自然環境センターの建物がある。右に「玉原高原遊歩道案内マップ」の看板があり、そこから木道が始まり、玉原湿原への入り口である。舗装路をそのまま下って湖畔経由の道もあるが、ここは湿原の景色を楽しみながら行きたい。湿原内は木道が整備されていて歩きやすく、「小尾瀬」と呼ばれるように5月初旬にミズバショウが開花し始め、ワタスゲ、ヒオウギアヤメなど数十種類の植物に彩られる。

　5分ほどで木道が右回りと左回りに分かれるが、右回りを行く。木道を湿原とブナ平の景色を眺めながら歩くと、10分ほどでブナ平への分岐がある。そこから左に進み、木道と別れて林の中を道標に従い、15分歩くと、東京大学玉原セミナーハウスが目前に見える。尼ヶ禿山への分岐❸に出る。そこの道

玉原湖と尼ヶ禿山

標を右に進み、尼ヶ禿山への山登りが始まる。ブナの樹々の中を30分ほど上っていくと、玉原越起点への道標があり、間もなく送電線第5鉄塔の台地、1340m地点である。そこから山道は少し急になるが20分上ると山頂直下の分岐、5分も上ると❹の尼ヶ禿山山頂で

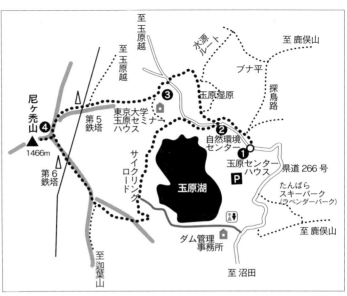

ある。眼下に玉原湖、その右に迦葉山への尾根が延びて、赤城山、榛名山、浅間山が望める。北西の樹の間に谷川岳、朝日岳が見える。帰路は山頂直下の分岐を右にとり、途中、送電線第6鉄塔を右に見ながら、1kmほどで「迦葉山へ3.5km」の道標の分岐に出る。そこから左に1kmほど下ると湖畔を周回するサイクリングロードに出て、左に進んで15分ほど歩くと東京大学玉原セミナーハウスへの分岐があり、右へ15分で自然環境センター、そのまま10分も歩くと玉原センターハウスに戻る。

なお、迦葉山は玉原高原への県道266号線の上発知地区で左に入り、大天狗面で有名な弥勒寺が登山口となる。中峰堂と本堂間の渡り廊下をくぐって山道に入り、山頂までは1時間30分ほどかかる。

コースタイム（合計 3時間20分）

玉原センターハウス➡〈0:10〉自然環境センター➡〈0:30〉東京大学玉原セミナーハウス分岐➡〈1:00〉尼ヶ禿山・山頂➡〈0:40〉迦葉山への分岐→〈0:20〉サイクリングロード出合➡〈0:30〉自然環境センター➡〈0:10〉玉原センターハウス

問い合わせ
- 沼田市観光交流課
  ☎ 0278-23-2111
- 沼田市観光案内所
  ☎ 0278-25-8555

玉原湿原とブナ平

雨乞山
あまごいやま
高平から山頂を経て川場田園プラザへ下るコース

難易度 **B**
体力度 **2**

| 適期 | 1 | 2 | 3 | 4 | 5 | **6** | **7** | **8** | **9** | 10 | 11 | 12 |

スタート地点	最高地点	終了地点	ルート長	累積登り標高差	累積下り標高差
高平登山口 880m	雨乞山山頂 1068	小田川登山口 700m	4.4km	231m	404m

2万5千分の1地形図　追貝・後閑

アプローチ

高平登山口に駐車場あり、15台。

●車：関越道沼田ICから道の駅田園プラザへ向かう。沼田ICから国道120号、望郷ライン経由で沼田市白沢町高平登山口へは6.5Km。田園プラザから小田川登山口へは2.9Km。

●公共交通機関：高平登山口へは上越新幹線上毛高原駅発、JR上越線沼田駅経由の鎌田行バスで高平上バス停下車。小田川登山口へは沼田駅から川場循環線で田園プラザ下車。

　＊バス（関越交通沼田営業所）☎ 0278-23-1111
　＊タクシー（関越交通沼田営業所）☎ 0278-24-5151

コースガイド

　雨乞山は沼田市と川場村の境に位置する。周辺は河岸段丘上の台地で水の少ない地域であったため、雨乞信仰が盛んで、この山頂で神仏の祈禱が行われたことから、この名が付いた。ファミリー登山に最適だが、訪れる人は少ない。山頂から東・南・西方面の眺めは格別。特に沼田の河岸段丘がよく見える。浅松山方面は訪れる人が少ないのでクマに注意が必要。熊鈴は必携。

　高平上バス停から舗装道路を歩き望郷ラインを越え、石割桜（沼田市天然記念物・見頃は5月上旬）を見ながら登ること1時間で高平登山口❶に着く。ここには駐車場があり、仮設だがトイレも完備されている。車止めの脇から、山腹を回るように整備された緩やかな上りの道を1.2Km行くと平らな広い場所に出る。ここにはトイレもある。ここから少し勾配はきつくなるが、❷の雨乞山頂までは

川場村側から望む雨乞山

谷川・三国・武尊

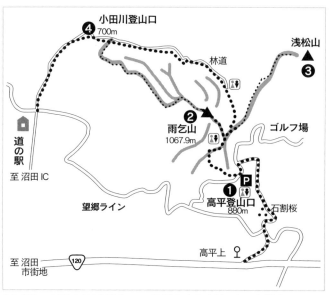

もう少しだ。山頂には東屋やベンチがあり、ゆっくり休むことができる。また雨乞宮の祠が祭られている。山頂からの眺めも抜群だ。南の赤城山から北の谷川岳まで展望が開ける。沼田の河岸段丘もよく見える。車の場合は同ルートを下降でもよいが、もう少し山を楽しみたいなら、❸の浅松山の方へ向かってみてもよいだろう。いったんトイレのある広場まで下り、小田川への下山は浅松山への分岐を左に折れる。小学生の遠足コースだ。広い尾根をしばらく歩き、分岐を左へ。急な登山道を下ると林道に出る。ここにもトイレがある。川場村はここで雨乞山の山開きを行っている。広い林道を下りリンゴ畑が出てくると、そこが❹の小田川登山口だ。リンゴや川場米で有名な田園風景を見ながら緩やかに下ると、観光客でにぎわう「道の駅川場田園プラザ」に到着する。

コースタイム (合計 4 時間 5 分)

高平上バス停➡〈1:30〉高平登山口駐車場➡〈0:50〉雨乞山➡〈0:20〉浅松山分岐➡〈0:15〉林道終点➡〈0:20〉小田川登山口➡〈0:50〉道の駅川場田園プラザ

問い合わせ
- 川場村むらづくり振興課
  ☎ 0278-52-2111
- 川場村観光協会
  ☎ 0278-52-3412

雨乞山山頂

戸神山・高王山
とがみやま・たかおやま
虚空蔵尊から観音堂縦走コース

適期 | 1 | 2 | 3 | 4 | 5 | **6** | **7** | **8** | **9** | 10 | 11 | 12 |

難易度 **B**
体力度 **1**

スタート地点	最高地点	終了地点	ルート長	累積登り標高差	累積下り標高差
虚空蔵尊 450m	戸神山山頂 772m	石尊山観音堂 510m	3.8km	390m	323m

2万5千分の1地形図　後閑

アプローチ
●**車**：関越道沼田 IC から県道 266 号を行き、岡谷上バス停を左折し登山口へ。IC から約 4Km。
●**公共交通機関**：沼田駅から関越交通迦葉山行バスで、岡谷上停留所下車。
＊バス（関越交通沼田営業所）☎ 0278-23-111

コースガイド

　戸神山は標高こそ低いがピラミッド型の山容が特徴で地元では三角山と呼ばれ、親しまれている。群馬百名山の一つでもある。関越道を新潟方面に向かって沼田 IC を過ぎると右側に見える三角錐の山。登山道脇には動物のオブジェがあり、登山者を和ませてくれる。ここでは戸神山から、さらに北に連なる尾根を高王山（760m）に縦走するコースを紹介する。高王山は戸神山と尾根続きの山。高王城跡で、現在は山頂にテレビ中継局がある。

❶登山口に参拝者用駐車場があり、その脇を抜けて虚空蔵尊へ向かう途中を左折する。車1台が通れる林道を行くと、林道と直登ルートの分岐がある。直登ルートは急登でクサリを使って上るようになる。林道ルートは距離は長くなるが緩やかに登れる。❷2つのルートが一緒になって急

沼田から望む戸神山

登を登ると5分くらいで頂上に着く。❸山頂は360度の展望が楽しめる。大きな双眼鏡が置いてある。眺めのよい山頂を後にして、高王山に向けて下る。発知との分岐を越え小さいピークを過ぎると林道終点に出る。❹林道終点からひと登りで山城跡の高王山に着く。❺来た道を戻り、林道終点から石尊山観音堂へ緩やかな道を下る。県道266号を玉原方面に向かうと発知ふれあい公園があり、駐車場、トイレがある。バスの場合、沼田駅へは下発知のバス停から30分ほど。

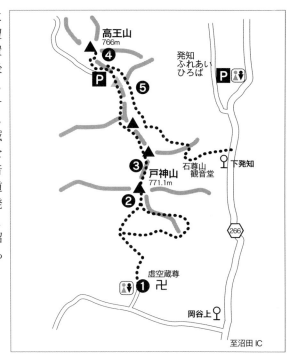

コースタイム (合計 2時間20分)

虚空蔵尊➡〈0:20〉鉱山跡➡〈0:40〉戸神山➡〈0:25〉林道終点➡〈0:15〉高王山➡〈0:10〉林道終点➡〈0:30〉石尊山観音堂

問い合わせ
- 沼田市観光交流課
  ☎ 0278-23-2111
- 沼田市観光協会
  ☎ 0278-25-8555

登山道脇のオブジェ

平ヶ岳 （ひらがたけ） 中ノ岐林道コース

難易度 **B**　体力度 **3**

| 適期 | 1 | 2 | 3 | 4 | 5 | 6 | 7 | 8 | 9 | 10 | 11 | 12 |

スタート地点	最高地点	終了地点	ルート長	累積登り標高差	累積下り標高差
中の俣林道平ヶ岳登山口 1280 m	平ヶ岳 2141m	中ノ俣林道平ヶ岳登山口 1280 m	8.8km	1012m	1012m

２万５千分の１地形図　平ヶ岳

アプローチ

銀山平から国道352号雨池橋にゲートがあり、中の俣林道へは一般車は入れない。銀山平の山荘に宿泊すると、登山口までマイクロバスでの送迎あり（要予約）。
●**車**：関越道小出ICから国道352号をシルバーライン方面に行き、銀山平まで入れる。
●**公共交通機関**：上越新幹線浦佐駅から南越後観光バス奥只見ダム行銀山平船着き場下車。
＊バス（南越後観光バス小出営業所）☎ 0257-92-8114

コースガイド

平ヶ岳は群馬県と新潟県の県境に位置し、山頂が名前の通り平らな山容をしている。山頂付近は湿原や池糖が散在し、花もたくさん見られる。頂上の北には玉子石といわれる岩がある。群馬県側からの登山道はなく、新潟県側からの登山となる。標高2000 mの平らな尾根に出るまでは急登が続く。頂上付近は雄大な景色が楽しめる。展望は抜群で、魚沼三山から会津駒ヶ岳、奥利根の山々が見られる。

❶の登山口までは、民宿のマイクロバスでの送迎となる。トイレや水場もある。歩き始めてすぐに沢を渡る。木の橋が架けられているが、増水時には注意が必要である。そこから少し歩くとヒカリゴケの看板がある。登山道はそこから急登となる。階段状になった泥の道を35分ほど上ると、尾根に出る。❷向かいに剣ヶ倉山が大きく見え、一息入れたいところである。尾根上の道となり、ずっと急な登りが続く。1600 m付近にヒノキの大木がある。そこからしばらく上ると雨で削られた道となり、石もごろごろとしていて歩きにくい。下りは特に気を付けたいところだ。1850 m辺りを過ぎると、傾斜もやや緩くなり、周りの樹木

姫ノ池から平ヶ岳

の丈が低くなってくる。2000mを過ぎるとようやく草原に出て、目の前に大きな平ヶ岳が現れる。玉子石まで10分の道標❸があり、平ヶ岳への道と分かれる。❹玉子石はその名前通り卵形をした岩で、そこまでは道があるが、その先へは行けない。平ヶ岳へは戻って東に600mほど行くと姫ノ池と水場の分岐がある。❺分岐から50mほど

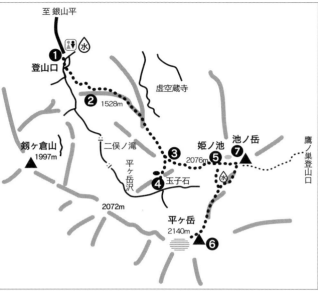

下ると水場があり、また上り返して40分ほどで山頂に着く。❻頂上の三角点は2139.6mで、その先に2141mの最高地点がある。山頂は広い湿原となっていて、展望もよい。❼姫ノ池からの平ヶ岳も素晴らしい。池ノ岳からは鷹ノ巣登山口に下る道がある。姫ノ池から上ってきた道を下る。沢に出る手前で、登山道から分かれて80mほど行くと、大きな岩の下にヒカリゴケが見られる。

＊道標は少ないが道はしっかりついているので、迷うようなところはない。頂上付近の木道が傷んでいるところもあるので、注意が必要である。
＊荒天時は増水などのため、マイクロバスが運行できないときがある。

コースタイム (合計7時間20分)
登山口➡〈0:40〉五葉松尾根➡〈2:30〉玉子石➡〈1:00〉山頂➡〈0:20〉姫ノ池➡〈2:50〉登山口

問い合わせ
●魚沼市観光協会 ☎ 025-792-7300
●温泉・宿泊（銀山平温泉）
　奥只見山荘 ☎ 025-795-2239
　湖山荘 ☎ 025-795-2226
　民宿 樹湖里 ☎ 025-795-2772
　ログハウス白光 ☎ 025-795-2450
　伝之助小屋 ☎ 025-795-2452

玉子石

尾瀬沼 大清水から尾瀬沼往復コース

適期	1	2	3	4	5	6	7	8	9	10	11	12

難易度 **A** 体力度 **3**

スタート地点	最高地点	終了地点	ルート長	累積登り標高差	累積下り標高差
大清水 1180m	三平峠 1762m	大清水 1180m	12.5km	676m	679m

2万5千分の1地形図　三平峠・燧ケ岳

アプローチ

●**車**：関越道沼田ICから国道120〜401号で大清水まで47km。大清水に駐車場。大清水・一ノ瀬間は期間限定で乗合バス・タクシーが運行。
●**公共交通機関**：JR上越線沼田駅下車、関越交通バス大清水行き1時間50分、終点下車。大清水・一ノ瀬間は期間限定で乗合バス・タクシーが運行。
　＊バス（関越交通沼田営業所）☎ 0278-23-1111（老神観光バス）☎ 0278-56-3222
　＊タクシー（関越交通沼田営業所）☎ 0278-24-5151（尾瀬観光タクシー）☎ 0278-58-3152（片品観光タクシー）☎ 0278-58-2041

コースガイド

　群馬・福島・新潟の県境に広がる尾瀬は、広大な高層湿原の尾瀬ケ原、山上の湖の尾瀬沼、そして日本百名山に選定されている名峰の至仏山と燧ケ岳など、美しい景観と貴重な動植物に恵まれた大自然の宝庫である。特にミズバショウの時季には多くのハイカーが訪れる。尾瀬沼は、その尾瀬の東に位置し東西2km、南北1.2kmの湖で、燧ケ岳の火山活動によって誕生したせき止め湖である。尾瀬沼への群馬県側からのコースは、大清水が起点となる。三平峠を越えるこの道は、一部急なところがあるが、それもわずかな距離で峠を越えて燧ケ岳を映す湖畔に立つことができる。湖畔には宿泊施設も完備されている。

　❶の大清水から❷の一ノ瀬までは広い車道を行く。右下には旧道があり、日差しの強い時などにはこちらを歩くのもよい＊。❷から沢沿いの山道に入り、30〜40分で岩清水の水場。ここから、十二曲がりの岩の多い道を上り切ると三平見晴で、ここは眺めもよい。さらに樹林に入り木道の緩やかな上りで、❸の三平峠に着く。峠の前後はなだらかな樹林帯で、展望はほとんど利かない。

尾瀬沼から燧ヶ岳

❸から❹の沼のほとり（三平下）に下ると、後は❺の長蔵小屋まで沼岸に近い平坦な木道で、ミズバショウなどを見ながらのんびり歩ける。長蔵小屋から大江川を渡って森に入り約15分で、燧ケ岳への長英新道を分けて、すぐに浅湖湿原がある。ここから森と小湿原の繰り返しで❻の沼尻平に出る。沼尻休憩所には売店があり、また別棟のトイレもある。沼尻から❹の三平下までの尾瀬沼西岸は起伏が多く、湿っているので足元に注意。❹からは来た道を大清水へ戻る。時間に余裕があるときは、❺の長蔵小屋から大江湿原に立ち寄るのもよい。6月下旬のワタスゲと7月半ばのニッコウキスゲの大群生は素晴らしい。

＊旧道に入って少し先の分岐で小淵沢コースへ入り込まないこと。

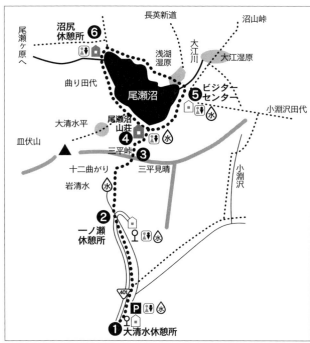

コースタイム (合計 7時間40分)

大清水➡〈1:10〉一ノ瀬➡〈1:15〉三平峠➡〈0:15〉三平下➡〈0:25〉長蔵小屋➡〈1:00〉沼尻➡〈1:15〉西岸を経て三平下➡〈0:20〉三平峠➡〈1:00〉一ノ瀬➡〈1:00〉大清水

問い合わせ

- ●片品村むらづくり観光課
  ☎ 0278-58-2112
- ●尾瀬ガイド協会群馬支部
  （片品山岳ガイド協会）☎ 0278-58-7576
- ●尾瀬沼ビジターセンター
  ☎ 027-220-4431（尾瀬保護財団事務局）
- ●山小屋
  長蔵小屋、尾瀬沼山荘
  ☎ 0278-58-3222（片品村観光協会）
- ●温泉・宿泊（尾瀬戸倉温泉他）
  ☎ 0278-58-3222（片品村観光協会）

燧ヶ岳から尾瀬沼

尾瀬ヶ原 鳩待峠からの往復コース

難易度 A 体力度 2

適期	1	2	3	4	5	6	7	8	9	10	11	12
					●	●	●	●	●	●		

スタート地点	最低地点	終了地点	ルート長	累積登り標高差	累積下り標高差
鳩待峠 1591m	尾瀬ヶ原 1400m	鳩待峠 1591m	16.1km	373m	373m

2万5千分の1地形図　至仏山・尾瀬ヶ原・燧ケ岳

アプローチ

●**車**：関越道沼田ICから国道120〜401号で戸倉まで39km。戸倉に駐車場。戸倉・鳩待峠間は季節によってマイカー規制があり、乗合バス・タクシーを利用。

●**公共交通機関**：JR上越線沼田駅下車、関越交通バス大清水行き1時間30分、戸倉で乗合バス・タクシーに乗り換え、鳩待峠まで30分。

＊バス（関越交通沼田営業所）☎ 0278-23-1111（老神観光バス）☎ 0278-56-3222
＊タクシー（関越交通沼田営業所）☎ 0278-24-5151（尾瀬観光タクシー）☎ 0278-58-3152（片品観光タクシー）☎ 0278-58-2041

コースガイド

尾瀬ヶ原は標高約1400m、周囲を2000m級の山並みに囲まれた東西約6km、南北約2kmの本州最大の高層湿原である。原は上・中・下の3つの田代に分かれている。上田代は山の鼻から牛首付近まで。中田代は牛首から竜宮辺りまでで、原の中で最もきれいなところといわれ、特に竜宮小屋付近は燧、至仏の眺めがよい。下田代は尾瀬ヶ原の北東部一帯を占め、下田代十字路（見晴）には山小屋が立ち並んでいる。鳩待峠からの尾瀬ヶ原往復は、尾瀬を知るための日帰りコースであるが、時間的余裕があれば山小屋での1泊を加えて朝夕の尾瀬ヶ原や山々の表情の変化を楽しみたい。

❶鳩待峠・鳩待山荘前から北へ樹林の中の道を下る。すぐに道はなだらかになり、木道が山の鼻まで続く。❷の山の鼻は尾瀬ヶ原の「西口」。山小屋やビジターセンター、休憩所、トイレなどの施設も整っている。至仏山寄りの湿原の中に植物研究見本園があり、一周1時間ほどで、ほとんどの湿原植物を観察できる。❷から❸の牛首までは、池塘や浮島が多い。オゼコウホネも数多く見られる。牛首にはヒツジグサの池塘

尾瀬ヶ原から燧ヶ岳

がある。ここは左に入る。静かな道になってヨッピ川の拠水林に近づいていく。「下の大堀川」を渡り、左に景鶴山を見ながら進むと、右に階段状の池塘が見られる。竜宮からの道が合流すると❹のヨッピ吊橋だ。ここから❺の竜宮小屋への道はあまり歩かれていない。途中、いくぶん低くなる辺りが原の中央。拠水林が大きく発達した沼尻川の河畔に竜宮小屋がある。ハイカーの姿も多い。❺からは、❸の牛首を経て元の道に戻る。花が多く周囲の山容も美しく、尾瀬ヶ原で最もハイカーの多いところである。

コースタイム (合計 5 時間 50 分)

鳩待峠➡〈1:00〉山の鼻➡〈0:45〉牛首分岐 ⇄ 0:50/0:50 ヨッピ吊橋 ⇄ 0:30/0:30 竜宮十字路 ⇄ 0:40/0:40 牛首分岐➡〈0:45〉山の鼻➡〈1:20〉鳩待峠

問い合わせ

- ●片品村むらづくり観光課
  ☎ 0278-58-2112
- ●尾瀬ガイド協会群馬支部
  （片品山岳ガイド協会）☎ 0278-58-7576
- ●尾瀬沼ビジターセンター
  ☎ 027-220-4431（尾瀬保護財団事務局）
- ●山小屋
  山の鼻3軒、竜宮1軒、見晴6軒
- ●温泉・宿泊（尾瀬戸倉温泉他）
  ☎ 0278-58-3222（片品村観光協会）

ミズバショウ

尾瀬沼から尾瀬ヶ原 大清水から鳩待峠へのコース

難易度 **A**
体力度 **3**

適期	1	2	3	4	5	6	7	8	9	10	11	12
						●	●	●	●	●		

スタート地点	最高地点	終了地点	ルート長	累積登り標高差	累積下り標高差
大清水 1180m	三平峠 1762m	鳩待峠 1591m	23.9km	1076m	671m

2万5千分の1地形図　尾瀬ケ原・燧ケ岳・至仏山・三平峠

アプローチ

●**車**：関越道沼田ICから国道120〜401号で大清水まで47km。大清水に駐車場。大清水・一ノ瀬間は期間限定で乗合バス・タクシーが運行。

●**公共交通機関**：JR上越線沼田駅下車、関越交通バス大清水行き1時間50分、終点下車。大清水・一ノ瀬間は期間限定で乗合バス・タクシーが運行。
＊バス（関越交通沼田営業所）☎ 0278-23-1111（老神観光バス）☎ 0278-56-3222
＊タクシー（関越交通沼田営業所）☎ 0278-24-5151（尾瀬観光タクシー）☎ 0278-58-3152（片品観光タクシー）☎ 0278-58-2041

コースガイド

【1泊2日コース】尾瀬沼北岸から沼尻川に沿って下り、見晴から尾瀬ヶ原を縦断して鳩待峠に至るこのコースは、尾瀬をすべて満喫できるコースである。登山道はよく整備されており、体力は必要だが、家族連れでも安心して歩ける。尾瀬沼に姿を落とす燧ケ岳、雪解け間もない時季のミズバショウ、夏の原を黄一色で埋め尽くすニッコウキスゲ、無数の池塘を散りばめた原の向こうに母性的なしなやかさで横たわる至仏山。どれをとっても、尾瀬の魅力であふれる光景である。早春から晩秋にかけて、季節を追って同じコースを歩いてみても新しい発見があるだろう。

尾瀬沼までは「尾瀬沼」の項を参照。❶の三平峠まではこのコース唯一の登りらしい登りで、一ノ瀬休憩所までは未舗装の車道。一ノ瀬休憩所から三平峠間は、沢沿いの登山道の後、階段や急登を経て次第になだらかな上りとなる。❷にはビジターセンターがあり、尾瀬の動植物、地形地質などをパネル展示して詳しく説明している。❸の見晴へは、尾瀬沼北岸の道

尾瀬ヶ原から至仏山

を行く。途中燧ヶ岳への登路となる長英新道を分ける。沼尻休憩所には売店があり、別棟のトイレもある。沼尻から❸の見晴へは沼尻川沿いの木道の道で、段小屋坂と呼ばれている。❸の見晴手前で燧ヶ岳への登山道となる見晴新道が右から合流すると、見晴の小屋は間もない。宿泊時は朝夕の尾瀬ヶ原や山々の表情の変化を楽しみたい。❹の山の鼻への最短距離は竜宮経由で真っすぐ原を縦断するコース。

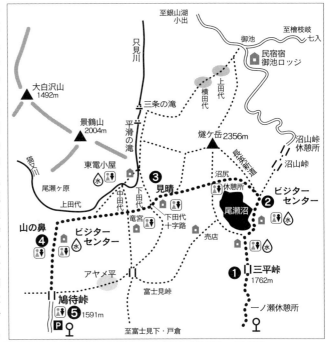

余裕があれば東電小屋を経てヨッピ川沿いの道を山の鼻まで散策しても楽しい。尾瀬ヶ原の道はどのコースも木道が完備しており、安心して歩ける。「尾瀬ヶ原」の項を参照。

コースタイム（合計 9 時間 30 分）

大清水 ⇄ 三平峠 ⇄ 長蔵小屋 ⇄ 見晴 ⇄ 山の鼻 ⇄ 鳩待峠
　　2:25　　0:40　　3:05　　1:55　　1:20
　　2:00　　0:45　　3:25　　1:55　　1:00

問い合わせ

- 片品村むらづくり観光課
  ☎ 0278-58-2112
- 尾瀬ガイド協会群馬支部
  （片品山岳ガイド協会）
  ☎ 0278-58-7576
- 尾瀬沼ビジターセンター
  ☎ 027-220-4431
  （尾瀬保護財団事務局）
- 山小屋
  見晴に6軒 ☎ 0278-58-3222
  （片品村観光協会）
- 温泉・宿泊（尾瀬戸倉温泉他）
  ☎ 0278-58-3222
  （片品村観光協会）

ヒツジグサ

三条ノ滝（さんじょうのたき）
尾瀬ヶ原、三条ノ滝周回コース

難易度 A
体力度 4

適期	1	2	3	4	5	6	7	8	9	10	11	12
						●	●	●	●			

スタート地点	最高地点	終了地点	ルート長	累積登り標高差	累積下り標高差
鳩待峠 1591m	富士見峠 1865m	富士見下 1310m	27.9km	1127m	1420m

2万5千分の1地形図　尾瀬ヶ原・燧ケ岳・至仏山・三平峠

アプローチ

●**車**：関越道沼田ICから国道120〜401号で戸倉まで39km。戸倉に駐車場（有料）。戸倉・鳩待峠間は季節によってマイカー規制があり、乗合バス・タクシーを利用。

●**公共交通機関**：JR上越線沼田駅下車、関越交通バス大清水行き1時間30分の戸倉で、乗合バス・タクシーに乗り換え、鳩待峠まで30分。

＊バス（関越交通沼田営業所）☎0278-23-1111（老神観光バス）☎0278-56-3222
＊タクシー（関越交通沼田営業所）☎0278-24-5151（尾瀬観光タクシー）☎0278-58-3152（片品観光タクシー）☎0278-58-2041

コースガイド

【1泊2日コース】三条ノ滝は燧ケ岳の噴火で溶岩が只見川をせき止めてできたといわれる。雪解けの水量が一気に集中する6月ごろの豪壮な落下は迫力がある。途中に平滑ノ滝（ひらなめのたき）もある。登山口となる鳩待峠から三条ノ滝の間は、尾瀬ヶ原の縦断で、上田代、中田代、下田代に至る木道のどれをとってもよい。1日目に三条ノ滝を見学した後、赤田代か下田代十字路まで戻って、見晴で宿泊する。ここでは帰路には富士見峠から富士見下に下るが、富士見峠に近いアヤメ平も往復が可能である。

❶から見晴（下田代十字路）の間は、「燧ケ岳」の項参照。❸の温泉小屋へは上田代の牛首付近で左へ東電小屋方面への道もとれる。ヨッピ吊橋でヨッピ川を渡る辺りで、正面に見える山が景鶴山（けいづるやま）である。東電小屋経由で❹の三条ノ滝に向かう場合、東電小屋の先で只見川を渡り、見晴方面からの道を合わせ、❸の赤田代を経由して❹に向かう。三条ノ滝手前にある平滑ノ滝はハシゴや階段を伝って下るとすぐに展望台に着く。三条ノ滝へは平滑ノ滝の展望台の手前から下り、小沢を横切ると、やがて瀑音が聞こえてくる。❹の展望台は急な木

三条ノ滝

製階段を下った所で、尾瀬沼・尾瀬ヶ原を水源とする只見川の水が一気に落下する景観に息をのむ。宿泊は❸の温泉小屋、元湯山荘か見晴付近になるだろう。帰路は竜宮を経て❺の長沢新道を登ると❻の富士見峠に出る。アヤメ平は往復40分ほど。❻から富士見下まで下り、そこからタクシー利用となる。往路を鳩待峠へ戻ってもよい。

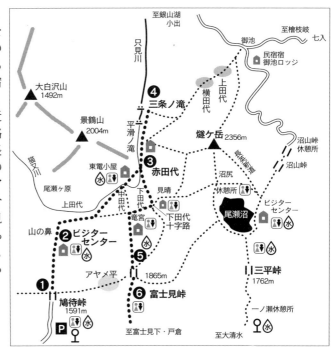

コースタイム（合計 10 時間 10 分）

鳩待峠 ⇄ 山の鼻 ⇄ 東電小屋 ⇄ 三条ノ滝 ⇄ 見晴 ⇄ 富士見峠 ⇄ 富士見下
（1:00/1:20）（1:50/1:50）（1:10/1:30）（1:40/1:20）（3:00/2:10）（1:30/2:00）

問い合わせ

- 片品村むらづくり観光課
  ☎ 0278-58-2112
- 片品村観光協会　☎ 0278-58-3222
- 尾瀬ガイド協会群馬支部
  （片品山岳ガイド協会）
  ☎ 0278-58-7576
- 尾瀬山の鼻ビジターセンター
  ☎ 027-220-4231（尾瀬保護財団事務局）
- 山小屋
  赤田代に2軒、見晴に7軒
  ☎ 0278-58-3222（片品村観光協会）
- 温泉・宿泊（尾瀬戸倉温泉他）
  ☎ 0278-58-3222（片品村観光協会）

富士見田代から燧ヶ岳

裏燧林道

うらひうちりんどう

大清水から裏燧林道を経て鳩待峠へのコース

適期	1	2	3	4	5	6	7	8	9	10	11	12

スタート地点	最高地点	終了地点	ルート長	累積登り標高差	累積下り標高差
大清水 1180m	沼山峠 1784m	鳩待峠 1591m	28.8km	1354m	744m

難易度 **A**　体力度 **5**

2万5千分の1地形図　尾瀬ケ原・燧ケ岳・至仏山・三平峠

アプローチ

●**車**：下山が鳩待峠から戸倉へと出るため、車は戸倉の駐車場に置いて、戸倉・大清水間はバス利用が便利（バスの所要時間は15分）。大清水・一ノ瀬間は期間限定で乗合バス・タクシーが運行。「尾瀬沼」の項参照。

●**公共交通機関**：JR上越線沼田駅下車、関越交通バス大清水行き1時間50分、終点下車。大清水・一ノ瀬間は期間限定で乗合バス・タクシーが運行。沼山峠・御池間は会津乗合自動車バス（5月中旬〜10月下旬運行）利用。

＊バス（関越交通沼田営業所）☎ 0278-23-1111
　　　（会津乗合自動車）☎ 0242-22-5560
＊タクシー（関越交通沼田営業所）☎ 0278-24-5151

コースガイド

　この裏燧林道コースは、福島県側の御池から燧ヶ岳の北面を三条ノ滝方面へと延びる通称"裏燧林道"と呼ばれる道を歩くもので、尾瀬沼や尾瀬ケ原辺りのにぎわいからは想像できないほどの静かな山歩きが楽しめる。特にこのコースのよさは秋で、コース途中にある上田代・横田代付近の草モミジや裏燧橋から兎田代付近のブナの黄葉からは落ち着いた美しさを感じることができる。このコースを1泊で歩く場合の宿泊は御池の国民宿舎「御池ロッジ」1軒のみとなるため、事前予約をお勧めしたい。沼山峠・御池間はシーズン中、バスが運行されている。

　❶の三平峠を越すと眼下に尾瀬沼が見え隠れする。三平下では、沼尻に向かう尾瀬沼西岸の道を分け直進する。❷の長蔵小屋近くにはビジターセンターがあり、尾瀬の動植物などを詳しく展示している。❷から❸の沼山峠にかけては木道の歩きやすい道。沼山峠を越えると、すぐバスの発着所の沼山峠休憩所。ここから御池方面のバスに乗る。❹の御池は、"尾瀬"といった感じはなく、

静かな裏燧林道

マイカーが行き交う観光地のよう。"御池ロッジ"1軒だけで70人の収容。ここから七入、檜枝岐方面や銀山湖、小出方面へのバスが出ている。❹から❺の兎田代上分岐で段吉新道を経由して❻の赤田代辺りまでが裏燧林道で、途中の上田代、横田代がこのコースの見どころ。❻から❼の山の鼻までは、いろいろなコースがとれる。いずれも尾瀬ヶ原の木道を歩くもので時間的に大差はない。余裕があれ

ば、山の鼻にある植物見本園を見学して、尾瀬の植物を学ぶのも楽しい。❽の鳩待峠からは、戸倉へのマイクロバスが発着している。「尾瀬ヶ原」の項参照。

コースタイム（合計 11 時間 50 分　大清水入山）
　　　　　　　（合計 11 時間　鳩待峠入山）

大清水 $\underset{2:00}{\overset{2:25}{\rightleftarrows}}$ 三平峠 $\underset{1:50}{\overset{1:55}{\rightleftarrows}}$ 沼山峠 $\underset{0:20}{\overset{0:20}{\rightleftarrows}}$ （バス）御池 $\underset{3:10}{\overset{3:10}{\rightleftarrows}}$ 赤田代 $\underset{2:40}{\overset{2:40}{\rightleftarrows}}$ 山の鼻 $\underset{1:00}{\overset{1:20}{\rightleftarrows}}$ 鳩待峠

問い合わせ

- 片品村むらづくり観光課
  ☎ 0278-58-2112
- 片品村観光協会　☎ 0278-58-3222
- 尾瀬ガイド協会群馬支部
  （片品山岳ガイド協会）
  ☎ 0278-58-7576
- 尾瀬山の鼻ビジターセンター
  ☎ 027-220-4431
  （尾瀬保護財団事務局）
- 山小屋
  御池ロッジ　☎ 0241-75-2350
- 温泉・宿泊
  ☎ 0241-75-2432
  （尾瀬檜枝岐温泉観光協会）

沼山峠休憩所

燧ヶ岳 鳩待峠から見晴新道コース

難易度 **B**　体力度 **5**

適期 | 6 | 7 | 8 | 9 |

スタート地点	最高地点	終了地点	ルート長	累積登り標高差	累積下り標高差
鳩待峠 1591m	燧ヶ岳山頂 2356m	大清水 1180m	25.6km	1237m	1637m

2万5千分の1地形図　尾瀬ケ原・燧ケ岳・至仏山・三平峠

アプローチ

● **車**：関越道沼田ICから国道120〜401号で戸倉まで39km、戸倉に駐車（有料）。戸倉〜鳩待峠間は季節によってマイカー規制があり、乗合バス・タクシーを利用。

● **公共交通機関**：JR上越線沼田駅下車、関越交通バス大清水行き1時間30分の戸倉で乗合バス・タクシーに乗り換え、鳩待峠まで30分。

＊バス（関越交通沼田営業所）☎ 0278-23-1111（老神観光バス）☎ 0278-56-3222
＊タクシー（関越交通沼田営業所）☎ 0278-24-5151（尾瀬観光タクシー）☎ 0278-58-3152（片品観光タクシー）☎ 0278-58-2041

コースガイド

【1泊2日コース】日本百名山に選定されている燧ヶ岳（燧岳）は、東北地方の最高峰である。柴安嵓を最高点とし、三角点のある俎嵓、ミノブチ岳、赤ナグレ岳の4峰からなる。このコースは尾瀬ケ原を縦断して山麓の小屋に1泊し、燧ヶ岳に登頂して尾瀬沼周辺も歩くことになるため、体力を要求されるコースである。燧ヶ岳山頂からの眺めは申し分なく、足元に光る尾瀬沼や散りばめられたように無数に輝く尾瀬ケ原の池塘群。さらに、はるか奥利根から奥会津に連なる稜線のうねりなどの展望が印象に残るだろう。

❶の鳩待峠は、戸倉からのマイクロバス終点。マイカーの乗り入れはシーズン中は規制されている期間が多く、その時は戸倉まで。❷の山の鼻から❸の見晴は尾瀬ケ原を縦断する木道の道。❸には6軒の山小屋がある。予約制なので宿泊には事前の予約が必要。❸から燧ヶ岳に登る道は"見晴新道"と呼ばれ、❸から約

燧ヶ岳

10分で尾瀬沼方面と分かれて左の燧ヶ岳への道をとる。❹の山頂（柴安嵓）までは、何本か小沢を横切り、沢沿いのぬかるみの多い道と急坂の尾根道を登る。柴安嵓が燧ヶ岳の最高点で、二等三角点と石祠のある東の俎嵓は少し低い。柴安嵓からは至仏山と尾瀬ヶ原の眺めがよい。俎嵓からは眼下の尾瀬沼の展望がよい。❺の長蔵小屋へは俎嵓から尾瀬沼方面へ下り、ナデッ窪への道を分けて長英新道を長蔵小屋へ。❺から❻の三平峠は木道の道。一ノ瀬休憩所から大清水へは未舗装の車道を歩く。「尾瀬ヶ原」「尾瀬沼」の項を参照。

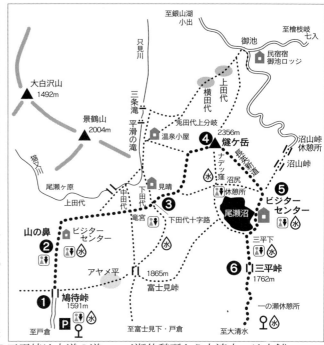

コースタイム （合計 13 時間 30 分 鳩待峠入山）
（合計 13 時間 25 分 大清水入山）

鳩待峠 ⇄ 山の鼻 ⇄ 見晴 ⇄ 燧ヶ岳（柴安嵓）⇄ 長蔵小屋 ⇄ 三平峠 ⇄ 大清水
　　1:00／1:20　　1:55／1:55　　4:20／3:30　　3:30／4:40　　0:45／0:40　　2:00／2:25

問い合わせ
- 片品村むらづくり観光課
  ☎ 0278-58-2112
- 尾瀬ガイド協会群馬支部
  （片品山岳ガイド協会）
  ☎ 0278-58-7576
- 尾瀬山の鼻ビジターセンター
  ☎ 027-220-4431（尾瀬保護財団事務局）
- 山小屋
  見晴に6軒
  ☎ 0278-58-3222（片品村観光協会）
- 温泉・宿泊（尾瀬戸倉温泉他）
  ☎ 0278-58-3222（片品村観光協会）

俎嵓から柴安嵓

至仏山 (しぶつさん) 鳩待峠からの往復コース（山の鼻経由周回）

難易度 **B**　体力度 **3**

適期	1	2	3	4	5	6	7	8	9	10	11	12
							✓	✓	✓			

スタート地点	最高地点	終了地点	ルート長	累積登り標高差	累積下り標高差
鳩待峠 1591m	至仏山 2228m	鳩待峠 1591m	11.3km	995m	995m

２万５千分の１地形図　至仏山

アプローチ

鳩待峠から至仏山に至る登山道は原則５月７日から６月30日まで閉鎖され、残雪状況により、期間は変更される。

●**車**：関越道沼田ICから国道120〜401号で戸倉まで39km、戸倉に駐車（有料）。戸倉〜鳩待峠間は季節によってマイカー規制があり、乗合バス・タクシーを利用。

●**公共交通機関**：JR上越線沼田駅下車、関越交通バス大清水行き１時間30分の戸倉で乗合バス・タクシーに乗り換える。鳩待峠まで30分。

＊バス　（関越交通沼田営業所）☎ 0278-23-1111（老神観光バス）☎ 0278-56-3222
＊タクシー　（関越交通沼田営業所）☎ 0278-24-5151（尾瀬観光タクシー）☎ 0278-58-3152（片品観光タクシー）☎ 0278-58-2041

コースガイド

　日本百名山、ぐんま百名山に選定されている至仏山は尾瀬ヶ原の西端に位置し、東の燧ヶ岳と共に尾瀬を代表する名山である。至仏山は、温和で女性的な山容や素晴らしい眺望、高山植物の豊富さなどで登山者の人気を集めている。山頂からは眼下に尾瀬ヶ原を、西には奥利根・谷川の山並みを望み、足元にはホソバヒナウスユキソウ、オゼソウ、シブツアサツキなどの貴重な植物、珍しい植物が美しいお花畑をつくっている。山の鼻から至仏山に登るルートは、尾瀬ヶ原の眺望を楽しみながら歩くことができるため、周回コースも選択肢である。

❶の登山口は鳩待山荘前の広場の奥から。指導標を確認し、山の鼻方面に入らないこと。❷の原見岩は、尾瀬ヶ原・燧ヶ岳の眺めが素晴らしい。鳩待峠を出発して初めて開放的な気分になるところ。❸のオヤマ沢田代を過ぎると笠ヶ岳への分岐。❹の小至仏山山頂に立つと、至仏山がすぐそこに見える。❹から少し下って、緩やかな岩稜の

至仏山

上りとなり、上り切ると❺の至仏山頂に立つ。眼下の尾瀬ヶ原をはじめ360度の展望が開ける。至仏山の西面には、利根川の一大支流の楢俣川をせき止めたならまた湖が見下ろせる。また、さらに目を転じると、平ヶ岳から利根川水源の山である大水上山や奥利根の山並みが素晴らしい。往路を戻る。山頂から小至仏にかけての岩、その先の下りの木道は滑りやすいので注意。

❶の鳩待峠から山の鼻❻を経由して❺の至仏山に至る道のうち、❻〜❺は高山植物の保護のため登り専用。❻の山の鼻から❼の高天ヶ原まで階段と急坂が続くが、登るにつれて変化する尾瀬ヶ原と燧ヶ岳の景観が楽しめる。

コースタイム（合計 5 時間／山の鼻経由で周回 6 時間 15 分）

鳩待峠 1:30 / 1:10 オヤマ沢田代 0:35 / 0:30 小至仏山 0:45 / 0:35 至仏山

[サブコース]
鳩待峠➡〈1:00〉山の鼻➡〈3:00〉至仏山➡〈0:35〉小至仏山➡〈0:30〉オヤマ沢田代➡〈1:10〉鳩待峠

問い合わせ

- ●片品村むらづくり観光課
  ☎ 0278-58-2112
- ●尾瀬ガイド協会群馬支部
  （片品山岳ガイド協会）☎ 0278-58-7576
- ●尾瀬山の鼻ビジターセンター
  ☎ 027-220-4431（尾瀬保護財団事務局）
- ●山小屋
  鳩待峠1軒、山の鼻3軒
  ☎ 0278-58-3222（片品村観光協会）
- ●温泉・宿泊（尾瀬戸倉温泉他）
  ☎ 0278-58-3222（片品村観光協会）

高天ヶ原から尾瀬ヶ原

笠ヶ岳 鳩待峠からの往復コース

かさがたけ

難易度 **B** 体力度 **3**

| 適期 | 1 | 2 | 3 | 4 | 5 | 6 | 7 | 8 | 9 | 10 | 11 | 12 |

スタート地点	最高地点	終了地点	ルート長	累積登り標高差	累積下り標高差
鳩待峠 1591m	笠ヶ岳 2058m	鳩待峠 1591m	12.7km	870m	870m

2万5千分の1地形図　至仏山

アプローチ

鳩待峠から至仏山に至る登山道は原則5月7日から6月30日まで閉鎖され、残雪状況により、期間は変更される。

●**車**：国道120〜401号で戸倉へ。戸倉から鳩待峠駐車場までは約11kmある。シーズン中に何度か津奈木―鳩待峠間のマイカー規制があり、戸倉からシャトルバスや乗合タクシーなどを利用しなければならない。規制期間、駐車場などの確認が必要である（津奈木に駐車場はない）。

●**公共交通機関**：上越新幹線上毛高原駅、JR上越線沼田駅から関越交通バスを利用して戸倉・鳩待峠行バス連絡所で下車。シャトルバス、乗合タクシーを利用する（季節運行、下記問い合わせ）。

　＊バス（関越交通沼田営業所）☎ 0278-23-1111（老神観光バス）☎ 0278-56-3222
　＊タクシー（関越交通沼田営業所）☎ 0278-24-5151（尾瀬観光タクシー）☎ 0278-58-3152（片品観光タクシー）☎ 0278-58-2041

コースガイド

　笠ヶ岳は至仏山の人気の陰に隠れて、登山者の少ない静かな山であるが、2000mを超える端正な秀峰である。東面のお花畑、山頂からの展望どれをとっても至仏山に劣るものではない。また、山頂分岐から往復30分ほどの片藤沼をコースに加えることをお勧めするが、少し距離があるので早出するとよい。登山道はここで紹介する鳩待峠からのコースと、みなかみ町の湯ノ小屋温泉からのコースがあるが、湯ノ小屋温泉からのコースは長い上に、登山道の一部が藪で分かりにくく一般的ではない。鳩待峠からオヤマ沢田代分岐までは至仏山への登山道でもあり、よく整備され歩きやすいが、分岐から笠ヶ岳までの登山道は木道もなく、雨後はぬかるみが多い。

❶鳩待峠の広場から左（西）の樹林帯に入り、広い尾根を徐々に高度を上げて行く。残雪期は登山道が分かりにくいので注意。❷尾根の南に回り込むと木々の間から笠ヶ岳が見え隠れする。❸原見岩は尾瀬ヶ原と燧ヶ岳のビューポイントで一休みによいところだ。❹オヤマ沢田代湿原の木道を過ぎるとすぐ分岐に出る。至仏山は直進、笠ヶ岳は左（南）に折れ、オヤマ沢田代の西を回り込んで行く。❺悪沢岳は山頂標識がないと通り過

笠ヶ岳と小笠（右）

ぎてしまうような目立たないピークだ。この下りから、正面に笠ヶ岳と小笠の秀麗な姿を望める。この先、岩場を下りて樹林帯に入る。穏やかに上下する道が続くが、ぬかるみや倒木が多いだろう。また、残雪期は登山道が分かりにくいので注意。❻小笠は山頂を通らずに東下を巻いて行く。❼の笠ヶ岳も東面を巻いて山頂南側の湯ノ小屋温泉

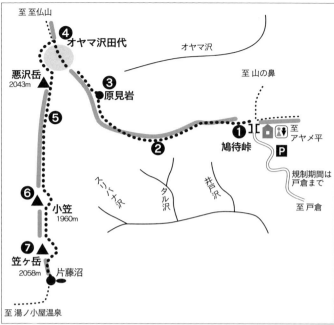

コースとの分岐から右（北）に折れて上る。岩場の登降になるので注意。山頂からは360度の展望が得られ、南の足元には片藤沼が光る。ゆっくりと景色を楽しみたい。

＊残雪期、悪沢岳と小笠の間、小笠と笠ヶ岳の間の樹林帯は登山道を見失いやすい。濡れた木道は滑る。
＊オヤマ沢田代分岐から笠ヶ岳間は木道などはなく、ぬかるみが多い。

コースタイム（合計 8 時間）

鳩待峠 ⇄(2:00/1:40) オヤマ沢田代分岐 ⇄(1:10/1:20) 小笠 ⇄(0:50/0:40) 湯ノ小屋温泉分岐 ⇄(0:10/0:10) 笠ヶ岳

（湯ノ小屋温泉分岐から片藤沼へは往復30分）

問い合わせ

- ●片品村むらづくり観光課
  ☎ 0278-58-2112
- ●尾瀬ガイド協会群馬支部
  （片品山岳ガイド協会）☎ 0278-58-7576
- ●尾瀬山の鼻ビジターセンター
  ☎ 027-220-4431(尾瀬保護財団事務局)
- ●山小屋
  鳩待峠1軒、山の鼻3軒
  ☎ 0278-58-3222(片品村観光協会)
- ●温泉・宿泊（尾瀬戸倉温泉他）
  ☎ 0278-58-3222(片品村観光協会)

オヤマ沢田代

アヤメ平 富士見下から鳩待峠へのコース

難易度 **A**　体力度 **3**

| 適期 | 1 | 2 | 3 | 4 | 5 | 6 | 7 | 8 | 9 | 10 | 11 | 12 |

スタート地点	最高地点	終了地点	ルート長	累積登り標高差	累積下り標高差
富士見下 1320m	中原山 1969m	鳩待峠 1591m	11.1km	720m	440m

2万5千分の1地形図　至仏山・三平峠

アプローチ

●車：このコースを歩く場合、マイカーでは富士見下と鳩待峠間の便がないので、戸倉の駐車場を利用するしかない。また、戸倉から富士見下間の公共交通もないので、タクシーを利用することになる。鳩待峠、戸倉間はシャトルバス、乗合タクシーが利用できる。

●公共交通機関：上越新幹線上毛高原駅、JR上越線沼田駅から関越交通バスを利用して戸倉（鎌田・鳩待峠行バス連絡所）で下車。シャトルバス乗合タクシーを利用して鳩待峠へ（季節運行、下記、問い合わせ）。富士見下へはタクシーのみ。
　＊バス（関越交通沼田営業所）☎ 0278-23-1111（老神観光バス）☎ 0278-56-3222
　＊タクシー（関越交通沼田営業所）☎ 0278-24-5151（尾瀬観光タクシー）☎ 0278-58-3152（片品観光タクシー）☎ 0278-58-2041

コースガイド

　アヤメ平は尾瀬ヶ原の南側を囲む2000m近い稜線上に広がる湿原で、足元を彩る花々と池塘、そして燧ヶ岳、至仏山をはじめ、北に平ヶ岳、会津駒ヶ岳、南には日光連山、赤城山、武尊山など名山を一望できる。1960年前後には多くのハイカーにより湿原の植物は壊滅的な打撃を受けた。その後、復元の努力がなされ、現在に至っている。鳩待峠への車道ができたため、富士見峠は昔のにぎわいはなくなった。しかし、尾瀬ヶ原竜宮と見晴への道があり、皿伏山を経て尾瀬沼に下りることもできる。また、このコースのようにアヤメ平から鳩待峠への湿原と展望のコースでもあり、富士見峠は群馬側から尾瀬に入る登山の要の地であることに変わりはない。残念ながら2016年以降、富士見小屋は閉鎖されている。

　❶の富士見下駐車場は無料で30台ほどのスペースがある。ゲート先の林道を行く。❷この辺りはブナやミズナラの美しい平坦地で休憩によい。❸で林道が稜線直下に出ると富士見小屋（現在閉鎖）前の広場に出る。ベンチやトイレがある。❹左（西）に上り樹林帯を出ると富士見田代の分岐で尾瀬ヶ原の竜宮に下りられる。この分岐にある小さな池からの燧ヶ岳は素晴らしい眺め。アヤメ平はかつて

至仏山を望む

天上の楽園といわれたところで、現在は植生の復元途中だが、7月中旬からのキンコウカの群落は見応えがある。また、遮るもののない景色も素晴らしい。ゆっくり時間をかけて楽しもう。オオシラビソ（アオモリドドマツ）の中を行くと、❺の中原山に着く。このコースの最高標高点だが展望

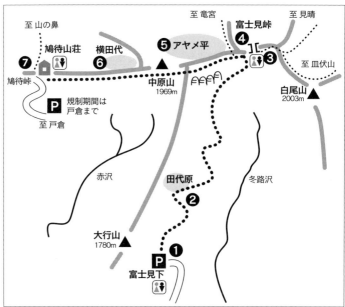

はよくない。❻の横田代も湿原が広がる。ここまで来ると目の前に至仏山がどっしりと構えている。この先は鳩待峠までオオシラビソやダケカンバの樹林帯を下るが、雨後などはぬかるむところもあるので注意。❼鳩待峠に下りるとたくさんのハイカーに会い、今までの静けさに気付くだろう。峠から左（南）にわずかに下りると、駐車場がある。
＊特に危険なところも迷いやすい所もないが、濡れた木道は滑るので注意。
＊木道を離れたり、湿原には立ち入らないこと。

コースタイム（合計 4 時間 20 分）

富士見下 2:30/2:00 富士見峠 0:20/0:15 アヤメ平 1:30/1:50 鳩待峠

問い合わせ

- ●片品村むらづくり観光課
  ☎ 0278-58-2112
- ●尾瀬戸倉観光協会
  ☎ 0278-58-7263
- ●尾瀬ガイド協会群馬支部
  （片品山岳ガイド協会）
  ☎ 0278-58-7576
- ●山小屋
  鳩待山荘 ☎ 0278-58-7311
- ●温泉・宿泊（尾瀬戸倉温泉）
  ☎ 0278-58-3222
  （片品村観光協会）

燧ヶ岳を望む木道

皿伏山 尾瀬沼からの往復コース

さらぶせやま

| 適期 | 1 | 2 | 3 | 4 | 5 | 6 | 7 | 8 | 9 | 10 | 11 | 12 |

難易度 A
体力度 3

スタート地点	最高地点	終了地点	ルート長	累積登り標高差	累積下り標高差
大清水 1190m	皿伏山 1917m	大清水 1190m	9.6km	860m	860m

2万5千分の1地形図　　三平峠・燧ヶ岳

アプローチ

●車：国道120号、401号と走り戸倉に入る。大清水まで特にマイカー規制は無いが駐車スペースが240台程で満車の場合がある。事前に通告があった場合は案内に従う。戸倉、大清水間は駐車禁止。

●公共交通機関：上毛高原駅、沼田駅から関越交通バスが戸倉経由で大清水まで入るが、季節運行で本数も限られる。問い合わせが必要。
　＊バス（関越交通沼田営業所）☎ 0278-23-1111（老神観光バス）☎ 0278-56-3222
　＊タクシー（関越交通沼田営業所）☎ 0278-24-5151（尾瀬観光タクシー）☎ 0278-58-3152（片品観光タクシー）☎ 0278-58-2041

コースガイド

　尾瀬、皿伏山と聞いても、どこにあるか分からない方もいるだろう。尾瀬沼と尾瀬ヶ原を結ぶ沼尻川の南にあり、富士見峠から白尾山、皿伏山を経て尾瀬沼への道が下りている。鳩待峠からアヤメ平を経て富士見峠、あるいは富士見下から富士見峠に登り尾瀬沼を目指すコースがお勧めだが日帰りでは忙しい。ここではぐんま百名山の1座を登ることにして、大清水（一ノ瀬）からの日帰りコースを案内する。実際、なぜこの皿伏山が群馬百名山に選ばれたか分からない。山頂からの展望もなく、大清水平以外特に見るものもないが、人の少ない静かな山行を望む方にはお勧めである。

　❶大清水の駐車場から一ノ瀬間はシーズン中シャトルバスを利用できるが、できれば片道だけでも旧道を歩きたい（車道も歩行可）。❷一ノ瀬には無料の休憩舎とトイレがある。片品川を渡ると登山道になり、冬路沢を小さな橋で渡ると十二曲りの急な上りが待っている。❸暗い針葉樹下の緩い階段を上ると三平峠に出る。展望はない。ゆっくり15分も下ると三平下❹に出る（「尾瀬沼」参照）。❹尾瀬沼山荘下で左（西）に折れ沼尻に向かう。❺湖畔を1kmほど行くと富士見峠への案内がある。樹林帯をつづ

大清水平

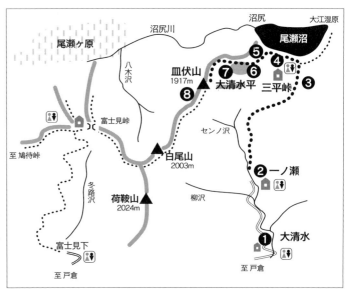

ら折りで上ると傾斜が緩み、踏み跡が分散し分かりづらいところもある。テープをよく確認して登ろう。また少しぬかるむだろう。❻突然目の前が開け大清水平に出る。人が少なく静かな湿原が広がっているはずだ。❼大清水平を過ぎ樹林帯に入る。この先、あまり道が整備されていないので、ぬかるみや、道を草が覆うところもある。しかし、踏み跡はしっかりしているので残雪でもなければ、迷うことはないだろう。特に急な上りもなく❽の皿伏山山頂に出る。古いベンチと三角点がある。展望はない。富士見下から富士見峠、皿伏山を経て大清水に下ると9時間～10時間かかる。また鳩待峠からも同様だろう。その場合は1泊で歩くことを勧める。

＊沼山分岐から沼西岸の道、また大清水平前後も歩道の整備はほとんどされていない。ぬかるみ、木道は濡れていると滑る。また、大清水平から沼湖畔までの一部の踏み跡が不明瞭だがテープが多数ある。

＊木道を離れ、湿原には立ち入らない。

コースタイム（合計 8時間）

大清水 ⇄(1:00/0:55) 一ノ瀬 ⇄(1:15/1:00) 三平峠 ⇄(0:15/0:20) 三平下 ⇄(0:25/0:25) 富士見峠分岐 ⇄(0:20/0:15) 大清水平 ⇄(1:00/0:50) 皿伏山

（大清水、一ノ瀬間シャトルバスを利用すると往復1時間30分程短縮できる）

問い合わせ

● 尾瀬保護財団事務局
☎ 027-220-4431
尾瀬沼ビジターセンター
尾瀬山の鼻ビジターセンター
● 片品村むらづくり観光課
☎ 0278-58-2112
● 尾瀬交通対策連絡協議会
☎ 0278-58-2112
● 尾瀬戸倉観光協会
☎ 0278-58-7263

皿伏山頂

日光白根山
にっこうしらねさん
菅沼から金精峠へのコース

難易度 B　体力度 4

適期	1	2	3	4	5	6	7	8	9	10	11	12
						●	●	●	●	●		

スタート地点	最高地点	終了地点	ルート長	累積登り標高差	累積下り標高差
菅沼登山口 1735m	日光白根山山頂 2578m	菅沼登山口 1735m	11.8km	1683m	1666m

2万5千分の1地形図　男体山

アプローチ

●車：関越道沼田ICから国道120号50km、菅沼湖畔の登山口まで。登山口に駐車場。

●公共交通機関：JR上越線沼田駅下車、関越交通バスで片品村鎌田まで。ここで乗り換え、菅沼バス停まで。日帰りには難しい。
　＊バス（関越交通沼田営業所）☎ 0278-23-1111
　＊タクシー（片品観光タクシー）☎ 0278-58-2041

コースガイド

　日本百名山、ぐんま百名山に選定されている白根山（日光白根山、奥白根山）は片品村と栃木県日光市との境にそびえる活火山で、標高2578ｍの主峰は奥白根山とも呼ばれ、関東以北の最高峰である。山頂部は爆裂火口や急峻な溶岩峰などが、荒々しい火山地形を造り出している。山頂からは尾瀬、日光、奥利根、会津の山々などの展望が楽しめる。ここでは菅沼から登り、日光白根山から五色沼へ下り、五色山から金精峠を回り、菅沼へ戻るコースを紹介する。時間や天候によっては五色沼から弥陀ヶ池を経由して往路を下山してもよい。このコースの弥陀ヶ池までは針葉樹林帯の歩きやすい幅広い道で、「瞑想の道」ともいわれている。また、白根山の山名を冠する「シラネアオイ」は、6月下旬に弥陀ヶ池から五色山にかけて林の中に咲くが、シカの食害で激減している。

　菅沼のバス停から、南側の広い道路兼駐車場を真っすぐ進む。狭い道になって突き当たり、❶の道標から右へ入る。❷の道標の先で道が左に曲がり平らになると弥陀ヶ池は近い。ダケカンバの低木帯が終わると、❸のガレになる。さらに赤茶けたガレを上ると、頂上周辺の溶岩峰を頭上に仰ぐようになる。❹の岩場を越えると北峰。いったん爆裂火口

日光白根山

に下って上り返すと❺の日光白根山山頂。岩頭に二等三角点がある。山頂から南の爆裂火口を越えると、白根神社奥社のある南峰で、火口原の砂地を過ぎて、草付の下りになる。❻の五色沼避難小屋前で前白根山への道を分け、❼の五色沼に下る。水場は五色沼から前白根山に登り上げる途中にある。五色山は平らな頂上で、❽の分岐点の道標では

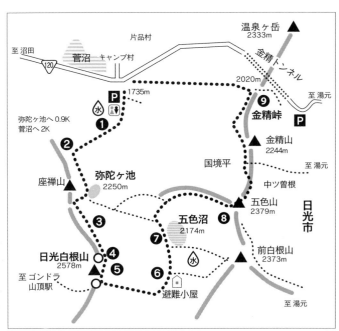

金精峠方面は、北へ向かって進む。金精山は山頂付近で登山道に亀裂が入る地層変化が生じ、また山頂直下の金精峠寄りでは足場が悪いので十分注意したい。❾の金精峠から菅沼へ下る道は水害で荒れて段差などあり、悪いところを巻くときに注意。

コースタイム（合計 8 時間 40 分）

菅沼登山口➡〈2:20〉弥陀ケ池➡〈1:30〉日光白根山➡〈1:00〉避難小屋➡〈1:20〉五色山➡〈1:40〉金精峠➡〈0:50〉菅沼

問い合わせ

- ●片品村むらづくり観光課
  ☎ 0278-58-2112
- ●片品村観光協会
  ☎ 0278-58-3222
- ●山小屋
  五色沼避難小屋（無人）
- ●温泉・宿泊（丸沼温泉）
  丸沼温泉環湖荘 ☎ 0278-58-2002
  菅沼キャンプ村 ☎ 0278-58-2958

シラネアオイ

日光白根山
にっこうしらねさん

丸沼高原スキー場からの山頂部周回コース

| 適期 | 1 | 2 | 3 | 4 | **5** | **6** | **7** | **8** | **9** | **10** | 11 | 12 |

難易度 **B**
体力度 **2**

スタート地点	最高地点	終了地点	ルート長	累積登り標高差	累積下り標高差
丸沼高原（山頂駅）1994m	日光白根山 2578m	丸沼高原（山頂駅）1994m	6.8km	685m	685m

2万5千分の1地形図　丸沼・男体山

アプローチ

丸沼高原ロープウェイで標高およそ2000mの山頂駅まで上がる。ロープウエーは5月下旬から11月初旬までの営業。点検などで休業する場合もあるので、ホームページなどで確認を。

●車：関越道沼田ICから丸沼高原まで国道120号で43km、約60分。
●公共交通機関：JR上越線沼田駅から鎌田でバスを乗り継ぎ、日光白根山ロープウェイバス停まで。日帰りには難しい。
　＊バス（関越交通沼田営業所）☎ 0278-23-1111
　＊丸沼高原総合案内（日光白根山ロープウェイ）☎ 0278-58-2211

コースガイド

ロープウエーがアプローチに使えるようになってから、日光白根山へのメインルートになった。前半の比較的平坦な樹林帯は自然散策コースとしても整備されている。後半は本格的な登山コースとなり、日光白根山北面のガレ場と岩場の登りがクライマックスとなる。下山は南回りにとり、火山礫の斜面から大きく回り込んで樹林帯に入り、自然散策コースに戻ってくる。

❶山頂駅にはトイレ、レストラン、天空カフェ、足湯などが整備され、展望もよい。ここまでは観光客も多い。山頂駅から鹿よけのゲートを通り、七色平分岐へ向かう。すぐ六地蔵への道を左に見送り、溶岩台地の南の縁に沿って東へ進む。血の池地獄分岐から急な上りをわずかで大日如来で、七色平分岐へはすぐ。❷七色平分岐から左へ行くと避難小屋がある。七色平からわずかで弥陀ヶ池分岐。ここをなおも直進し、六地蔵方面へ下る道を左に分け、北から大きく回り込んで座禅山を目指す。❸座禅山山頂に立つと火口が見下ろせ、南に日光白根山が大きく望めるようになる。❹の鞍部へ下ると、右手の七色平から直登してくるコースが合流する。ここを左に行けば弥陀ヶ池。❹から山頂への急登が始まるので、ここで休憩し水分やエネルギーを補給しておこ

日光白根の山頂部

尾瀬・奥日光

う。山頂までは標高差300m近くある。樹林帯を抜けるとガレ場となり、斜度が急になると、いよいよ最後の岩場。岩場を抜けると頂稜の一角で、岩尾根をたどると❺の山頂（北峰）に上り着く。足元が大きく切れ落ちているところが多いので休憩時は

場所選びに注意。ハイシーズンの週末などはかなり混雑する。❺の山頂から岩混じりの踏み跡の歩きやすいところを選んでわずかに下り、上り返すと❻の南峰で社がある。南峰から南へ少し下りる。左に五色沼へ下るルートを分け右へ下る。南西に向かう火山礫の斜面に付けられた道を30分ほど下ると❼の休み岩。この辺りから樹林帯となり、道は北西方向へ大きくカーブする。❷の七色平分岐までは同じような樹林帯の中の道が続き、意外に長く感じるかもしれない。七色平分岐を過ぎれば上りにとった整備された道をロープウェイ山頂駅まで戻るだけだ。

＊日光白根山北面の急斜面はガレ場、岩場とも要注意。特に初心者には岩場の下りは危険なので、逆コースはとらないように。

コースタイム（合計 5時間10分）

山頂駅 ➡ 〈0:50〉 七色平分岐 ➡ 〈0:50〉 座禅山 ➡ 〈0:10〉 座禅山の鞍部 ➡ 〈1:20〉 日光白根山頂（北峰）➡ 〈0:30〉 休み岩 ➡ 〈0:50〉 七色平分岐 ➡ 〈0:40〉 山頂駅

問い合わせ

- ●片品村むらづくり観光課
  ☎ 0278-58-2112
- ●丸沼高原総合案内
  ☎ 0278-58-2211
- ●山小屋
  五色沼避難小屋（無人）
- ●温泉・宿泊
  シャレー丸沼 ☎ 027-58-4300
  丸沼高原ペンション村
  http://malnuma.sakura.ne.jp/yoyaku/cgi-bin/yado.cgi

日光白根山南面を下る

鬼怒沼山（きぬぬまやま） 大清水から鬼怒沼山往復コース

| 適期 | 1 | 2 | 3 | 4 | 5 | **6** | **7** | **8** | **9** | **10** | 11 | 12 |

難易度 **B**
体力度 **4**

スタート地点	最高地点	終了地点	ルート長	累積登り標高差	累積下り標高差
大清水 1180m	鬼怒沼山 2141m	大清水 1180m	16.3km	1218m	1225m

2万5千分の1地形図　三平峠

アプローチ

●車：関越道沼田ICから国道120〜401号で大清水まで47km。大清水に駐車場（有料）。

●公共交通機関：JR上越線沼田駅下車、関越交通バス大清水行き1時間50分、終点下車。
　＊バス（関越交通沼田営業所）☎ 0278-23-1111

コースガイド

　ぐんま百名山に選定されている鬼怒沼山は、片品村と栃木県日光市との境にそびえる。原生林に包まれ展望がないため、訪れる人は多くない。鬼怒沼山の南西に広がる鬼怒沼湿原は、鬼怒川水源に広がる標高2000mの高層湿原で、日本一高い高層湿原ともいわれ、大小約60の池塘が点在している。7〜8月の開花期には池塘を縁どる湿原植物が美しく、根名草山や日光白根山が水面に映り、尾瀬の燧ケ岳も望まれる。なお、栃木県側の奥鬼怒温泉郷に泊まり、往復コースを選択することもできる。最奥の日光澤温泉から鬼怒沼湿原北端まで登り、片道3時間弱。

　❶の大清水バス停から物見橋までは車道を行く。❷の登山道入口では、堰堤の脇に道標があり、細い道に入る。❷から10分ほどで湯沢出合となり、丸太橋を渡ると❸の尾根末端に着く。❸から❺の頂上までは木の根や露岩の急登と、狭いがやや平らな尾根との繰り返しが続く。1時間も登ると見晴しがよくなり、南

鬼怒沼

尾瀬・奥日光

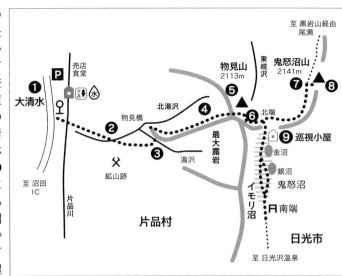

には三角定規の形の四郎岳が長い尾根を引いているのが分かる。さらに40分ほど登ると、この尾根道で最も目立つ❹の一枚岩状の露岩を越え、針葉樹林の急登になって❺の物見山山頂に立つ。物見山から下って行くと樹間に湿原が見え、やがて湿原北端の丁字路❻に出る。湿原に出る道を分けて直進する。樹間をなだらかに登って行くと❼の鬼怒沼山分岐が現れる。分岐を右に折れると間もなく、❽の鬼怒沼山山頂となる。帰路は丁字路❻の手前で湿原に出る分岐を下ると❾の東電鬼怒沼巡視小屋があり、そこが湿原の北端となる。巡視小屋は避難小屋としても利用できる。湿原の木道を散歩して素晴らしい風景を満喫したら、❻から往路を戻ろう。

コースタイム（合計 9時間40分）

大清水➡〈1:00〉湯沢出合➡〈3:00〉物見山➡〈0:20〉鬼怒沼湿原北端➡〈0:45〉鬼怒沼山➡〈0:55〉湿原南端➡〈0:20〉湿原北端➡〈0:30〉物見山➡〈2:00〉湯沢出合➡〈0:50〉大清水

問い合わせ

- ●片品村観光協会 ☎ 0278-58-3222
- ●日光市観光協会 ☎ 0288-22-1525
- ●山小屋
  大清水小屋 ☎ 0278-58-7370
  東電鬼怒沼巡視小屋（無人）
- ●温泉・宿泊（尾瀬戸倉温泉）
  尾瀬戸倉観光協会 ☎ 0278-58-7263

ワタスゲ

四郎岳・燕巣山

丸沼から四郎峠経由往復コース

難易度 **B**
体力度 **3**

| 適期 | 1 | 2 | 3 | 4 | 5 | **6** | **7** | **8** | **9** | **10** | 11 | 12 |

スタート地点	最高地点	終了地点	ルート長	累積登り標高差	累積下り標高差
丸沼温泉登山口 1432m	燕巣山山頂 2222m	丸沼温泉登山口 1432m	8.4km	1255m	1255m

2万5千分の1地形図　三平峠

アプローチ

●車：関越道沼田ICから国道120号43km、丸沼温泉環湖荘の先に駐車場（無料）と登山口。

●公共交通機関：JR上越線沼田駅下車、関越交通バスで片品村鎌田まで。鎌田からバスまたはタクシー利用。
　＊バス（関越交通沼田営業所）☎ 0278-23-1111
　＊タクシー（片品観光タクシー）☎ 0278-58-2041

コースガイド

　国道120号の丸沼付近から北を見ると、深い針葉樹林に包まれた、2つの目立つ頂が対岸にそびえている。左側の片流れ屋根状の峰がぐんま百名山に選定されている四郎岳で、右の丸みのある三角形が燕巣山である。両山の中間鞍部に登り上げる四郎沢は道標が少なく、ところどころササが茂っているが、稜線の四郎峠に出ると東京電力による刈り払い道が四郎岳と燕巣山を結んでおり、標石も一定間隔で埋設されていて歩きやすい。四郎峠から両方のピークを往復する。それぞれの山頂からは南面に日光白根山を大きく望むことができる。

　❶の駐車場の奥から河原に下り、浅瀬を見つけて沢の右岸に渡ると登山口の標識がある。ここからおおむね四郎沢に沿って登って行くことになるが、道標が十分とはいえないので、テープや踏み跡を確実に追いながら進む。❷の工事用道路終点から3つの堰堤を越えると沢はナメ状になり、約20分で❸の二俣に着く。この二俣で2つの沢の間を登る尾根道に上がる。岩に付けられた矢印、ケルンやテープを確認しながら、踏み跡をたどる。沢の左岸沿いの道をしばらく行くと、道は左に曲がり小沢を

四郎岳

尾瀬・奥日光

またいで四郎峠へ続く。かつては峠を越えて大清水に至る道があった。❹四郎峠はヤセ尾根の鞍部でよく手入れされた東電巡視路が両山の稜線上を通っている。❺の四郎岳へは急登になる。登山道は途中が少しゴーロ状になっている。2156mの山頂には二等三角点と山名板がある。❹の峠まで戻りそのまま直進して、❻の燕巣山に登る。こちらも急登である。標高は2222mの燕巣山の方が高く、南に日光白根山が大きく望める。下山は❹の峠まで戻って往路を忠実に下る。

コースタイム（合計 6時間30分）

丸沼温泉➡〈1:50〉四郎峠➡〈1:00〉四郎岳➡〈0:30〉四郎峠➡〈1:20〉燕巣山➡〈0:40〉四郎峠➡〈1:10〉丸沼温泉

問い合わせ

- ●片品村むらづくり観光課
  ☎ 0278-58-2112
- ●片品村観光協会
  ☎ 0278-58-3222
- ●温泉・宿泊（丸沼温泉）
  環湖荘 ☎ 0278-58-2002

燕巣山

黒檜山 <small>くろびやま</small>
駒ヶ岳周回コース

難易度 **B**　体力度 **2**

| 適期 | 1 | 2 | 3 | **4** | **5** | **6** | **7** | **8** | **9** | **10** | 11 | 12 |

スタート地点	最高地点	終了地点	ルート長	累積登り標高差	累積下り標高差
北登山口 1347m	黒檜山 1828m	大洞 1355m	4.3km	539m	545m

2万5千分の1地形図　赤城山

アプローチ

●**車**：前橋市街地から登山口まで県道4号（赤城県道）経由で約30km。登山口手前の道路左側に駐車スペースがある。ただし、トイレはない。下山後も考えると手前のおのこ駐車場（トイレあり）に駐車するのがよい。

●**公共交通機関**：JR両毛線前橋駅から関越交通バス赤城山ビジターセンター行き。直通は土休日運行で、あかぎ広場前まで1時間5分。または富士見温泉乗り換え赤城山ビジターセンター行き。

＊バス（関越交通前橋営業所）☎ 027-210-5566

コースガイド

　大きく裾野を広げ、群馬を代表する山として、古くから歌に詠まれ、文人墨客にも愛されてきた赤城山、今は日本百名山の一つとしても人気が高い。特に最高峰の黒檜山は貫禄ある山容と駒ヶ岳へのミニ縦走が楽しめるとあって、初夏のツツジの頃から紅葉期まで登山者が絶えない。近年では冬山登山の対象としても注目されている。登山道は一部の区間が関東ふれあいの道にも指定され、整備されている。子ども連れや軽装のハイカーも登っているが、岩混じりの急斜面や鉄階段の通過などには注意したい。

　❶の登山口へはあかぎ広場前バス停から赤城神社を左手に見て、大沼湖畔の道路を15分ほど歩く。道路が分岐する手前右に登山口の標識がある。登山口からいきなり急な岩の多い上りが始まる。❷の外輪山の稜線まで、緩急はあるが、上りが続く。特に急な岩混じりの上りもあり、また右側は切れ落ちているので要注意。稜線に出たら❸の山頂までは樹林の尾根上を行く。山頂から数分先に眺望ポイントがある。特に北の上州武尊山方面を中心に東から西にかけて展望が開けている。駒ヶ岳へは❷まで戻り、往路を右に見送る。大きな石碑のあるピーク

鍬柄山から黒檜山を望む。右が駒ヶ岳

を過ぎ、さらに左手に花見ヶ原への道を分け、南下する。ここから木の階段の続く急下降となる。やがて傾斜が弱まり、小さなこぶを越えると最低鞍部の大ダルミで、標高差50mほど上り返すと駒ヶ岳。❹駒ヶ岳のピークは狭いが東南面の眺望が開ける。山頂付近の東面は切れ落ちている。駒ヶ岳から外輪山の尾根を南に下り、❺で右手の道に入ると、いきなり急な鉄の階

段が始まる。この後も急な下りが続き、木の間から覚満淵を見下ろしながら下るとまた鉄の階段があり、傾斜が緩むと道路に出る。❻休日などは交通量の多い道路を車に注意し、右に進むとおのこ駐車場、あかぎ広場に戻る。

* 逆コースでも時間的に大差はないが、北登山口から黒檜への急坂を下る逆コースは子どもや初心者、足に自信のない登山者には勧められない。

* 4月までは残雪がある。近年は冬山のコースとしても登られているが、一般には5月から11月の降雪前までが適期。標高が高いので特に早春や晩春は防寒に留意したい。

コースタイム（合計 3時間30分）

北登山口➡〈1:40〉黒檜山➡〈1:00〉駒ヶ岳➡〈0:50〉大洞（あかぎ広場前）

問い合わせ

- ●赤城山総合観光案内所 ☎ 027-287-8061
- ●前橋観光コンベンション協会
  ☎ 027-235-2211
- ●県立赤城公園ビジターセンター
  （覚満淵畔）☎ 027-287-8402
- ●温泉・宿泊
  赤城温泉郷・赤城山山頂に旅館など。富士見温泉ふれあい館（日帰り温泉・道の駅に併設）

黒檜山への急登

鈴ヶ岳（すずがたけ）新坂平から山頂往復コース

難易度 B　体力度 2

適期	1	2	3	4	5	6	7	8	9	10	11	12

スタート地点	最高地点	終了地点	ルート長	累積登り標高差	累積下り標高差
新坂平 1414m	鈴ヶ岳 1565m	新坂平 1414m	5.4km	364m	364m

２万５千分の１地形図　赤城山

アプローチ

●車：前橋市街地から登山口の新坂平まで赤城県道で約25km。新坂平道路右側に無料駐車場がある。

●公共交通機関：JR両毛線前橋駅から関越交通バス赤城山ビジターセンター行き。直通は土休日運行で新坂平下車、または富士見温泉乗り換え赤城山ビジターセンター行き、新坂平下車。

＊バス（関越交通前橋営業所）☎ 027-210-5566

コースガイド

　鈴ヶ岳は赤城外輪山の西に離れてそびえる寄生火山。たおやかな山容の赤城山にあってその尖った姿は目をひき、東面を除く赤城山麓の各方面からその特徴的な姿を望むことができる。大沼周辺のにぎわいから離れ、登山者も比較的少なく静かな山登りが楽しめる。鍬柄山までなら初心者や家族連れにも好適。トイレや水、売店は登山口から赤城県道を少し登った赤城山総合観光案内所が利用できる（開設期間は4月中旬から11月上旬）。

　❶新坂平から西の外輪山に向かって、登山道が始まる。外輪山に向かって右手、北側一帯はレンゲツツジで有名な白樺牧場だが、現在は牛の放牧はしていない。❷までの短い間で道がいくつかに分かれる。どの踏み跡でも一つに合わさるが、右寄りのしっかりとした踏み跡をたどって外輪山の稜線に立つのがよいだろう。稜線に出たら北に向かう。最初は傾斜のない樹林に覆われた尾根道だが、少しずつアップダウンが始まり、最後はやや急なわずかの上りで、❸の鍬柄山頂に着く。山頂は狭いが、このコース中ではもっとも展望が利くポイント。特に大沼越しに望む黒檜山や皇海山から日光白根へと続く両毛県境の山並みも意外と近く望める。ここまでなら家族連れでも安心して楽しめる。鍬柄山山頂から鈴ヶ岳へは、❹の最低鞍部まで100m以上の下り。特に下り始めはヤセ尾根で安定しない急斜面となる。樹林帯なので高度感はそれほどではないが、左右とも切れ落ちているので一歩一歩足場を確かめて慎重に下りたい。❹の最低鞍部はササに覆われたホッとする場所。北に下

西面から望む鈴ヶ岳

る道は関東ふれあいの道に通じ、出張山を経て大沼北岸に回遊することもできる。最低鞍部からは鈴ヶ岳への150m近い急登が始まる。上るにつれて岩混じりの道となり、大きな岩を越えたり、岩の間を縫って高度を上げて行く。❺鈴ヶ岳山頂には大きな石碑が立っている。かつてのガイドブックには展望がよいように書かれていたが、

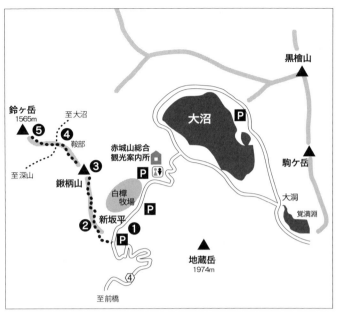

樹林に覆われた現在、山頂からの展望は利かない。わずかに西側に子持山方面、東は黒檜山が灌木の上に望まれる程度。帰路は往路を戻るが、山頂直下の急斜面は転倒、滑落に注意するとともに、岩の間を縫うところなど踏み跡をよく確かめて下るように。また、鍬柄山直下の上りでも慎重に行動したい。

* 下山時、新坂平へと左へ下る❷の地点を見失わないように。
* 鍬柄山北直下のヤセ尾根と鈴ヶ岳山頂への岩場は特に積雪・凍結時は危険。登山は雪どけ後の4月下旬から11月までが適期。6月下旬にはレンゲツツジが満開となり、白樺牧場を中心に山道もにぎわう。

コースタイム（合計 3時間30分）

新坂平 ⇄(1:00/0:40) 鍬柄山 ⇄(0:50/1:00) 鈴ヶ岳

問い合わせ

- ●赤城山総合観光案内所
  ☎ 027-287-8061
- ●県立赤城公園ビジターセンター
  （覚満淵畔）☎ 027-287-8402
- ●前橋観光コンベンション協会
  ☎ 027-235-2211
- ●温泉・宿泊
  赤城温泉郷・赤城山山頂に旅館など。富士見温泉ふれあい館（日帰り温泉・道の駅に併設）

鈴ヶ岳山頂の石碑

荒山・鍋割山 箕輪から2山往復コース

難易度 **A**
体力度 **3**

適期	1	2	3	4	5	6	7	8	9	10	11	12
				4	5	6				10	11	

スタート地点	最高地点	終了地点	ルート長	累積登り標高差	累積下り標高差
箕輪（姫百合駐車場）1021m	鈴ヶ岳 1572m	箕輪（姫百合駐車場）1021m	9.7km	692m	692m

2万5千分の1地形図　赤城山

アプローチ

●**車**：前橋市街地から登山口の箕輪まで赤城県道で約20km。道路右側に姫百合駐車場（トイレ・自販機あり、水は飲用不適）。

●**公共交通機関**：JR両毛線前橋駅から関越交通バス赤城山ビジターセンター行き。直通は土休日運行で箕輪下車、または富士見温泉乗り換え赤城山ビジターセンター行き、同じく箕輪下車。

＊バス（関越交通前橋営業所）☎ 027-210-5566

コースガイド

赤城山の山頂部を縁取る外輪山の南西部からさらに南西に向かって大きな高まりが続いている。それが荒山から鍋割山へと続く尾根で、このコースはその2つのピークを踏む。時間や体力によって、どちらか1つを選んで登っても十分楽しめる。全体的に整備されていて、一部を除いて急な登下降もなく歩きやすい。赤城最南端の鍋割山は草原上の山頂で、眼下の前橋市を中心に高崎から伊勢崎方面、そして関東平野まで一望できる。

❶姫百合駐車場は規模も大きいが、人気のコースなので週末など満車になることも多い。駐車場脇の道を入ると、道路左側にも駐車スペースがある。そこから登山コースへのショートカットもできる。❷30分ほど上ると、岩の多いやや急な上りとなる。道は整備されているので、足元を確かめながら上れば、荒山高原までは10分ほどの辛抱。❸荒山高原は北の荒山と南の鍋割山との間の最低鞍部に広がる平地で、空気の澄んだ日には目の前に遠く富士山を望めることもある。初夏はツツジ類が咲き、大勢のハイカーが訪れる。❹の荒山へはツツジの目立つ樹林帯を緩やか

鈴ヶ岳から望む荒山と鍋割山（右）

赤城・足尾・東毛

に上っていく。展望の広場で左に箕輪へ下る道を分け、さらに上っていくと、山頂部が迫ってくる。最後は2段の短い急登が待っているが、それもわずかで山頂に着く。荒山山頂からの展望は利かない。荒山高原までは往路を戻るが、時間と体力に余裕があれば、関東ふれあいの道へ下り、荒山高原へ

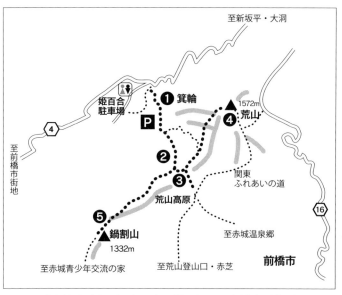

戻ってもよい。このコースで山頂から少し下ったひさし岩からは、赤城山頂部が望める。荒山高原へは途中に分岐があるので、ルート確認は確実に。荒山高原❸から鍋割山頂までは展望の利く快適な縦走路。草地が多く、榛名や子持、小野子から、遠く三国連山、浅間、奥秩父などを望む。❺鍋割山の山頂は南が開けた草原状で、コース中一番の絶景スポット。下山は往路を荒山高原を経て、姫百合駐車場へ戻る。

＊一般的には4月から11月までが適期だが、この付近は赤城でも雪が少なく、特に鍋割山だけなら防寒と足回り（スパッツ、軽アイゼンなど）に気を配れば、冬でも登れる。

コースタイム（合計 4時間40分）

箕輪➡〈0:50〉荒山高原➡〈1:00〉荒山➡〈0:50〉荒山高原➡〈0:40〉鍋割山➡〈0:40〉荒山高原➡〈0:40〉箕輪

問い合わせ

- ●赤城山総合観光案内所
  ☎ 027-287-8061
- ●県立赤城公園ビジターセンター
  （覚満淵畔）☎ 027-287-8402
- ●前橋観光コンベンション協会
  ☎ 027-235-2211
- ●温泉・宿泊
  赤城温泉郷・赤城山山頂に旅館など。富士見温泉ふれあい館（日帰り温泉・道の駅に併設）

鍋割山頂からの夕景（前橋方面）

長七郎山・オトギの森 覚満淵から小沼周回コース

難易度 A　体力度 2

| 適期 | 1 | 2 | 3 | 4 | 5 | 6 | 7 | 8 | 9 | 10 | 11 | 12 |

スタート地点	最高地点	終了地点	ルート長	累積登り標高差	累積下り標高差
赤城ビジターセンター 1360m	長七郎山 1572m	赤城ビジターセンター 1360m	7.8km	383m	378m

2万5千分の1地形図　赤城山

アプローチ

●**車**：前橋市街地から赤城県道29km。赤城公園ビジターセンター前に大駐車場(無料)。

●**公共交通機関**：JR両毛線前橋駅から関越交通バス赤城山ビジターセンター行き終点下車。土日祝日は前橋駅から赤城山ビジターセンター行きの直通急行バスが通年運行。平日は富士見温泉で乗り換え。

＊バス（関越交通前橋営業所）☎ 027-210-5566

コースガイド

　覚満淵は大沼南東の火口原にある小さな沼。ここから鳥居峠を経て火口湖の小沼を見下ろす尾根に出て長七郎山へ登る。さらにロマンチックな響きのオトギの森を巡る。特に危険なところもない初心者向きのコースだが、湿原、山頂からの眺望、深い森、火口湖の散策と、変化に富んだ山歩きが楽しめる。家族や初級者で訪れる場合、適期は登山道の雪が消えた4月から、積雪の始まる11月ごろまで。

　❶ビジターセンター入り口から車道を渡ると覚満淵入り口。細長い沼の周りは湿原になっていて、木道が整備されている。一周しても40分ほど。ニッコウキスゲやミズバショウなど季節の花々が咲き競う。鳥居峠へは西岸をほぼ半周し、南端から樹林帯に入り一登り。❷の峠にはかつてあった登山ケーブルの駅舎が残り、レストランなどとして営業している。ここから南にそびえる小地蔵の北西斜面を巻くように、小沼を目指してなだらかに登って行く。幅広い道に出ると眼下に小沼が水をたたえている。小沼は帰路に寄るのでここでは左に向かい、長七郎山を目指す。幅広い道が大きくカーブして終わると、道標に従って右正面の山道に入る。長七郎山頂まで左側が急斜面で切れているところがあるので注意。❸樹林の尾

小沼（奥に黒檜山）

根をしばらく上ると長七郎山の頂に着く。山頂から西斜面にかけてガレ場が広がり、展望もきく。北西には地蔵岳、南東方向は関東平野が広がる。山頂から西に向かってガレ場を下り再び樹林帯に入ると間もなく小沼分岐。❹小沼分岐には「オトギの森」への道標が2つあるが、時間があれば左手の広い道をたどって、大回りして森の中を歩いてみたい。外輪山と長七郎山に挟まれた秘密の森のような雰囲気で、正面は外輪山の尾根、その右手に銚子の伽藍がするどく切れ落ちているのが間近に見える。茶ノ木畑峠分岐を右に進むと、❺の「オトギの森」の標識に至る。標識からは左手に滝やザレを見下ろしながら粕川源流に沿って上り返す。左側の足元が切れているところがある。

❹の小沼分岐に戻り、小沼西岸を歩いて、八丁峠からスキー場の端に出て、大洞へ下る。

＊一般には4月の雪解けから11月ごろの初雪まで歩ける。経験者なら冬季もスノーシューで楽しめる。

コースタイム（合計 3時間40分）

覚満淵➡〈0:30〉鳥居峠➡〈0:30〉小沼分岐➡〈0:30〉長七郎山➡〈0:20〉小沼分岐➡〈0:30〉オトギの森➡〈0:30〉小沼分岐➡〈0:20〉八丁峠➡〈0:30〉大洞経由ビジターセンター

問い合わせ

- 県立赤城公園ビジターセンター（覚満淵西畔）☎ 027-287-8402（月曜定休）
- 赤城山総合観光案内所 ☎ 027-287-8061（4月中旬～11月上旬）
- 前橋観光コンベンション協会 ☎ 027-235-2211（除祝日、月～金）
- 温泉・宿泊
  赤城温泉郷・大沼周辺の旅館など。富士見温泉ふれあい館（日帰り温泉・道の駅に併設）

長七郎山から望む地蔵岳

皇海山（すかいさん）
皇海橋から山頂往復コース

難易度 C　体力度 2

| 適期 | 1 | 2 | 3 | 4 | 5 | 6 | 7 | 8 | 9 | 10 | 11 | 12 |

スタート地点	最高地点	終了地点	ルート長	累積登り標高差	累積下り標高差
皇海橋 1352m	皇海山 2143m	皇海橋 1352m	6.2km	800m	800m

2万5千分の1地形図　　皇海山

アプローチ

公共交通機関を利用しての日帰りは不可。

●**車**：国道120号、沼田市利根町の追貝信号から栗原川林道へ入り、22kmで皇海橋へ。根利からも23kmで着くが両方ともに悪路。橋の周辺に20台程駐車可能、皇海橋のたもとにトイレがある。（沼田IC − 15km −国道120号追貝− 22km −皇海橋登山口）

●**公共交通機関**：JR上越線沼田駅下車、関越交通バスで追貝下車。追貝からタクシー利用。
　＊バス（関越交通沼田営業所）☎ 0278-23-1111
　＊タクシー（老神観光タクシー）☎ 0278-56-3311

コースガイド

　関越道沼田ICから国道120号を行き、吹割の滝で有名な追貝から栗原川林道へと入る。分岐ごとに皇海山方面の道路看板があり、登山口まで行けるが、1車線の悪路で運転には注意が必要だ。国道122号の下田沢の信号から県道62号の根利経由で栗原川林道へ入ることもできるが、どちらも悪路を20km以上走ることになり、登山口の皇海橋へ入るのには注意が必要。

❶皇海橋根利側のたもとに、岩がゴロゴロした林道支線があり、これが登山口で3、4回カーブすると左へ不動沢への入口看板がある。不動沢に入ったら右岸へ渡渉し、道標と目印に導かれて上流へ向かう。このコースから登るようになった当時と違い、要所要所に指導標が設置され、迷うことはなくなり上流部に着く。樹林帯に入り不動沢へのコルへ上る

皇海山登山口

ところで、ロープが設置されているが土が流されて木の根が露出してしまい、遠くない将来にはルートの変更が心配される。ほどなく鋸山の急登が見える❷の不動沢のコルに着く。左方へ県境尾根の少し急な上りになる。ササの中に倒木があり歩きにくいが、針葉樹林帯に入るとほどなく青銅の剣❸が立っていて、昔の

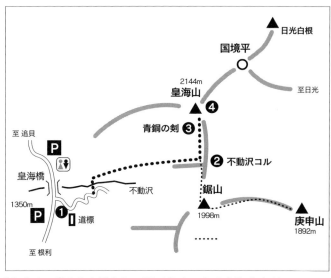

人の信仰心の篤さに感心する。❹なおも進むと二等三角点のある皇海山山頂に着く。オオシラビソ、コメツガで全く展望のなかった昔日の面影もなく、周囲の山が見渡せるようになった。足尾松木沢へのもみじ尾根と日光白根山への縦走路は、要注意になっている。下山は往路をそのまま戻る。

＊5月〜11月が適期。冬期は降雪直後以外、積雪は少ない。
＊アプローチの林道はどちらも落石などで通行止めになることがある。事前に道路情報を確認すること。

コースタイム（合計 4時間20分）

皇海橋 _{0:30}⇄^{0:30} 二俣 _{1:00}⇄^{1:30} 不動沢のコル _{0:50}⇄^{1:00} 皇海山

問い合わせ

- 沼田市利根町振興局
  ☎ 0278-56-2111
- 温泉・宿泊（老神温泉）
  老神温泉観光協会
  ☎ 0278-56-3013
  老神温泉旅館組合
  ☎ 0278-56-3013

皇海山山頂

袈裟丸山 (けさまるやま)
折場登山口から弓の手コース

難易度	体力度
B	3

適期	1	2	3	4	5	6	7	8	9	10	11	12
				●	●	●				●	●	

スタート地点	最高地点	終了地点	ルート長	累積登り標高差	累積下り標高差
折場登山口 1191m	前袈裟丸山 1878m	折場登山口 1191m	10.6km	916m	916m

２万５千分の１地形図　袈裟丸山

アプローチ

●車：国道122号、みどり市沢入(そうり)から西山林道に入り、しばらく行くと東屋のある折場登山口。周辺に十数台駐車可能。東屋の並びにトイレあり（わたらせ渓谷鐵道大間々駅ー 26km ー国道122号沢入ー 9.1km ー折場登山口）。

●公共交通機関：わたらせ渓谷鐵道沢入駅から登山口まで12km。タクシーは足尾から呼ぶことになるので要事前確認。

＊タクシー（サンエイタクシー足尾営業所）☎ 0288-93-3283

コースガイド

　国道122号の沢入地区で袈裟丸山の案内看板に従い西山林道へ入る。ほどなく寝釈迦のある塔ノ沢コースを右に分け、そこから舗装されて走りやすい西山林道を東屋のある折場登山口まで進む。ここからの道は四季を通じて人気の袈裟丸山のコースの中でも春のツツジから秋の紅葉まで一番人気がある。アカヤシオ、シロヤシオ、ミツバツツジの見頃には駐車に困るほどの大勢の登山者であふれる。

　❶折場登山口から、道標看板に従って階段から上り始める。急登が終わると見晴らしのよい刈り払われた所に出る。弓の手コースのこれからたどる山並みが、小丸山から頂上まですべて白倉沢を挟んで見渡せる。ここから樹林帯に入りベンチを過ぎた頃から、各種のツツジの群落が始まるツツジ平となる。そこを過ぎると展望台のある❷の賽(さい)の河原の一角に着く。ここで右手から塔ノ沢コースが合流し、ツツジの中を小丸山へと向かう。❸の小丸山は渡良瀬川源流部から日光白根

折場登山口

山を盟主とした日光の山々が、すべて見渡せる絶好の展望台となっている。小丸山を下るとドーム型避難小屋とトイレがある。ここから右の餅ヶ瀬川との境の尾根をたどり、ツガ、シラビソの樹林帯の急登を上り切ると一等三角点のある❹の前袈裟丸山山頂で、赤城山から上州武尊山などが見渡せる。帰りは往路を下山するが、自然保護のためにロープが張ってある所が各所にある。立ち入らずに自然を守ってもらいたい。

＊冬期は降雪直後以外積雪少ない。

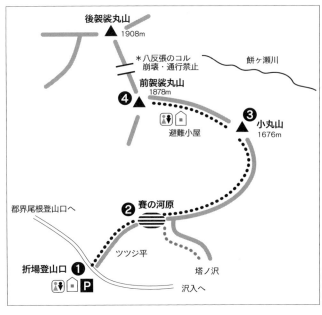

コースタイム（合計 5 時間 40 分）

登山口 ⇄(1:00/0:45) 賽の河原 ⇄(1:00/0:40) 小丸山 ⇄(1:15/1:00) 前袈裟丸山

問い合わせ
- みどり市産業観光課 ☎ 0277-76-1270
- 日帰り温泉
  水沼駅温泉センター
  ☎ 0277-96-2500（10:30～19:00）
- 宿泊
  サンレイク草木 ☎ 0277-95-6309

賽の河原の分岐

袈裟丸山 郡界尾根コース

けさまるやま

難易度 **A**
体力度 **3**

| 適期 | 1 | 2 | 3 | 4 | 5 | 6 | 7 | 8 | 9 | 10 | 11 | 12 |

スタート地点	最高地点	終了地点	ルート長	累積登り標高差	累積下り標高差
郡界尾根登山口 1131m	後袈裟丸山 1903m	郡界尾根登山口 1131m	10.1km	1000m	1000m

2万5千分の1地形図　袈裟丸山

アプローチ

●車：国道122号のみどり市小中から県道268号小中新地線に入り、小中大滝を経て左方へ進むと郡界尾根登山口。登山口周辺に10数台駐車可能（わたらせ渓谷鐵道大間々駅ー17kmー国道122号小中ー10.0kmー郡界尾根登山口）。トイレは、途中の小中大滝にあり、登山口にはない。

●公共交通機関：わたらせ渓谷鐵道小中駅から11.5km、3時間。マイカー以外の入山は事実上無理。

コースガイド

　かつては勢多郡と利根郡を分ける尾根だったが、市町村合併により現在はみどり市と沼田市の境界を登る尾根道となっている。国道122号のみどり市小中の信号を小中川沿いに小中大滝方面へと入り、小中大滝を過ぎて西山林道から新地線へと左に曲がり、そのまましばらく道なりに進むと、登山口の大きな案内看板がある。

　❶登山口から、すぐに階段が始まり少し急な道が続く。ほどなくハシゴのかかった大岩を越してゆくと、ササと白樺林の美しい八重樺原に着く。三等三角点があり、尾根をたどると右手が開けて、前袈裟丸山の尾根が沢を挟んで見渡せるところになる。尾根らしくなったところを上っていくと、十二様の石宮❷がある。この辺りでカラマツの林からツガなどの針葉樹林になり、右手の小中川源流と左手の新地川源流部に挟まれて所々狭くなるところもある。そのままひたすら上ると後袈裟丸山から根利方面に延びる稜線❸に突き当た

登山口の標識

り、右方へ木の根の出た尾根をたどると後袈裟丸山の頂上❹に着く。北へ奥袈裟丸山から六林班峠への道は通る人も少なく、背丈ほどのクマザサのヤブ漕ぎとなり一般向きではない。また、南へ向き合った一等三角点のある前袈裟丸山とのコルは「八反張のコル」と呼ばれ崩壊地となっており、通行は可能だが相当の注意が必要であり、地元自治体は禁止の標示を出してい

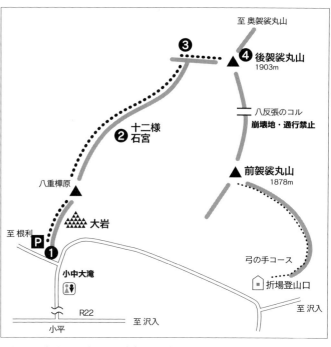

る。帰路は往路をそのまま下山する。帰りの道中に小中大滝があり、階段式つり橋「けさかけ橋」から見る滝は見応えがある。

＊冬期は降雪直後以外、積雪少ない。

コースタイム（合計 4時間50分）

登山口 ⇄ 八重樺原 ⇄ 石宮 ⇄ 後袈裟丸山
（0:40/0:30）（1:00/0:40）（1:00/1:00）

問い合わせ

●みどり市観光課
☎ 0277-76-1270

●日帰り温泉
水沼駅温泉センター
☎ 0277-96-2500（10:30～19:00）

後袈裟丸山山頂

栗生山 （くりゅうさん）
栗生神社から山頂往復コース

| 適期 | 1 | 2 | 3 | **4** | **5** | **6** | 7 | **8** | **9** | **10** | **11** | 12 |

難易度 **A**　体力度 **1**

スタート地点	最高地点	終了地点	ルート長	累積登り標高差	累積下り標高差
栗生神社 626m	栗生山 968m	栗生神社 626m	2.2km	342m	342m

２万５千分の１地形図　　上野花輪

アプローチ

●**車**：国道122号水沼駅前を過ぎ、水沼の信号で県道257号に入り4km強で、栗生山の道標を左折。栗生集落を過ぎると神社の鳥居があり、ここが登山口となっている。わたらせ渓谷鐵道大間々駅－10km－R122水沼の交差点－6.5km－鳥居登山口（駐車場は鳥居前に5～6台）。

●**公共交通機関**：わたらせ渓谷鐵道水沼駅下車。デマンドタクシーで栗生神社下まで。

　＊デマンドタクシー☎0120-55-3744（要事前予約）

コースガイド

　栗生山は赤城山の東、袈裟丸山の南西に位置する。桐生市黒保根地区にあり、地味ながら地域の名山であり、ぐんま百名山にも選ばれている。栗生神社は、栗生山の南にあり新田義貞の四天王、栗生左衛門頼方が祭られている神社で、武運の神、火伏の神として崇拝されている。ここから栗生山の登山道が始まる。

　❶栗生神社の鳥居をくぐり、176段の石段を上ると社殿に着く。日光彫刻師団の見事な彫物と天然記念物の大杉が御神木としてそびえ立っている。神楽殿と本殿の間、左の沢の方向へ道標にしたがって杉林の中へ入っていく。少しの急登をたどると頂上稜線が近づいてくる。以前は直登していたが、現在はそのまま斜上していくと❷の頂上の一角に着く。左方へ少し行くと赤城方面がよく

栗生山

見渡せる展望の利く岩の上に着く。元のところへ戻り、右方へ行くと二等三角点のある頂上❸に着く。あまり見通しがよくないが、なお進むと小さな石宮の奥社のある東端に着く。ここは袈裟丸山から渡良瀬川源流部の山が見渡すことができて、休憩するのにも広々としてゆっくりできる。帰路は、往路を忠実に神社へ戻る。近隣には間々下橋を水沼方面に戻ると左方に奇景亀石の看板があり、一見するとよい。涌丸には欄間彫刻の見事な医光寺があり、梵鐘で有名な常鑑寺が水沼にある。わたらせ渓谷鐵道水沼駅には温泉があり、汗が流せる。

＊冬期は降雪直後以外、積雪は少ない。

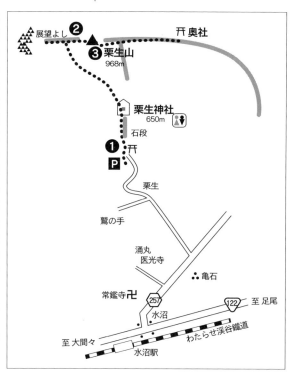

コースタイム（合計 2 時間）

神社➡〈1:00〉頂上稜線➡〈0:10〉展望台➡〈0:10〉奥社➡〈0:40〉神社

問い合わせ

●桐生市黒保根支所　☎ 0277-96-2111
●日帰り温泉
　水沼駅温泉センター
　☎ 0277-96-2500（10:30 〜 19:00）

栗生山山頂

根本山 根本沢コース
(ねもとさん)

| 適期 | 1 | 2 | 3 | **4** | **5** | 6 | **7** | **8** | **9** | **10** | **11** | 12 |

難易度 **C**　体力度 **2**

スタート地点	最高地点	終了地点	ルート長	累積登り標高差	累積下り標高差
林道三境線起点手前の駐車スペース 570m	根本山 1199m	林道三境線起点手前の駐車スペース 570m	7.4km	660m	660m

2万5千分の1地形図　沢入

アプローチ

県道337号、梅田ふるさとセンターの先は道幅が狭い箇所があるので注意。
●**車**：北関東道太田藪塚ICから29Km1時間、太田桐生ICから31Km1時間、林道三境線起点手前の駐車スペースには約30台。
●**公共交通機関**：①JR両毛線桐生駅北口からタクシーで20Km40分、②東武鉄道新桐生駅からタクシーで22Km45分、③上毛電鉄西桐生駅からタクシーで19Km38分、④おりひめバスはJR両毛線桐生駅北口から終点の梅田ふるさとセンター前まで35分、さらに登山口まで徒歩6.1Km1時間40分。
　＊バス／タクシー（桐生朝日自動車　タクシー・おりひめバス）☎0277-54-2420（沼田屋タクシー）☎0277-44-5242（桐生合同自動車　タクシー）☎0277-46-3939

コースガイド

江戸時代は修験道の霊山としてにぎわっていた。ぐんま百名山、栃木百名山、関東百名山に選ばれており、シオジの森、広葉樹林の新緑・紅葉、根本沢の美しい渓谷、ヤシオツツジの花が訪れる登山者を魅了している。沢沿いに根本山神社に関連する丁石、鉄ハシゴ、鉄クサリ、石灯籠など、歴史的遺産も数多くある。
❶林道三境線起点にある「根本山登山口」の看板がスタート地点。不死熊橋(ふじくま)を渡り、ゲート脇の岩場が根本沢コース入り口で沢沿いの道、高巻きの道、丸太橋、アルミ橋、飛び石を利用した沢の渡渉、クサリ・ロープを使って岩場を登るなど変化に富んだコースだ。❷ヒノキデ沢出合に江戸時代の道標「十四丁」

根本山山頂から袈裟丸、皇海方面を望む

石があり休憩ポイント。この先は根本沢沿いの道となる。支流の沢に入らないように注意しよう。「五丁」石の先、「魚止の滝」の岩場はロープとクサリがある。石段の先が籠堂跡で休憩ポイント、右の沢を上ると二俣になり右が男坂（不動の滝）、左が女坂に分かれる。女坂は江戸時

代の鉄ハシゴを上り石像の先を右折、クサリ場を上ると鐘楼・石灯籠の奥に❸の根本山神社本社が鎮座している。ヤセ尾根をクサリと木の根をたよりに上ると石宮の奥社がある。この先は歩きやすい道だ。行者山の下りは江戸時代のクサリが残っている。中尾根十字路を左折すると間もなく、❹の根本山山頂に着く。北側は休憩ポイントで赤城山、袈裟丸山、皇海山、庚申山な

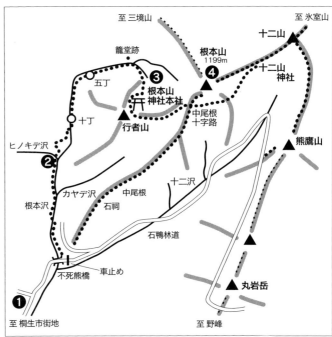

どが一望できる。下山は中尾根コースと健脚向きに十二山神社から展望台のある熊鷹山を経て石鴨林道へ下るコースがある。中尾根コースは中尾根十字路まで登ってきた道を戻りそのまま直進する。石祠は休憩ポイント、間もなく中尾根登山口の道標がある根本沢林道に突き当たる。左折して300m進むと広い石鴨林道に合流し、ここを右折する。ここからゴールまでは道なりに進む。

＊危険箇所にはクサリやロープが張ってあるが、ロープの張られていない高巻きの道は滑落に注意したい。初夏から秋の岩場は濡れて滑りやすい。
＊林道三境線起点手前の駐車スペースは私有地、心して利用しよう。

コースタイム（合計 4時間50分〜5時間50分）

根本沢コース（登り）：三境林道駐車スペース ➡ 〈0:50〉十四丁（ヒノキデ沢出合）➡ 〈1:40〉根本山神社 ➡ 〈1:00〉根本山頂

中尾根コース（下り）：根本山頂 ➡ 〈1:20〉三境林道駐車スペース

周回コース（下り）：根本山頂 ➡ 〈1:00〉熊鷹山 ➡ 〈1:20〉三境林道駐車スペース

問い合わせ
- 桐生市観光交流課
  ☎ 0277-46-1111
- 桐生観光協会
  ☎ 0277-40-1283

根本山神社

鳴神山 (なるかみやま) 駒形から木品へのコース

難易度 **A**　体力度 **2**

適期	1	2	3	4	5	6	7	8	9	10	11	12

スタート地点	最高地点	終了地点	ルート長	累積登り標高差	累積下り標高差
駒形登山口(川内側) 440m	鳴神山山頂の石祠 980m	木品登山口(梅田側) 391m	5.4km	616m	537m

２万５千分の１地形図　大間々

アプローチ

●車：桐生市街から県道338号で川内の駒形登山口まで11km、登山口手前の道端に空きスペースあり、5台ほど駐車可能。梅田木品登山口までは県道66号で11km、登山口の先の路上に3〜4台駐車可能。いずれも駐車場はないので、地元の人に通行の迷惑をかけないようにしたい。

参考：木品登山口からさらに1kmのこつなぎ橋登山口手前の道端に空きスペースあり、3台ほど駐車可能。

●公共交通機関：川内の駒形登山口へは、JR両毛線桐生駅北口からおりひめバス川内線吹上行き35分の終点「吹上」下車、徒歩30分、吹上から登山口まで25分。梅田の木品登山口へは、JR桐生駅北口からおりひめバス梅田線梅田ふるさとセンター行き17分で「梅田南小学校前」下車、徒歩1時間10分、木品登山口から1時間。いずれも便が少ないので、事前確認が必要。

　＊バス／タクシー（桐生朝日自動車　タクシー・おりひめバス）☎ 0277-54-2420（沼田屋タクシー）☎ 0277-44-5242（桐生合同自動車　タクシー）☎ 0277-46-3939

コースガイド

鳴神山は、かつて嶽山、雷神山ともいわれた。東峰は桐生岳、梅田岳、西峰は仁田山岳である。多くの名があり、人々にあがめられた山であることをうかがわせる。山頂からは、関東平野の山々、足尾、奥日光の山々も一望できる。クヌギ、コナラなどの自然林やカッコソウ、ナルカミスミレ、レンゲショウマなどの植物分布でも知られ、県指定の「鳴神山自然環境保全地域」ともなり、豊かな自然を残している。

❶の林道分岐には道祖神などがある。❷舗装林道の大きなカーブが登山口。全体的に登山道は整備されていて、川内北小の子どもたちの作ったかわいい看板やポスターもあるので道に迷うことはない。植物保護のための

鳴神山山頂

囲いがある。登山道入り口の広場で左に分かれているのは、赤柴コース（2.7km）である。道標に従って林道分岐を進むとすぐに沢沿いの登山道に入る。❸の辺りは、沢の中をたどる道なので、雨の多い季節には足元に注意する。岩にペンキの矢印があり、右岸

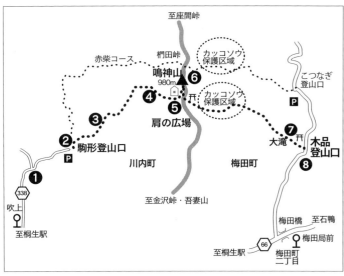

の植林地に上がる。この後しばらくは杉林の道をたどる。❹は道の両側に大きな露岩のある所で、ここから頂上へは30分、この辺りからクヌギ、コナラの天然林となる。花の季節にはカタクリなども楽しめる。❺尾根に上り着いたところが肩の広場で、掲示板や道標が多い。2017年7月に完成した肩の小屋があり、山頂までは目と鼻の先となる。❻の頂上から袈裟丸山や根本山方面の展望がよい。この山頂が、東峰の桐生岳であり、左手が西峰の仁田山岳である。仁田山岳は灌木に覆われて、桐生岳ほどの展望はきかないが、本殿を守った石垣を見ることができる。肩の広場に戻る。川内からのコースの反対側に梅田側への下りコースがある。このコースは川内側と異なり、砕石や小岩塊ばかりの道である。一角にビニールテープで囲ったカッコソウの保護観察地がある。❼大滝の手前で、わずかの岩場を横切るところがある。大滝は約8mの小滝である。ここに寛永年間（17世紀）に建てられた不動様がある。大滝から約5分で大きな石の鳥居をくぐって、❽の登山口に出る。

コースタイム（合計 2時間30分）

駒形登山口➡〈1:20〉肩の広場➡〈0:10〉鳴神山➡〈1:00〉木品登山口
【逆コース】：木品登山口➡〈1:20〉鳴神山➡〈0:55〉駒形登山口

問い合わせ

●桐生市観光交流課
　☎ 0277-46-1111
●桐生観光協会
　☎ 0277-40-1283

カッコソウ

吾妻山（あづまやま）
吾妻公園から村松沢を下るコース

適期	1	2	3	4	5	6	7	8	9	10	11	12
			■	■	■					■	■	■

難易度 A　体力度 1

スタート地点	最高地点	終了地点	ルート長	累積登り標高差	累積下り標高差
吾妻公園 141m	吾妻山 481m	吾妻公園 141m	5.3km	727m	727m

2万5千分の1地形図　大間々

アプローチ

●車：北関東道太田藪塚ICから10km、30分（吾妻公園無料駐車場約50台・トイレあり）

●公共交通機関：JR両毛線桐生駅から徒歩25分、上毛電鉄西桐生駅から徒歩20分。
  ＊バス／タクシー（桐生朝日自動車／おりひめバス含む）☎0277-54-2420
  　　　　　　　　（沼田屋タクシー）☎0277-44-5242
  　　　　　　　　（桐生合同自動車）☎0277-46-3939

コースガイド

　吾妻山は桐生市街地のすぐ北に位置し、多くの市民に親しまれている。鳴神山から南へ続く稜線が自然観察の森、桐生が岡公園へ至る山並みを分岐し、吾妻山からは小倉峠へ続く主脈から分岐して、さらに水道山と光明寺裏手の尾根に分かれる地形上にある。トンビ岩、頂上からの街並みや遠く関東平野の眺めが桐生を感じさせる。頂上までは子どもからお年寄りまで登れるとはいえ、途中岩場があるので注意したい。第一、第二の男坂女坂、頂上稜線直下、いずれも巻いて行けるので無理をせず上り下りしよう。川内側の登路も整備されているのでバスをうまく利用すれば静かな山を楽しめる。初級者向きだが途中の岩場、村松沢の通過を考えるとしっかりした足ごしらえと基本の登山装備はそろえたい。

　トイレ、水は吾妻公園駐車場❶のみ。右側の尾根沿いに上っていくが、公園内どこを進んでも奥正面の尾根から右の尾根に合流する。❷で陸橋を渡ってなだらかな古いアスファルト道を行くと登山道が始まる。すぐ目の前に岩場が現れる。第一男坂女坂だ。すぐ左の方に女坂の巻き道がある。❸の岩場を過ぎるとトンビ岩の上に出て、市街地の展望が開ける。このトンビ岩は2億年余り前に海底でできた枕状溶岩とのこと。❹一段急坂を上ると小ピークを越え平坦地になる。呼吸を整えながら第二男坂女坂に備えよう。❺急坂を少し行くと第二男坂女坂になる。どちらを行くにしても足元には十分注意しよう。また、安定した場所ですれ違えるようにしたい。❻の頂上稜線すぐ下にちょっとした急な岩場が出てくるが、これは左から巻ける。ここで小倉峠、青葉台方面からの道と合流し、すぐに石祠のある頂上に着く。❼村松峠へは北へ伸びる

桐生市街地にそびえる吾妻山

赤城・足尾・東毛

稜線を40mほど下り、同じくらい上り返して女吾妻を越えて行く。女吾妻の北側斜面はカタクリの群生地だ。2つほどコブを越えていくと標識のある❽の村松峠。峠から右手へつづら折りに一段下ると沢沿いの暗い林の中の道となる。今まで来た道より荒れている場合があるので、踏み跡を確かめながら下りよう。家並みに入り、上りのときに陸橋で越えた観光道路への分岐を過ぎて道なりに下っていけば、光明寺の横手に着く。

＊吾妻山と女吾妻の間の鞍部へ宮本町から登る村松沢を上りに使う場合は途中左の沢へ入らないよう踏み跡に注意。道が出ている地図があるが、今は道がないので注意。＊桐生は冬でも雪はあまり降らないが一度降れば山陰、日陰に残る雪や氷に注意。夏の村松沢は刈り払いが不十分な時期もある。
＊村松峠から川内側には5分ほど下ると林道に出る。

コースタイム（合計 2時間10分）

吾妻公園➡〈0:25〉トンビ岩➡〈0:30〉吾妻山頂上➡〈0:30〉村松峠➡〈0:25〉村松峠登山口➡〈0:20〉吾妻公園

参考：下り
1. 吾妻山頂上➡〈0:25〉トンビ岩→➡〈0:20〉吾妻公園
2. 村松峠➡〈0:25〉思いやり・かがやき前バス停
3. 吾妻山頂上➡〈0:30〉東禅寺➡〈0:05〉川内1丁目バス停

問い合わせ

●桐生市観光交流課
　☎ 0277-46-1111
●桐生観光協会 ☎ 0277-40-1283
　＊桐生市内では何軒か銭湯が利用できる。

村松峠

仙人ヶ岳
せんにんがたけ
菱町泉龍院から尾根周回コース

適期 1 2 3 4 5 6 7 8 9 10 11 12

難易度 **B**　体力度 **3**

スタート地点	最高地点	終了地点	ルート長	累積登り標高差	累積下り標高差
泉龍院駐車場（桐生市菱町）140m	仙人ヶ岳 663m	泉龍院駐車場（桐生市菱町）140m	12km	690m	675m

２万５千分の１地形図　大間々・番場

アプローチ
●車：桐生市街の県道66号を本町3丁目の信号で足利方面に折れ、県道227号に入る。桐生川を渡り、菱町2丁目の信号の次の角（泉龍院の看板あり）を左折、500mで左手に泉龍院の大きな駐車場。

●公共交通機関：JR両毛線桐生駅から3.5km、タクシー15分、徒歩50分。おりひめバスはJR桐生駅北口から菱線右回りで菱小学校前下車（25分、200円）。

＊バス／タクシー
（桐生朝日自動車　タクシー・おりひめバス）☎ 0277-54-2420
（沼田屋タクシー　　タクシー　　　　　　）☎ 0277-44-5242
（桐生合同自動車　　タクシー　　　　　　）☎ 0277-46-3939

コースガイド
　仙人ヶ岳は桐生市と栃木県足利市にまたがる県境の山である。上部まで植林されたスギやヒノキは、2014年の山林火災により前仙人ヶ岳からの稜線南面を中心に焼失したため、南方を中心に展望が開けている。山頂付近の稜線では多くのマンサクの花が春を告げる。白葉峠から山頂まで県境の尾根伝いに歩けるが、ここでは菱町の泉龍院から一色ハイキングコース経由で仙人ヶ岳へ、前仙人ヶ岳から雨降山へと下り泉龍院へ戻る尾根周回コースを紹介する。栃木県では栃木百名山に選定され、足利市の最高峰として小俣町の岩切登山口からよく登られている。

　泉龍院駐車場から黒川上流方向へ舗装道を10分ほど進み、右手にある一色ハイキングコース案内板が登山口❶である。古い木段、ロープなどで直登すれば雷電山で、すぐに❷の一色雷電山展望台（ポストあり）に出て、右に住吉団地への道を分ける。秩父、浅間、赤城、吾妻山などが見え始める。❸森山展望台を過ぎると、やがて山火事跡が現れ、真っ黒に焦げた木の稜線は表土が流されガレ気味になるので気を付けて歩こう。❹小友沢の頭（528.5m）を越

桐生市内から見た前仙人ヶ岳(左)と仙人ヶ岳(右)

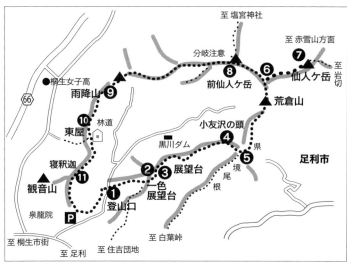

えれば、間もなく白葉峠から仙人ヶ岳への❺の県境尾根分岐に出る。左に折れ、鷹ノ巣沢、荒倉山を越えて焼跡を進むと❻の稜線分岐に出る。左は前仙人ヶ岳、右が仙人ヶ岳である。本コースではこの稜線上で展望を楽しもう。小さな岩場を上り下りすれば間もなく❼の仙人ヶ岳に到着する。三角点のある山頂は広くて休憩にはよいが、コナラなどの林に囲まれ南方だけが少し開けている。帰路は先ほどの分岐を直進、大きく下って上り返せば❽の前仙人ヶ岳である。右は塩宮神社へ下る尾根で、ここから左折ししばらく下る。八幡神社への尾根を右に分け、少しの上り下りで、ベンチのある雨降山❾。いったん❿で林道に出るがすぐに東屋（303m）で展望がよく吾妻山も正面に見える。ここからは気持ちのよいハイキングコースで、やがて⓫の寝釈迦（290m）である。西に観音山へのコースを分け、南の中尾根コースを取り、ゆったりと下れば泉龍院駐車場に戻る。

＊登山口から山頂を経て下山まで幾度となく小さな上り下りを繰り返すが、すべて尾根歩きなので分岐があっても沢へ下りないこと。
＊2万5千分の1の地形図のコースは廃道状態になっているものがある。
＊山火事による立ち枯れと表土流出、台風による倒木と落枝などでコースが荒れていて歩きにくい部分がある。
＊梅田町の塩宮神社から朝日沢左岸の尾根を石祠などを見ながら前仙人ヶ岳に登るコースは2時間弱、前半は杉林の中であるが、後半は広葉樹の気分のよい尾根歩きができる。塩宮神社の境内に数台駐車可。

コースタイム（合計 6時間）

泉龍院駐車場➡〈0:10〉一色ハイキングコース案内板➡〈0:30〉一色展望台➡〈1:10〉小友沢の頭➡〈0:20〉白葉峠分岐➡〈0:50〉前仙人分岐➡〈0:20〉仙人ヶ岳➡〈0:40〉前仙人ヶ岳➡〈1:10〉雨降山➡〈0:30〉寝釈迦➡〈0:20〉泉龍院駐車場

問い合わせ

●桐生市観光交流課
☎ 0277-46-1111

寝釈迦

八王子丘陵
はちおうじきゅうりょう
茶臼山から唐沢山までの縦走コース

難易度 **A** 体力度 **2**

| 適期 | 1 | 2 | 3 | 4 | 5 | 6 | 7 | 8 | 9 | 10 | 11 | 12 |

スタート地点	最高地点	終了地点	ルート長	累積登り標高差	累積下り標高差
荒神山登山口 (みどり市) 120m	茶臼山 (桐生市) 294m	北金井キャンプ場 (太田市) 100m	9.7km	760m	780m

2万5千分の1地形図　桐生

アプローチ

●**車**：荒神山駐車場へは国道50号から県道68号経由で笠懸東小学校南側まで1.4km、4分。北関東道太田藪塚ICから6km、10分。北金井キャンプ場へは県道足利伊勢崎線石橋十字路から3km、7分。北関東道太田強戸スマートICから1.6km、5分。

●**公共交通機関**：荒神山登山口へは東武鉄道桐生線阿左美駅から700m、徒歩10分。北金山キャンプ場へは東武鉄道桐生線治良門橋駅から3km、徒歩45分。

＊バス／タクシー　（朝日タクシー藪塚営業所）☎ 0277-78-2125
　　　　　　　　　（桐生朝日自動車　おりひめバス、タクシー）☎ 0277-54-2420
　　　　　　　　　（桐生合同自動車）☎ 0277-46-3939

コースガイド

　八王子丘陵は標高300mにも満たないなだらかな山々が連なり、コースが整備され登山口も多く、さまざまなルートで手軽に楽しめる里の山である。ここでは荒神山（みどり市）から丘陵中最高峰の茶臼山（桐生市）に登り、一等三角点の唐沢山（太田市）まで縦走して電車で戻るコースを紹介する。

　笠懸東小学校の南に❶荒神山登山口、さらに100m南に荒神山駐車場がある。落葉樹林の中を登ると荒神山❷で、テーブルなどがある。高度差が少なくゆるやかな尾根を東に進み❸の茶臼山分岐の十字路に出る。右は立岩コースで自然の家へ、左に下りひと上りすれば❹の茶臼山に立つ。山頂部には大きなアンテナ、東屋、石祠などがあり、北に赤城山、西に浅間山など、雄大な景色が広がる。分岐まで戻り左折すれば❺の古井戸跡で、その奥が八王子山である。南下して庚申塔で右に不整合コースを分け、鞍部で水道山コースを左に見て山を巻く。なだらかに進めばベンチのある根本山（275m）で、南西側が開け、榛名、浅間、西上州、秩父などの山を展望できる。すぐに❻の雷電山分岐となり、右へ下れば勝負沼、石切場、滝の入神社を経て、自然の家まで50分である。左に折れて籾山峠へと下る。廃道のフェンス脇を通りアスファルト道を進み峠から100mほど下がった県道に出ると、道路の反対側に❼の菅塩峠方面の道標がある。木の段を一上りすれば再びなだらかな尾根を歩き、❽の高尾山で左折する。右の天王山方面からは八王子公園墓地へ下れる。日向山を通過すれば切通しの菅塩峠❾で、広い道を下ると15分で菅塩

吾妻山から見た八王子丘陵

沼。236m峰（高壺山）とわずかな上下で⓾の下山路の分岐。直進すると唐沢山⓫だ。石祠と一等三角点、立派な東屋があり、東に下れば東澤寺に出る。分岐に戻り南進、鉄塔をくぐると⓬八王子

山公園（旧北部運動公園）分岐で、公園まで1時間10分ほど。右の林道を下れば間もなくゴールの⓬北金井キャンプ場だ。後田池の北岸に駐車場、トイレ、炊事場、かまぼこ型の小屋などがある。ここからは舗装道路を歩き、治良門橋駅からは2駅、8分ほどで阿左美駅に戻れる。

＊分岐が多いので気を付けて忠実に稜線をたどること。
＊籾山峠では自動車の往来に注意。＊コース上にトイレはない。
＊東毛青少年自然の家または桐生市南公園の駐車場を利用して2回に分けて歩くのもよい。

コースタイム（合計 4時間30分）

荒神山登山口➡〈0:20〉荒神山➡〈0:40〉茶臼山分岐➡〈0:30〉茶臼山往復➡〈0:30〉雷電山分岐➡〈0:10〉籾山峠➡〈0:40〉高尾山➡〈0:30〉菅塩峠➡〈0:40〉唐沢山➡〈0:30〉北金井キャンプ場　＊逆コースでも大差はない。

問い合わせ

●太田市花と緑の課 ☎ 0276-32-6599
●桐生市観光交流課 ☎ 0277-46-1111
●県立東毛青少年自然の家
　（藪塚駅から徒歩30分）
　☎ 0277-78-5666
●桐生市南公園
　☎ 0277-52-3456
●温泉・宿泊
　藪塚温泉 ☎ 0276-47-1833
　太田市観光物産協会

唐沢山山頂

太田金山 (おおたかなやま)
金龍寺から山頂周回コース

難易度 A　体力度 1

| 適期 | 1 | 2 | 3 | 4 | 5 | 6 | 7 | 8 | 9 | 10 | 11 | 12 |

スタート地点	最高地点	終了地点	ルート長	累積登り標高差	累積下り標高差
金龍寺 62m	金山 236m	金龍寺 62m	3.2km	190m	185m

2万5千分の1地形図　足利南部

アプローチ
●車：北関東道太田桐生ICから県道321号経由3.5km、約10分
●公共交通機関：東武鉄道伊勢崎線太田駅北口から2.3km、徒歩40分。
＊東武鉄道太田駅 ☎ 0276-22-3205

コースガイド

　万葉集に新田山と詠まれた金山は太田市のほぼ中央に位置する赤松に覆われた低山。ハイキングコースが整備され、市民の憩いの場となっている。山頂には新田神社が座しており、その周囲は室町時代に築城された山城の遺構が残り、国史跡に指定されている。澄んだ空の下では日光、筑波、秩父、西上州、上信越の山々そして東京スカイツリーや都心の高層ビル群も見渡すことができる。

　❶金龍寺参道の石段で足慣らしをして本堂の左手からハイキングコースに入る。❷の道標のある分岐を左に進み露岩の混じる道をたどる。❸東屋の立つ鞍部にはハイキングコース案内板がある。いくつか踏み跡があるが階段道を進む。❹の分岐を左に進み、つづら折りで高度を稼ぎ❺で尾根に出る。ここでコースを右に変え堀切、土塁の城跡をいくつか過ぎると❻のモータープールと呼ばれる展望台のある駐車場へ出る。トイレ、水場もある。❼の東屋で道が2分するが東屋右手の階段状の道を進む。再び堀切、土塁跡を横切ると❽の物見台へ。222.3mの三角点が設置され、北に赤城山をはじめ北関東の山々が一望できる。物見台からほどなく「日の池」に出る。周辺は山城の石垣が復元整備されている「金山城跡」。南曲輪跡にはトイレと自販機を備えた休息舎がある。ここまでくれば山頂はあと一歩。❾の分岐を左に進み苔むした石段を上ると、236mの金山山頂。神社の裏手には築城当時の石垣が残る。下

赤城・足尾・東毛

金山山頂の新田神社

山は❾の分岐を真っすぐ進み鳥居をくぐる。❿裏文字で「ガイダンス」と記された不思議な道標を右手に進み、竹林を抜け鋭角に左折。竹は城内に弓矢の材料として植えられたものといわれている。⓫の東屋の下で自動車に注意して車道を横断。ガードレールの切れ目から再びハイキングコースに入る。その後2度車道を横断し⓬の史跡金山城跡ガイダンス施設に出る。ここは金山城の歴史、金山の自然などを展示解説している。ぜひ見学しよう。⓭の施設入り口前の橋を渡りからたち沢沿いに下る。⓮の東屋まで下ったら再び橋を渡り、車道に出れば、ほどなく出発点の金龍寺に戻れる。

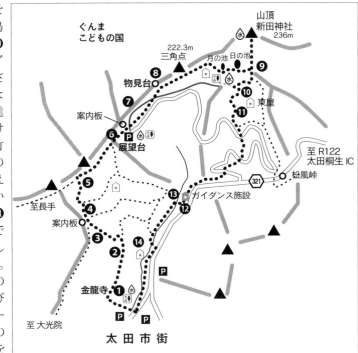

*一帯はイノシシが生息しているので早朝、夕刻は注意。登山口の金龍寺周辺には無料駐車場が3カ所、80台程度駐車可能。城跡見学が目的なら中腹の駐車場からの山頂往復もよい。

コースタイム（合計 1時間20分）

金龍寺➡〈0:25〉展望台➡〈0:10〉物見台➡〈0:10〉山頂（新田神社）➡〈0:15〉東屋➡〈0:10〉金山城跡ガイダンス施設➡〈0:10〉金龍寺

問い合わせ

- 太田市商業観光課
  ☎ 0276-47-1833
- 史跡金山城跡ガイダンス施設
  ☎ 0276-25-1067
  （9:00～17:00）

太田金山

高田山 （たかだやま） 駒岩から往復コース

難易度	適期	1	2	3	4	5	6	7	8	9	10	11	12
B 体力度 **2**					4	5	6				10	11	

スタート地点	最高地点	終了地点	ルート長	累積登り標高差	累積下り標高差
駒岩集落 560m	高田山 1212m	駒岩集落 560m	5.5km	673m	673m

2万5千分の1地形図　中之条

アプローチ

●**車**：関越道渋川伊香保ICから国道17号、353号など経由して約38km。駒岩集落内の公民館に4、5台駐車可能。公民館から5分で登山口。

●**公共交通機関**：JR吾妻線中之条駅から関越交通四万温泉行きバスで駒岩下車、バス停から登山口まで1分ほど。

＊バス／タクシー（関越交通吾妻営業所）☎0279-75-3811

コースガイド

　高田山は吾妻郡中之条町の北部にある名湯・四万温泉と沢渡温泉の中間に位置する。山頂には赤城の地蔵岳と志賀の岩菅山にある2つの一等三角点の間に置かれた補点の1つがある。現在の山頂は成長した木々に囲まれ展望はないが、一部が伐採されており、谷川連峰の主稜線を見ることができる。山頂手前にある石尊山はコース中最も遠望に優れ、中之条盆地も眼下に見ることができる。山頂には石宮が祭られ、毎年5月5日が山開きで、地元の人々が登山する。どんなに悪天候でも必ずこの日には登るという「信仰」の山である。なお、車で西側のわらび峠から入った場合、高田山往復は登り1時間15分、下り1時間ほど。

　❶の登山口は、公民館から50mほど先、駒岩集落の石材店の脇から入る。標識に従い集落を抜けたら、左手の小沢を鉄橋で渡り作業道に入る。すぐ先の水道記念碑を過ぎると杉林を進んで行くが、案内板があるので迷うことはない。

　登山口から15分ほどで涸沢を越え❷にある指導標から山側に鋭角に曲がると道は急になる。作業道の終わりから山道になり、わずか尾根を上ると石の鳥居❸に着く。鳥居の上から雑木林の明るい山道に変わり、新緑や紅葉の頃は楽しく歩ける。大きなつづら折れから、尾根歩

高田山

吾妻・子持・小野子

きになると❹の獅子井戸となり休憩するのによい。❺の稜線までは獅子井戸から右手の山腹を10分ほど進むが、緩い稜線に出る手前で踏み跡が不明瞭になるので注意したい。❺から❻の石尊山までは20分ほどで着く。石尊山か

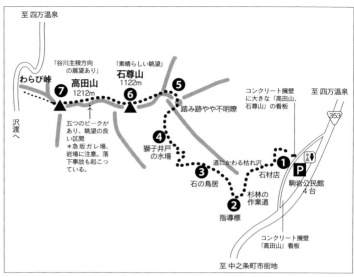

らは高田山、四万湖、嵩山、榛名山、西上州の山々、三国連山など絶好の展望が得られる。石尊山と高田山山頂の間は登り降りが数回あり、ヤセ尾根を露岩や木の根を補助にして慎重に進む。傾斜が緩くなり右手が開けると❼の山頂に着く。

＊下山時、視界が悪いと幅の広い肩の広場は分岐も多く、方向感覚が狂いやすい。地図とコンパス、指導標をしっかり確認したい。
＊山道にはヒルが生息しているので、夏場は登山口近くにある塩水スプレーをかけていくとよい。
＊石尊山から高田山の間の距離は短いが、ヤセ尾根の急な上り下りが続くので、手も使い慎重に進んでほしい。

コースタイム（合計 4時間20分）

駒岩 ⇄(0:15/0:10) 指導標 ⇄(0:15/0:10) 石の鳥居 ⇄(0:40/0:35) 獅子井戸の水場 ⇄(0:30/0:25) 石尊山 ⇄(0:40/0:40) 高田山

問い合わせ

●中之条町観光商工課
☎ 0279-26-7727
●温泉・宿泊（四万温泉・沢渡温泉）
　四万温泉協会 ☎ 0279-64-2321
　中之条町観光協会 ☎ 0279-75-8814

高田山山頂

嵩山 (たけやま) 西登山口から山頂周回コース

難易度 **B**　体力度 **1**

| 適期 | 1 | 2 | 3 | 4 | 5 | 6 | 7 | 8 | 9 | 10 | 11 | 12 |

スタート地点	最高地点	終了地点	ルート長	累積登り標高差	累積下り標高差
道の駅霊山 545m	大天狗 789m	道の駅霊山 545m	2.2km	340m	340m

2万5千分の1地形図：中之条

アプローチ

●**車**：関越道渋川ICから国道17号、353号を経て中之条市街地から県道53号を4kmほどで道の駅霊山の広い駐車場へ着く。ここが東西の登山口になる。

●**公共交通機関**：JR吾妻線中之条駅からタクシー10分、中之条駅からの循環バスは現在運行されておらず、タクシー利用または駅から歩くことになる。
＊タクシー（浅白観光自動車中之条営業所）☎ 0279-75-2321

コースガイド

嵩山は国道353号で渋川方面から中之条に入ると、小さいが一番目立つ美しい姿の山で、上信越高原国立公園の玄関口にふさわしい山である。戦国時代の悲話を秘めた霊山だが、決してきつい山ではない。山頂に立てば上信越や上毛三山、日光、足尾、そして遠望のきく秋冬は都心のビル群までも望むことができる。嵩山のシンボルである男岩を見上げながら登り、1702（元禄15）年に村人たちが供養のために建てたという嵩山坂東33番観世音の石仏を随所に見ることができる。

❶の西登山口へは道の駅の駐車場から西へ5分ほど。ここから樹林帯のなだらかな登山道の後、ジグザグの急登となり、途中❷の分岐を左に行くと東屋があり一息つくことができる。樹林からの展望は疲れを癒してくれる。さらに急登すると❸の天狗の平に出て、西へ進んだ岩頭が小天狗で

嵩山男岩

展望がよい。❸へ戻り、尾根の北側の中天狗を経て本丸跡の御城の平に着き、経塚の左を上ると長いクサリ場となり、上り切った❹が三角点のある嵩山山頂(大天狗)で、素晴らしい展望が楽しめる。御城の平に下り東屋からの道を下ると、左の岩壁から落ちる一升水の奥には骨穴が見えるが、不動岩、烏帽子岩、五郎岩などと共に一般的なルートではない。❺の東登山口に出たところが道の駅「霊山たけやま」の駐車場になる。

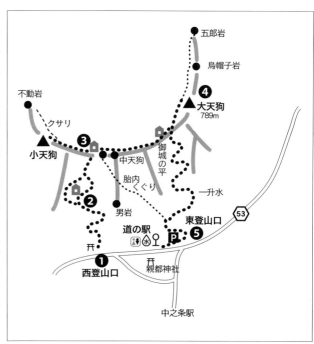

コースタイム (合計 2時間10分)

西登山口 0:25/0:10 天狗平 0:10/0:10 小天狗 0:25/0:25 御城の平 0:20/0:20 大天狗 0:25/0:20 御城の平 0:20/0:25 東登山口(道の駅霊山たけやま)

問い合わせ

●中之条町観光商工課
　☎ 0279-26-7727
●温泉・宿泊(四万温泉・沢渡温泉)
　四万温泉協会 ☎ 0279-64-2321
　中之条町観光協会 ☎ 0279-75-8814

道の駅霊山たけやま

岩櫃山 (いわびつやま)
郷原駅から山頂周回コース

難易度	適期	1	2	3	**4**	**5**	6	7	8	9	**10**	**11**	12

C

体力度 **2**

スタート地点	最高地点	終了地点	ルート長	累積登り標高差	累積下り標高差
郷原駅 413m	岩櫃山頂 803m	郷原駅 413m	5.2km	390m	390m

2万5千分の1地形図　群馬原町

アプローチ
JR吾妻線郷原駅が登山口。
●**車**：関越道渋川伊香保ICから国道17号、353号で草津方面へ向かい、中之条町から国道145号で長野原町方面へ。東吾妻町にあるJR吾妻線郷原駅が起点となる。
●**公共交通機関**：JR吾妻線郷原駅下車。

コースガイド
　近年NHK大河ドラマで知られるようになった岩櫃山はJR吾妻線の駅から登れるアクセスのよい山。吾妻地区を代表する山で南側は高度差200mの断崖絶壁が特徴的。山頂からの眺めは絶景で遠くは上越国境が見渡せるほか、上毛三山もよく望め、近くは吾妻川流域や中之条町と東吾妻町の街並みが眼下に広がる展望のよい山である。登山コースには名所・史跡もあり、幅広く楽しめる。10月下旬から11月上旬の紅葉シーズンは特に素晴らしい景色を楽しむことができる。JR吾妻線の群馬原町駅と郷原駅には案内板があり、ガイドマップも用意されているので大変役に立つ。

　❶の郷原駅から❷の蜜岩登山口までは集落の間を歩くが、案内板があり分かりやすくなっている他、トイレや駐車場も整備されている。登山口からは急な上りとなるが、コースは整備されているので分かりやすい。❸山頂が近くなると岩場が多くなり、クサリ場が出てくる。断崖の近くを通過する箇所もあるので特に滑落に注意すること。
　❹の山頂からの景

吾妻・子持・小野子

岩櫃山

色は周囲をさえぎるものがなくまさに絶景。山頂から❺の平沢登山口の間は林間を歩くが、新緑と紅葉シーズンは特に美しい。平沢登山口には案内所やトイレ・駐車場が整備されている。平沢登山口から郷原駅までのコースは山麓の林の中を歩くが、昔の真田道で静かな緩やかな下り道。

＊山頂付近は岩場がありクサリが設置されている。急峻なので滑落に注意。

＊登山路が多く分岐箇所を間違えると下山箇所が遠くなるので、特に注意が必要。

＊積雪期は岩場に雪が付くので、経験と必要な装備の携行が必要。

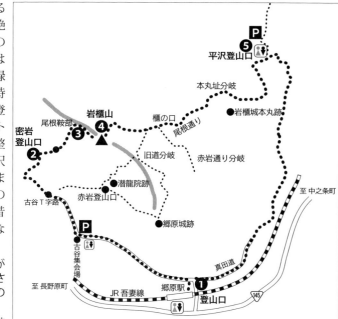

コースタイム（合計 3 時間 20 分）

JR 吾妻線郷原駅➡〈0:30〉蜜岩登山口➡〈0:45〉岩櫃山頂➡〈0:30〉櫃の口➡〈0:05〉赤岩通り分岐➡〈0:30〉岩櫃城本丸址➡〈0:20〉平沢登山口➡〈0:40〉JR 吾妻線郷原駅

問い合わせ
●東吾妻町まちづくり推進課
☎ 0279-68-2111
●東吾妻町観光協会
☎ 0279-70-2110

山頂近くの岩場

吾嬬山・薬師岳 岩島駅からの往復コース

難易度 **B**　体力度 **2**

| 適期 | 1 | 2 | 3 | **4** | **5** | 6 | **7** | 8 | 9 | **10** | **11** | 12 |

スタート地点	最高地点	終了地点	ルート長	累積登り標高差	累積下り標高差
岩島駅 460m	吾嬬山 1182m	岩島駅 460m	10.5km	720m	720m

2万5千分の1地形図　群馬原町・中之条

アプローチ

●車：関越道渋川伊香保ICから国道17号、353号、145号を経由し、東吾妻町岩島付近を右折し、鉄塔13号付近の林道へ。林道端に駐車の際は工事関係車両の邪魔にならないように。

●公共交通機関：JR吾妻線岩島駅下車（無人駅）、13号鉄塔下まで徒歩約50分。

コースガイド

　登山口は中之条町と東吾妻町にある。ここでは東吾妻町岩島駅から吾嬬山と薬師岳を一度に回るコースを紹介する。登山者は少なく、獣と遭遇するかもしれないので、鈴など持参してほしい。木の葉の茂る頃は見晴らしはよくない。電車の場合は、13号鉄塔まで40～50分、途中人家の終わる辺りに獣よけゲートがあるので、通り抜けるときは、必ず閉めて行くこと。マイカーの場合は、13号鉄塔脇まで行けるので時間は短くなる。登山道は13号鉄塔から東電の巡視路や林道、尾根道を進み危ないところはない。雨の日などは木の根などで滑らないように注意。ここでは薬師岳から吾嬬山へのルートだが、逆コースでもよい。薬師岳の山頂には信仰の山らしく石の灯籠や透かし彫り格子の石宮がある。両山とも木の葉のないときの方が見晴らしがよく楽しみも倍増する。コース途中にテープや赤布などが少ないところもあるので、迷わないように注意して歩きたい。

❶13号鉄塔脇のアスファルト道に吾嬬山登山口の看板がある。ここから杉林の中を進む。❷鉄塔巡視路を上っていくと砂利道の林道に出る。左へ100mほどで吾嬬山登山口看板がある。右は尾根ルート方面へ林道を歩く。❸尾根ルートとの交差部、吾嬬山登山口看板がある。薬師岳方面へは林道待

吾嬬山（左）と薬師岳

避場方向に進む。❹の辺りはコース印テープが少なく、ルートを確認しながら進む。❺薬師岳の山頂部は見晴らしがよくない。石宮、灯籠がある（葉が落れば見晴らしも利く）。山頂から❸まで戻り、吾嬬山へ向かう。❻11号鉄塔付近から急な上りになる。吾嬬山手前で中之条方面からの寺社平・大竹登山口と合流する。❼吾嬬山山頂部は東側は伐採

してあるので見晴らしがよく、その他の方面は落葉時がよい。❽吾嬬山を下る時にはテープなど印に注意して下る。❾で砂利道に下りたら❷の分岐に進み、巡視路を下る。

＊低山ではあるが、道迷いに注意。
＊中之条町、東吾妻町では熊の出没があるので、季節によっては要注意。

コースタイム（合計 5時間20分）

岩島駅➡〈0:50〉13号鉄塔➡〈0:25〉砂利道の林道分岐➡〈0:30〉林道と尾根交差部➡〈0:45〉薬師岳山頂➡〈0:35〉林道と尾根交差部➡〈0:15〉11号鉄塔下➡〈0:30〉吾嬬山➡〈0:35〉林道分岐➡〈0:15〉13号鉄塔脇→➡〈0:40〉岩島駅

問い合わせ

●東吾妻町まちづくり推進課
☎ 0279-68-2111
●日帰り温泉（吾妻峡温泉）
天狗の湯
☎ 0279-67-2683
（10:00〜21:00）

吾嬬山頂から中之条方面を望む

有笠山
ありがさやま
西登山口から東登山口への周回コース

難易度 **C** / 体力度 **1**

適期 | 1 | 2 | **3** | **4** | **5** | 6 | **7** | **8** | **9** | **10** | **11** | 12

スタート地点	最高地点	終了地点	ルート長	累積登り標高差	累積下り標高差
林道起点 560m	有笠山 888m	林道起点 560m	3.8km	328m	328m

2万5千分の1地形図　中之条

アプローチ

●車：関越道渋川伊香保ICから国道17号、353号、県道55号を経由して沢渡温泉西の登山口まで約1時間。

●公共交通機関：JR吾妻線中之条駅下車、バスで沢渡温泉行き終点下車。バス停から徒歩20分で林道起点。

＊バス／タクシー（関越交通吾妻営業所）☎ 0279-75-3811

コースガイド

　有笠山は、中之条町中心街から暮坂峠を越えて草津温泉へ行く県道55号からよく見える。低山ではあるが、荒々しい岩肌が目に留まる。沢渡温泉を過ぎるとすぐに左手に見えてくる。林道を行くと西と東に登山口がある。両林道とも登山口まで車が入り、数台駐車するスペースもある。林道の起点に駐車して周回してくるのがよい。西登山口には、東屋や西石門があり、東登山口には、弥生時代中期の先住民族遺跡といわれる洞窟がある。頂上直下にはクサリやハシゴもあり、注意が必要。また、有笠山の岩場にはボルダリングをする人がいるので、岩場の下に踏み跡が無数に付けられている。迷わないように注意したい。

　❶林道起点、道脇に車を止めて、ここから歩いて周回できる。蛇野林道を進み❷の西登山口へは約15分。西登山口から急な坂道を上っていくと東屋に着く。そこから少し登ると西石門が右手に見えてくる。妙義山のような景観。見上げると上部には岩の壁が木の間から見える。さらに上って行き尾根のようなところを左に曲がり、山頂方面の標識に沿って斜面を上る。❸東登山口との合流点の丁字路に着く。❹の核心部には3カ所のハシゴとクサリがある。気を付けて慎重に登る。ハシゴ手前に、有笠山888mと書かれた新し

有笠山

い標識が設置されている。すぐに❺の山頂に着くが、木の葉がないときの方が見晴らしもよい。下山時も注意しながら❸の合流点から東登山口へ下る。下り始めの斜面は雨天時などは足元が滑るので注意。❻の先住民族遺跡の標識は朽ちそう。少し上ったところにある。岩場の裾を斜めに下って❼の東登山口に下りる。ここにも車を数台止められる。登山口から林道起点まで約15分くらい。

＊ハシゴ、クサリ、踏み跡に注意。

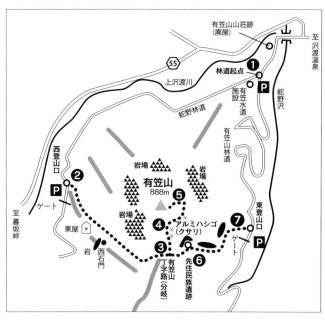

コースタイム（合計 2時間）

林道起点➡〈0:15〉西登山口➡〈0:30〉合流丁字路➡〈0:20〉有笠山➡〈0:15〉合流丁字路➡〈0:25〉東登山口➡〈0:15〉林道起点

問い合わせ

- ●中之条町観光商工課
  ☎ 0279-26-7727
- ●温泉・宿泊（四万温泉・沢渡温泉）
  四万温泉協会 ☎ 0279-64-2321
  中之条町観光協会 ☎ 0279-75-8814
  沢渡温泉共同浴場 ☎ 0279-66-2841

有笠山登山口

王城山（おうじょうさん）

八ッ場ふるさと館からの往復コース

難易度 A　体力度 2

適期	1	2	3	4	5	6	7	8	9	10	11	12
				●	●	●				●	●	

スタート地点	最高地点	終了地点	ルート長	累積登り標高差	累積下り標高差
道の駅 八ッ場ふるさと館 644m	王城山 1123m	道の駅 八ッ場ふるさと館 644m	3.8km	328m	328m

2万5千分の1地形図　長野原

アプローチ

●車：関越道渋川伊香保ICから約42km、道の駅八ッ場ふるさと館駐車場利用。高間山へ車で行く場合、登山口近くの広場に5、6台駐車可能だが、雑草が多い。

●公共交通機関：JR吾妻線川原湯温泉駅から道の駅まで約1.5km、徒歩25分。高間山登山口まで直接入る場合は、JR吾妻線長野原草津口駅からタクシー利用、中之条町広池集落経由で約10km、25分。

＊バス／タクシー（浅白観光自動車長野原営業所）☎ 0279-82-2288

コースガイド

「ぐんま百名山」の一つに数えられる王城山は、地元では古くから「みこしろやま」と呼び、山頂から西方にやや下がったところに王城山神社の奥宮が祭られ、古くから信仰の山として登られていた。麓の王城山神社から山頂間は、林道や登山道が整備され、途中には小さい「合目」の石標が設置されている。奥宮から高間山までは往復3時間程度で健脚向きであるが、高間山登山口までは車で入れる。両山とも雑木林が多く、新緑や紅葉時季が登るのに適している。

❶道の駅八ッ場ふるさと館に駐車。施設の南側には王城山への案内図がある。登山の起点となる林集落の王城山神社までは道の駅から約1.3km、県道林長野原線の歩道を歩き、集落内を下る。神社まで行かず、カタクリの里入り口から直接四合目へ登ることもできる。❷王城山神社から、西に約50mほど進んだコンクリート舗装の登り口から広めの山道を歩く。県道のトンネル出口上を通ると沢沿いを進む。四合目下の林道合流まで沢沿いから山腹の道を上り、林道近くでカタクリの里からの尾根道が合流する。コンクリート舗装された林道に合流し、カーブを曲がると四合目の石標。林道終点が広場となっており手前に五合目石標。石標の上にはカラカサ松と呼ばれる大きな赤松の木がある。❸五合目から先が登山道となり、山頂まで整備された道が続く。階段状の登り口からアンテナ下を通り樹林に入ると露岩の斜面を横切り、大きく左に曲がると六合目。六合目から岩場下の急な斜面を斜めに上り、クサリのある岩場を越えた窪地の入り口が七合目となる。窪地を進み尾根に出ると八合目となり九合目には山頂西の岩下を

高間山（左）と王城山（右）

吾妻・子持・小野子

巻いて行くが、まずは山頂まで向かう。八合目からすぐ両側にロープが設置されたヤセ尾根を上ると、❹王城山古城と呼ばれる山頂に着く。山頂から尾根をわずか西に下ると、東屋があり山頂の西を巻いた道と合流する。❺わずか先に王城山神社奥宮が祭られている。奥の院からの帰りは東屋前の分岐から山頂西の巻き道を戻る。途中に九合目（お籠岩）があり、ロープの設置された急な斜面を横切ると八合目へ出る。八合目からは来

た道を戻るが、四合目下の林道をそのまま下って行くと道は真っすぐ下るようになり、東吾妻町境の山の眺めがいい。右手にある水道施設下に三合目の石標がある。❻の十字路を下って民家を抜けるとカタクリの里入り口を通り県道林長野原線に出る。

　高間山への道は❺奥宮の西方から始まる。雑木林をわずか下ると右に曲がり、北の高間山に続く雑木林の尾根を進む。尾根はヤセている箇所もあるが、ロープや階段状に整備され歩きやすい。雑木に囲まれ展望のない尾根から東に下ると、林から抜け、❼からコンクリート舗装の林道を歩くようになる。林道を歩き始めてすぐ左手にあみだ石がある。❽の林道吾嬬山線に出たら右に曲がり、すぐ左手が高間山への登山口となる。傾斜が緩くなれば高間山山頂である。

コースタイム（合計 4 時間）

道の駅八ッ場ふるさと館➡〈0:20〉王城山神社➡〈0:40〉四合目（紫波峰）➡〈0:20〉五合目（唐傘松）➡〈0:40〉八合目（中尾根）➡〈0:10〉王城山（王城山古城）➡〈0:10〉王城山神社奥宮➡〈0:15〉八合目（中尾根）➡〈0:30〉五合目（唐傘松）➡〈0:15〉四合目（柴峰）➡〈0:25〉二合目（押手沢）➡〈0:15〉道の駅八ッ場ふるさと館

〈参考〉～：高間山
王城山神社奥宮➡〈0:40〉あみだ石➡〈0:20〉高間山登山口➡〈0:10〉中間点➡〈0:15〉高間山➡〈0:18〉高間山登山口➡〈0:20〉あみだ石➡〈0:40〉王城神社奥宮

問い合わせ

●長野原町産業課 ☎ 0279-82-3013
●温泉・宿泊
　川原湯温泉協会 ☎ 0279-83-2591

菅峰・丸岩 須賀尾峠からの往復コース

難易度 B
体力度 2

適期	1	2	3	4	5	6	7	8	9	10	11	12
				○								

スタート地点	最高地点	終了地点	ルート長	累積登り標高差	累積下り標高差
須賀尾峠 1033m	菅峰 1473m	須賀尾峠 1033m	8.8km	450m	450m

2万5千分の1地形図　長野原

アプローチ

公共交通は不便であるため、マイカー利用が便利。

●**車**：関越道高崎 IC から国道 406 号経由で約 40km、渋川伊香保 IC から国道 353 号など経由し約 52km。須賀尾峠の長野原側 30 m ほど先に 3 台程度駐車可能。また東吾妻町側に下った路肩にも停められる。丸岩登山口に駐車場はなく、路肩に止める。

●**公共交通機関**：JR 吾妻線群馬原町駅から関越交通大戸行きバスで終点下車。関越交通浅間隠温泉郷行バスに乗り換え、清水下車、バス停から徒歩約 90 分で登山口（須賀尾峠）、バスは平日運行。JR 吾妻線長野原草津口駅から約 8 km、タクシー利用が便利。

　＊バス／タクシー　（関越交通吾妻営業所）☎ 0279-75-3611
　　　　　　　　　　（浅白観光自動車長野原営業所）☎ 0279-82-2288

コースガイド

　菅峰は東吾妻町と長野原町の境にあり、県内の平野部からはその山容を見ることはできないが静かな山である。この山の頂上から北に長く延びている「カヤ尾根」が特徴的で、山頂は木立に囲まれ展望はない。カヤ尾根の一部から上信越連山の白根山から白砂山へ連なる山並みが見える晩秋や春先がおすすめ。近くでは吾妻川を隔てて王城山や高間山と対している。道標のない山ではあるが、須賀尾峠からの尾根道は細いながらも一筋に頂上北の稜線へ続いている。尾根の途中や頂上近くで踏跡が一部隠れているが比較的歩きやすい。最近はイノシシなどの足跡もあるため、尾根を外さないよう注意したい。一方、丸岩は八ッ場ダム建設のため付け替えられた国道 145 号バイパスから岩壁に囲まれた怪異な円筒形が人目を引く。丸岩城址といわれる頂上付近は雑木林に囲まれており、国道 406 号登山口から容易に往復することができる。

長い尾根を引く菅峰

　菅峰へは❶の須賀尾峠にある長野原町の看板が入山口となる。入り口が分かりにくいが長野原町看板から入ると右に向かう踏跡が分かれる。踏跡をたどると山頂へ続く尾根になる。❷の中間峰手前で 2 カ所踏跡が不明瞭になるが、急な尾根登りは右から巻く踏跡を進

めばまた尾根に出る。中間峰先でやや尾根が広くなり、ササで踏跡が不明瞭になるが赤テープを目印に先の岩を越えれば、はっきりした踏跡がある。尾根が細くなると、一度コルまで下る。❸のコルから山頂北のカヤ尾根まではこのコース一番の急な上りとなる。標高差約130mほど、踏跡をササや木の枝につかまりながら休み休み上る。❹で傾斜が緩くなると草地のカヤ尾根

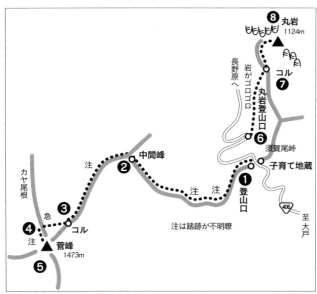

で休憩によい場所で、❺の菅峰山頂へは尾根を南に、ササで不明瞭な踏跡をたどって行くと5分ほど。山頂は南西面は荒れたカラマツ林、他は雑木に囲まれ展望はない。帰りは同じ道を戻る。

　丸岩へは❶の須賀尾峠から約600mほど下ったヘアピンカーブ手前の❻の登山口から上る。❼のコルから岩がごろごろした緩い道が続く。コルから山頂への上りになるが、頂上へ向かう途中で山道が高く両側が平らで、土塁の上を歩いていることが分かる。コルから山頂の間は滑りやすいので注意。傾斜が緩くなれば雑木に囲まれた❽の丸岩山頂へ着く。山頂からの展望はない。

＊菅峰への踏跡は比較的しっかりしているが、部分的に尾根を外れそうになったり、ササで不明瞭になる箇所がある。カヤ尾根からコルへ下る箇所を間違えないよう注意。

コースタイム（合計 3 時間 55 分）

須賀尾峠 ⇄ 中間峰 ⇄ カヤ尾根 ⇄ 菅峰
0:50 / 0:30　　0:45 / 0:40　　0:05 / 0:05

丸岩登山口 ⇄ 丸岩
0:30 / 0:25

問い合わせ

- 長野原町産業課
  ☎ 0279-82-3013
- 東吾妻町まちづくり推進課
  ☎ 0279-68-2111
- 温泉・宿泊
  （川原湯温泉・浅間隠温泉郷）
  川原湯温泉協会 ☎ 0279-83-2591
  東吾妻町観光協会 ☎ 0279-70-2110

独特な山容の丸岩

子持山 (こもちやま) 子持神社から浅間山周回コース

難易度 **B** 体力度 **2**

適期	1	2	3	4	5	6	7	8	9	10	11	12
				○	○					○	○	

スタート地点	最高地点	終了地点	ルート長	累積登り標高差	累積下り標高差
子持神社 (子持山若人のみち駐車場) 520m	子持山・山頂 1296m	子持神社 (子持山若人のみち駐車場) 520m	10.9km	909m	909m

2万5千分の1地形図　沼田・鯉沢

アプローチ

土砂災害のため一部通行止（2019年）。

●車：国道291号(旧国道17号)子持入り口交差点を西北へ曲がり、およそ10分ほどで、子持神社の参道、並木、鳥居に達する。

●公共交通機関：JR上越線敷島駅から子持神社まで徒歩1時間20分ほど。JR上越線渋川駅から子持神社までタクシー30分ほど。

＊タクシー　（関越交通渋川営業所）☎0279-22-2538
　　　　　　（日本中央交通渋川営業所）☎0279-23-1828
　　　　　　（群北第一交通渋川営業所）☎0279-22-2245

コースガイド

　赤城山、榛名山と共に古くから親しまれてきた山である。適季は新緑または紅葉の時期だが、落葉期も展望がきき爽快だ。渋川市、沼田市、高山村からそれぞれ登山道がある。ここでは山の名前を冠していた旧子持村（渋川市中郷）にある子持神社から登るルートを紹介する。ルート中では獅子岩（大黒岩）を火山岩頚（噴火口の痕跡）とし、屏風岩など放射状に延びる岩脈などの火山の内部の様子を観察できる。駐車は子持神社から徒歩5分ほどの子持山若人のみち駐車場の利用が推奨されており、そこから出発する。なお、関越交通バス（沼田駅経由中山本宿線）寺尾バス停を登山口とする小峠コースも整備され、高山村中山にある県立ぐんま天文台からの道とともによく登られている。

　若人のみち駐車場は余裕がある。子持神社はすぐだ。子持神社❶で登山の安全を祈りたい。舗装された林道を上る。30分ほどで標高652mの5号橋❷に到着する。❸の6号橋は沢沿いに入り反射板を通るルートの分岐点だ。さらに林道を進む。❹の7号橋、奥の院を過ぎると登山道入口である。案内板や登山届のポストがある。歩き出すとすぐに屏風岩の登り口がある。往復には30分ほど、力量に応じて登るのもよいだろう。獅子岩の展望がよい。沢状の

子持山山頂

地形を上ると徐々に傾斜が増し、獅子岩（大黒岩）に続く尾根❺に登り上げる。5分ほどで獅子岩への分岐がある。ハシゴとクサリがあり、15分ほどで頂上。展望が素晴らしい。右手の巻き道を進む。尾根に沿って高度を上げると柳木ヶ峰❻である。岩場の登山道を注意深く進むと子持山頂❼に到着する。大岩に十二山神碑や一等三角点、展望板などがある。山頂から引き返し、❻の柳木ヶ峰から南西

に分岐し急斜面を慎重に下る。なだらかになると大ダルミ❽だ。8号橋に下れば、50分ほどで❹に到着する。エスケープルートに利用できる。ここではさらに稜線を進もう。尾根のアップダウンを繰り返すと浅間山❾である。浅間山から一挙に下る。20分ほどで分岐❿だ。道標に従い5号橋に向かって進む。5号橋で❷の林道に合流する。子持神社❶に戻り駐車場へ。

＊コースの難易度Bは獅子岩を登らない場合。獅子岩往復を含む場合は難易度はC。
＊大雪の後でなければ、冬でも可能である。
＊子持神社からのコースは岩場や急斜面が多い。不安な場合は岩場がない小峠からのコースや天文台からのコースを選ぶとよいだろう。

コースタイム（合計 5時間45分）

若人のみち駐車場➡〈0:05〉子持神社➡〈0:55〉登山道入口➡〈1:00〉獅子岩（登り口分岐）➡〈0:55〉子持山➡〈1:20〉浅間山➡〈1:25〉子持神社➡〈0:05〉若人のみち駐車場

問い合わせ

●渋川市観光課
☎ 0279-22-2873
●温泉・宿泊（伊香保温泉）
渋川伊香保観光協会
☎ 0279-72-3151

山頂から関東平野を望む

小野子山 （おのこやま）

北毛青少年自然の家から小野上駅へのコース

難易度 A
体力度 2

| 適期 | 1 | 2 | **3** | **4** | **5** | **6** | **7** | **8** | **9** | **10** | **11** | 12 |

スタート地点	最高地点	終了地点	ルート長	累積登り標高差	累積下り標高差
北毛青少年自然の家 680m	小野子山 1208m	小野上駅 270m	10.6km	650m	1060m

２万５千分の１地形図　上野中山・金井

アプローチ

●**車**：国道353号の「北群馬橋」信号で県道36号に入り、中山峠を越えると間もなく北毛青少年自然の家入口。自然の家グラウンド前に駐車可。❹地点にも数台の駐車可。小野上駅前には7～8台の駐車スペースがある。雨乞山南の登山口の駐車場は広い（18台ほど）。車の場合は山頂往復。

●**公共交通機関**：JR渋川駅または金島駅下車、タクシー利用。JR沼田駅下車、関越交通バスで高山村本宿バス停下車。青少年自然の家まで徒歩60分。

＊タクシー（群北第一交通渋川営業所）☎ 0279-22-2245

コースガイド

　小野子山は、子持山と対をなすようにその西に並ぶ古い火山で、中ノ岳・十二ヶ岳と合わせ、三並山と呼ばれる。これらの山々は、北の高山村と南の渋川市を隔てる峰々となっている。小野子山の北東の山麓には「たかやま高原牧場」や「みどりの村キャンプ場」があり、解放感のある景観が広がる。降雪直後以外は年間を通して初級者でも日帰り登山を楽しめ、自家用車でのアプローチもよく、手頃な山である。ここに紹介するコースは、高山村の北毛青少年自然の家から入り、吾妻川沿いの甲里に下るものだが、自家用車の場合はいずれかからの往復になる。

　❶県道から自然の家への入口にある売店「プラネット」脇に展望台とトイレがある。小野子山の稜線と牧場の眺めがよい。❷で青少年自然の家を迂回するように林道を西進する。❸で林道は南へ大きく屈曲するが林内の近道を西に緩やかに登る。❹小野子山登山口。林道を横切り、山道となる。❺でコンクリート舗装された林道に出るが、これをしばらく進む。間もなく再び山道になる。❻で尾根に出ると北の見晴らしが開ける。❼尾根を忠実にたどる踏跡もあるが、右にそれてゴヨウツツジ（シロヤシオ）に立ち寄ってもそう遠回りではない。尾根に戻ると小さな起伏がいくつかある。この辺りから時々前橋方面が見え隠れし始める。❽山頂で初めて南の展望が開ける。赤城

小野子山

の山々、前橋市街、浅間山と遠望がきく。展望盤があり、休憩・食事に最適である。中ノ岳への縦走路が北西に延びるが、南への尾根を進む。❾南正面に榛名山や伊香保温泉が次第に大きくなってくる。途中の雨乞山は展望がない。❿登山道の右下に林道が見えてくる。林道に出ると駐車場とトイレはすぐである。⓫舗装道路を道標に導かれて忠実に下る。⓬の如意寺や古い生活道路で近道をすると古い石仏に対面で

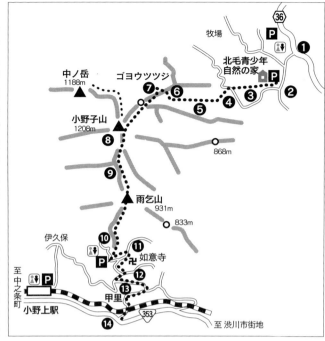

きる。⓭伊久保経由の案内板があるが、甲里経由が少し短距離である。⓮甲里で国道に出たら、小野上駅まで吾妻川沿いの車道歩きとなる。

＊小野子山頂に、西へのエスケープルートの標識と踏跡があるが、踏跡が薄く急な下りである。安易に入らないこと。

＊暑い夏季を除けば四季それぞれ楽しめる。木々が葉を落とした晩秋以降は展望がよくなる。

コースタイム（合計 4時間10分）

北毛青少年自然の家 ⇄(0:20/0:15) 赤芝登山口 ⇄(1:00/0:40) ゴヨウツツジ ⇄(0:30/0:20) 小野子山頂 ⇄(0:40/1:10) 雨乞山 ⇄(1:20/2:10) 甲里で国道合流 ⇄(0:20/0:20) 小野上駅

問い合わせ

- 渋川市観光課 ☎ 0279-22-2873
- 高山村地域振興課 ☎ 0279-63-2111
- 温泉・宿泊（小野上温泉）
  さちのゆ（9:00〜21:00）
  ☎ 0279-59-2611
- 日帰り温泉
  高山温泉ふれあいプラザ（10:00〜21:00）
  ☎ 0279-63-2000

榛名山を望む

十二ヶ岳（じゅうにがたけ）
小野上温泉駅からの往復コース

難易度 **B**　体力度 **3**

適期 | 1 | 2 | 3 | **4** | **5** | 6 | **7** | **8** | **9** | **10** | **11** | 12

スタート地点	最高地点	終了地点	ルート長	累積登り標高差	累積下り標高差
小野上温泉駅 280m	十二ヶ岳 1201m	小野上温泉駅 280m	15.8km	931m	931m

2万5千分の1地形図	金井

アプローチ

鑓（けぬぎ）沢に沿ってのコースは4号橋先の駐車場から登山口の入道坊主までの区間が落石で通行不可（2019年現在）。

●車：登山口P（結婚の森）へは関越道渋川伊香保ICから国道353号、小野上温泉駅手前を右折、塩川・谷後を経て21km、普通車15台、大型車3台、仮設トイレあり。小野上温泉「さちのゆ」にも大きな駐車場とトイレあり。

●公共交通機関：JR高崎駅からJR吾妻線約45分、小野上温泉駅下車。

コースガイド

　渋川市と吾妻郡高山村の境に位置する小野子山、中ノ岳、十二ヶ岳を三並山と呼び、その中で唯一、山頂からの展望が開けているのが十二ヶ岳である。山頂からの眺望は素晴らしく、近くは吾妻川を挟んで対峙する榛名山の雄姿、遠くには日光連山から上信越国境まで四方の山々を見渡すことができる。登山コースはカタクリの花が楽しめる高山村からのコース、JR吾妻線を利用でき交通の便のよい渋川市からのコースがある。小野上駅から鑓沢に沿って北上するコースが昔から登られているコースであるが、一部落石で交通止めの区間があり、本書では小野上温泉駅から谷後を経由するコースを紹介する。このコース上にはバスも駐車できる大きな駐車場があり、そこから約1時間半で山頂に着くことができる。下山後は駅前の小野上温泉さちのゆで汗を流すとよいだろう。

❶小野上温泉駅を出て小野上温泉さちのゆを左手に見ながら西に進み、突き当たりを右折。正面にJR吾妻線の踏切、その先には国道353号を挟んで鳥居が見える。鳥居をくぐり林を抜けると、すぐに作間神社❷に着く。神社前を右折するとその先に十字路があり、道標の指示に従って左折。この先は一本道であり、ひたすら舗装道路を北上することとなる。暗い杉林の道路が続き、杉が途切れて少し空の開けたところが谷後❸で、谷ノ口へと続く古城台散策道と合流する。振り返ると大きな榛名山が見える。さらに北上し砕石場のあるS字カーブまで来ると、明るい落葉樹も多くなっ

十二ヶ岳山頂

吾妻・子持・小野子

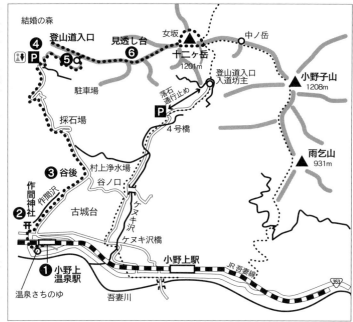

てくる。ここまではトラックの交通量が多いので気を付けて歩きたい。大山祇神の祠を過ぎU字カーブを越えると大きな❹の駐車場（結婚の森）に着く。ここには仮設トイレや東屋があり、よく整備されている。この先は車両通行不可であるが砂利の林道が続き、❺の登山道入口に着く。やっとここからが登山道になる。最初は杉林であるが、間もなく落葉樹が多くなり、明るくなる。斜度も徐々にきつくなり、❻の見透し台に到着する。しばし眺めを楽しみ一休みしたいところである。さらに尾根伝いに進み、中之条大原からの登山道と合流し、女坂への分岐を過ぎ十二ヶ岳山頂に到着する。下山は同じコースを下るが、大原方面に入り込まないように注意したい。

＊冬期の積雪はそれほど多くないが、山頂周辺は凍結や霜でスリップしやすくなるので注意。健脚向きではあるが、十二ヶ岳から中ノ岳、小野子山へと縦走し、小野上駅に下るコースもある。

コースタイム（合計 4時間55分）

小野上温泉駅 ⇄ 採石場入口 ⇄ 駐車場（結婚の森）⇄ 登山道入口 ⇄ 見透し台 ⇄ 十二ヶ岳
（0:45/0:35　0:45/0:40　0:25/0:15　0:30/0:15　0:30/0:15）

問い合わせ

●渋川市観光課
　☎ 0279-22-2873
●高山村地域振興課
　☎ 0279-63-2111
●日帰り温泉（小野上温泉）
　さちのゆ　☎ 0279-59-2611
　（9:00～21:00）

結婚の森の駐車場

籠ノ登山・三方ヶ峰
籠ノ登山往復、池の平周回コース

難易度 A
体力度 2

| 適期 | 1 | 2 | 3 | 4 | 5 | 6 | 7 | 8 | 9 | 10 | 11 | 12 |

スタート地点	最高地点	終了地点	ルート長	累積登り標高差	累積下り標高差
兎平 2061m	籠ノ登山 2227m	兎平 2061m	7.3km	544m	544m

2万5千分の1地形図　車坂峠・嬬恋田代

アプローチ

池の平（兎平）駐車場へは湯の丸高原、高峰温泉側にゲートがあり、7時開放、17時閉鎖。
●**車**：上信越道小諸ICから東御嬬恋線経由で、地蔵峠から湯の丸高峰林道に入り、駐車場。群馬県の嬬恋村側からは国道144号田代から鹿沢温泉を経て地蔵峠経由。
●**公共交通機関**：地蔵峠から池の平までのバスはない。JR佐久平駅から小諸駅前を経由して、地蔵峠までのバスは夏季のみの土・日・祝日。運行日に注意。所要約1時間30分。地蔵峠から登山口までは徒歩1時間10分ほど。
　＊バス（千曲バス小諸営業所）☎0267-22-2100

コースガイド

　浅間山から群馬・長野県境上を西に続く火山列中のピークの東籠ノ登山はこのコース上での最高地点、西籠ノ登山と合わせて往復となる。東は水ノ塔山に続く。山頂付近はガレ場になっている。池の平、三方ヶ峰、見晴岳は高低差の少ないフラワートレッキングコースで、家族連れなどの軽いハイキングには、こちらのコースがおすすめ。

　❶の駐車場にはトイレ、インフォメーションセンターがある。籠ノ登山方面へ最初は傾斜の少ない登山道を進み、次第に傾斜がきつくなると植生が低くなってくる。やがてガレ場の道となり、❷の360度の展望が待っている東籠ノ登山のピークは近い。東籠ノ登山から❸の西籠ノ登山へは約1.2kmで、往復40分ほど。東籠ノ登山へ戻り、❷から来た道を駐車場まで戻る。池の平へは、気持ちのよいササの原にカラマツが生えた木道を下っ

東籠ノ登山（右）と西籠ノ登山（左）

ていくと、❹の鏡池に着く。緩い傾斜を上っていくとコマクサの生える❺の三方ヶ峰。ここからは、稜線沿いに歩く。❻の見晴岳は下界の街並みが見えて素晴らしい景観が楽しめる。来た道を少し戻って池の平がよく見える❼❽❾と3つの丘を通り下っていくと駐車場へ戻る。

＊下山時、視界が悪いと幅の広い雲上の丘広場は分岐も多く、方向感覚が狂いやすい。地図とコンパスを使い、進行方向をしっかり確認したい。
＊籠ノ登山のガレ場での転倒に注意。水場はない。

コースタイム（合計 3 時間 30 分）

駐車場➡〈0:40〉東籠ノ登山（西籠ノ登山往復は 40 分）➡〈0:30〉駐車場➡〈0:15〉池の平（鏡池）➡〈0:15〉三方ヶ峰➡〈0:20〉見晴岳➡〈0:50〉駐車場

問い合わせ

- ●池の平インフォメーションセンター
  （電話なし／6 ～ 10 月）
- ●湯の丸高原ビジターセンター
  ☎ 0268-62-4333（4 ～ 11 月）
- ●温泉・宿泊（鹿沢・湯の丸高原）
  ☎ 0279-97-3721
  嬬恋村観光協会
  ☎ 0268-62-7701
  信州とうみ観光協会

東籠ノ登山山頂

小浅間山・信濃路自然歩道
こあさまやま しなのじしぜんほどう
小浅間山から軽井沢へのコース

難易度 A
体力度 3

適期	1	2	3	4	5	6	7	8	9	10	11	12
					●	●	●	●	●	●		

スタート地点	最高地点	終了地点	ルート長	累積登り標高差	累積下り標高差
峰の茶屋 1405m	小浅間山山頂 1655m	旧三笠ホテル跡 1003m	15.3km	529m	927m

2万5千分の1地形図　浅間山

アプローチ

峰の茶屋に有料駐車場あり。

●**車**：上信越道碓氷軽井沢ICか小諸ICで降りて、中軽井沢へ。国道146号で峰の茶屋へ。

●**公共交通機関**：JR北陸新幹線・しなの鉄道軽井沢駅から草津・万座・鬼押出し園方面行きバスで峰の茶屋下車。

　＊バス　（草軽交通軽井沢営業所）☎ 0267-42-2441
　　　　　（西武観光バス軽井沢営業所）☎ 0267-45-5045

コースガイド

　浅間山（2568m）の寄生火山である小浅間山は標高1655mのドーム状のピーク。コースは難しくなく短時間で峰の茶屋から往復できるのでファミリーでも楽しめる。西に迫力ある浅間山が見え、北、東、南の展望が開けて上信国境の山を一望できる。冬はスノーシュートレッキングを楽しむ人が訪れている。また、峰の茶屋から軽井沢の旧三笠ホテル跡まで、信濃路自然歩道が整備されている。白糸ハイランドウェイとほぼ平行に整備されていて、途中、白糸の滝や竜返しの滝、高山植物や森林浴を楽しむことができるので、小浅間山に登り信濃路自然歩道で軽井沢まで戻るコースを紹介する。

峰の茶屋から小浅間山を望む

　公共交通機関または車利用でも軽井沢駅を起点にして計画することをお勧めする。軽井沢駅からバスで峰の茶屋❶に行く。峰の茶屋の反対側で東大の火山観測所があるところが登山口だ。緩やかな広い道を20分ほど歩くと視界が開け、右側に小浅間山が見え

る。❷ここから砂礫の急斜面になる。振り返ると雄大な浅間山が見える。左回りで❸の山頂へ。山頂手前は南の景色、山頂を過ぎると北の景色がよく見える。下山は同コースを下降し峰の茶屋❶へ。峰の茶屋から信濃路自然歩道に入る。観光地で有名な❹の白糸の滝や竜返しの滝などを森林浴、高山植物、バードウオッチングを楽しみながら歩くことができる。小瀬温泉の手前には竜返

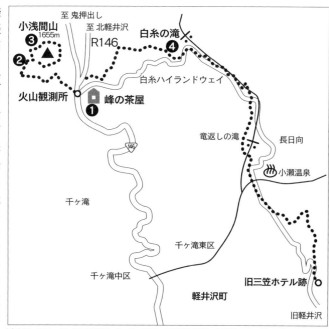

しの滝がある。車道と並行しているので疲れたらバスで軽井沢に戻ることができるが、車道の横断には注意。

コースタイム（合計 6 時間）

峰の茶屋➡〈1:00〉小浅間山➡〈0:40〉峰の茶屋
峰の茶屋➡〈1:10〉白糸の滝➡〈1:40〉竜返しの滝➡〈0:15〉小瀬➡〈1:10〉三笠ホテル跡➡〈0:50〉軽井沢駅

問い合わせ

- 軽井沢町観光経済課
  ☎ 0267-45-8579
- 軽井沢観光会館
  （旧軽井沢）
  ☎ 0267-42-5538

白糸の滝

黒斑山 車坂峠から蛇骨岳往復コース
くろふやま

難易度 **B** 体力度 **2**

適期	1	2	3	4	5	6	7	8	9	10	11	12
					●	●	●	●	●	●		

スタート地点	最高地点	終了地点	ルート長	累積登り標高差	累積下り標高差
車坂峠 1973m	黒斑山山頂 2404m	車坂峠 1973m	7.2km	625m	634m

2万5千分の1地形図　車坂峠

アプローチ

●車：上信越道小諸ICから17.8km、40分。浅間山北麓ジオパークの高峰高原ビジターセンターに駐車場（無料・約50台）あり。

●公共交通機関：JRバス関東アサマ2000スキー場行き、高峰高原ホテル下車、JR小海線・北陸新幹線佐久平駅から約1時間、しなの鉄道・JR小海線小諸駅から約45分。＊新宿発の高速バスもある。

＊バス（ジェイアールバス関東小諸支店）☎ 0267-22-0588

コースガイド

黒斑山は三重式火山である浅間山の第1外輪山。浅間山が間近に見える展望のよい山で、夏は高山植物を楽しむことができる。標高の高い車坂峠まで車やバスで行くことができるので、2404mの山頂まで500mほどの上り。稜線に出る手前は急登になり、稜線は東側が切れているので、注意が必要となる。ここでは蛇骨岳までの往復を紹介しているが、蛇骨岳から岩のガレた尾根を行き、Jバンドを下って賽の河原に出て湯の平からトーミの頭に登るルートもある。火山警報レベルが1、2の場合は入山できるが、警報レベル3になると黒斑山は禁止区域になるので、登山前には火山情報を確認すること。車坂峠にも火山情報についての掲示板がある。

❶車坂峠は、長野県小諸市と嬬恋村の境で、峠にバス停がある。峠を越してすぐの嬬恋村側にビジターセンターがあり、その前に駐車できる。ビジターセンターの開設時間中はトイレを使用できるが、その時間以外は峠から50mほど歩いた高峰高原ホテルの裏にもトイレがある。峠からは、表コースの道標に従って進み、岩がごろごろした道を行くと20分ほどで車坂山を通過する。樹林帯の中を進むと、ところどころガレ場があり植物保護のためかロープが張ってある。だんだん上りの傾斜がきつくなり、階段の道が続く。尾根に出る

トーミの頭から浅間山

手前にかまぼこ型の赤いシェルターがある。そこを過ぎると❷の槍ヶ鞘に出て、視界が開ける。目の前に大きく前掛山が現れる。槍ヶ鞘から稜線となり、東側は切れ落ちているので注意が必要である。小高い岩場を上るとそこが❸のトーミの頭（2298m）

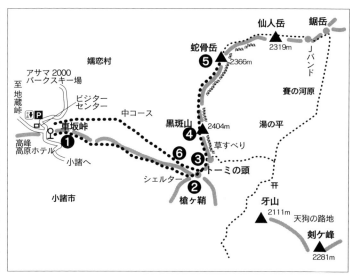

である。東から南側の展望がよい。60mほど行くと湯の平へ下りる道との分岐がある。そこから400mほど稜線を行くと、❹の黒斑山の山頂に着く。❺の蛇骨岳までは樹林の中を進む。蛇骨岳からは眼下に嬬恋村、向かいに四阿山を見ることができる。下りは、トーミの頭のすぐ下から❻の中コースを下ることもできる。沢沿いで道がえぐられているところもある。カラマツ林になると車坂峠はすぐである。

＊槍ヶ鞘から蛇骨岳までの尾根は東側（浅間山側）が切れ落ちているので、注意が必要である。
＊気象庁の防災情報を確認する必要がある。浅間山の活動状況で火口周辺警戒レベル1、2なら賽の河原まで立ち入れるが、警戒レベル3になると、黒斑山は登山禁止になる。

コースタイム（合計 4時間10分）

車坂峠➡〈1:30〉トーミの頭➡〈0:20〉黒斑山➡〈0:30〉蛇骨岳➡〈0:30〉黒斑山➡〈0:20〉中尾根分岐➡〈1:00〉車坂峠

問い合わせ

●浅間山北麓ジオパーク
　ビジターセンター
　☎ 0279-82-5566

●温泉・宿泊
　高峰高原ホテル ☎ 0267-25-3000
　高峰温泉 ☎ 0267-25-2000

東側が切れ落ちた黒斑山の稜線

湯ノ丸山・烏帽子岳 地蔵峠から2峰周回コース

難易度 A	体力度 2

適期	1	2	3	4	5	6	7	8	9	10	11	12
					●	●	●	●	●	●		

スタート地点	最高地点	終了地点	ルート長	累積登り標高差	累積下り標高差
地蔵峠 1732m	湯ノ丸山 2101m	地蔵峠 1732m	10.1km	684m	684m

2万5千分の1地形図　嬬恋田代

アプローチ

夏季のリフト運行は6/8~7/8、7/4~16。運行時間は8:00～16:00（平成30年）。事前に確認のこと。

●**車**：嬬恋村側からは国道144号、東御嬬恋線経由で地蔵峠駐車場。上信越道東部湯の丸ICからは東御嬬恋線経由で地蔵峠駐車場。

●**公共交通機関**：JR吾妻線万座鹿沢口駅からタクシー利用で地蔵峠。JR小海線・しなの鉄道小諸駅からのバスは季節営業で1日2便あり。

＊バス（千曲バス小諸営業所）☎ 0267-22-2100

コースガイド

浅間山の西に連なる2000m級の尾根上にある古い火山で、北の山腹には鹿沢温泉がある。レンゲツツジを代表とするツツジ類と高山植物が素晴らしい。どちらの山頂に立っても遮るものがない展望でアルプス、群馬の山々、時には富士山も見える。

❶ゲレンデ内へと続く踏み跡があり、リフトが動いていない時は、急なスキー場のゲレンデを上がっていく。❷まで来ると傾斜はゆるくなり、少し下がって上り返すと❸の分岐に鐘が設置してある。県境に沿った登山道を進むと群馬県側にはツツジ平と呼ばれるレンゲツツジの群落があり、入り口も数カ所ある。傾斜が増しガレ場を上がると❹の広い湯ノ丸山頂（南峰）に着く。さえぎるものがない360度の展望が広がっている。500mほど北に大きな岩の積み重なった❺の北峰が見える。❹から烏帽子岳へ行くには南西方面に下る登山道に入るが、視界の悪い時は分かりづらいので注意しよう。気持ちのよい低木の中を進むと鞍部の分岐❻に出る。指導標に従って烏

烏帽子岳山頂

帽子岳方面へ進む。900mほどで烏帽子岳へ続く❼の尾根に出て山頂まで低木と高山植物の咲く道をたどる。❽の小烏帽子岳を越えると上田市の街並みの展望が素晴らしい烏帽子岳❾に着く。帰りは来た道を戻り❻で地蔵峠方面へ進み❿の中分岐を右に進むと白窪湿原に出る。⓫で右方向に進むとキャンプ場を通り地蔵峠に戻る。

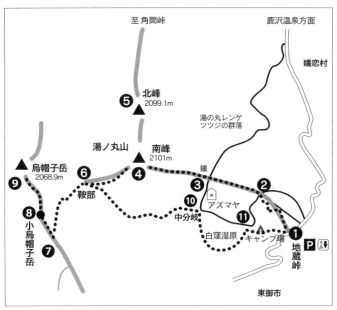

＊湯ノ丸山（南峰）は岩が敷き詰められたガレ場で踏み跡が付かないため、視界の悪い時や積雪時にはコンパスを使って、進行方向を確認しよう。また、北峰は巨岩が重なっているので、転倒や岩の間に落ちないように注意すること。

コースタイム（合計 4時間20分）

地蔵峠➡〈0:40〉分岐➡〈0:40〉湯ノ丸山（南峰・北峰往復12分）➡〈0:30〉鞍部➡〈0:25〉稜線➡〈0:40〉烏帽子岳➡〈0:55〉鞍部➡〈1:10〉地蔵峠

問い合わせ

- ●鹿沢インフォメーションセンター
  ☎ 0279-80-9119（4～11月無休、12～3月は金土日のみ開館）
- ●湯の丸高原ビジターセンター
  ☎ 0268-62-4333（4～11月）
- ●信州とうみ観光協会 ☎ 0268-62-7701
- ●温泉・宿泊（鹿沢・湯の丸高原）
  嬬恋村観光協会 ☎ 0279-97-3721

湯ノ丸山のレンゲツツジ

四阿山 (あずまやさん) 鳥居峠コース

難易度 **B** 体力度 **3**

| 適期 | 1 | 2 | 3 | 4 | 5 | 6 | 7 | 8 | 9 | 10 | 11 | 12 |

スタート地点	最高地点	終了地点	ルート長	累積登り標高差	累積下り標高差
鳥居峠 1362m	四阿山山頂 2354m	鳥居峠 1362m	13km	1072m	1072m

2万5千分の1地形図　四阿山

アプローチ

●車：国道144号のJR吾妻線万座・鹿沢口駅前から17kmの県境鳥居峠が登山口。5月から11月には終点ロータリーまでの林道が開放される。ロータリーには駐車スペースと簡易トイレがある。

●公共交通機関：JR吾妻線万座・鹿沢口駅からタクシー25分。

＊タクシー（浅白観光自動車嬬恋営業所）☎ 0279-97-2424
　　　　　（草津観光自動車）☎ 0279-97-2012

コースガイド

　日本百名山、信州百名山およびぐんま百名山に選定されている四阿山は、上信国境では浅間、黒斑に次ぐ高峰である。人々はこの山を水源とする神川(かんがわ)に堰を築き用水路を造って農耕などに利用する一方で、この山を水源涵養林として保護してきた。深田久弥は『日本百名山』で、「ピッケル・ザイル党には向かないかも知れないが、しみじみとした情緒を持った日本的な山である」と書いている。登山道途中の的岩は、柱状節理が露出したものであり、国の天然記念物に指定されている。最近、山頂手前に水場が整備された。

　❶鳥居峠から、行く手に四阿山を仰いで、やや広いカラマツの道を2.5kmで、❷の登山道分岐点の林道終点ロータリーに着く。❷から❸の的岩北端へは、ササが広く刈られた歩きやすい道で、❸に出ると北アルプスが視野に飛び込む。❸から❹の古永井分岐までの間の途中からコメツガ原生林に入り、以降❻の菅平への分岐近くまで、針葉樹林が断続する。分岐の手前に嬬恋清水の標識があり、約10分下ったところに

四阿山

❺の水場がある。嬬恋清水は関東最高地点での湧き水といわれている。登り切ると、まず嬬恋村に向いて上州祠があり、中間に石宮を祭った岩室、そして少し離れて菅平に向いた信州祠が立つ。信州祠から少し下った先に二等三角点がある。下山は❹まで戻って花童子の道をとる。この途上には四阿山がかつて山岳信仰の山として盛んだったころの名残の祠や宮跡がある。❼の花童子の宮跡前後は木道になっている。古永井分岐や宮跡には東屋があり、休憩に利用できる。❽の賽の河原は、西の的岩と相対している。

コースタイム（合計 7 時間）

鳥居峠➡〈1:10〉林道終点ロータリー➡〈0:40〉的岩➡〈0:45〉古永井分岐➡〈1:30〉四阿山➡〈1:00〉古永井分岐➡〈0:30〉花童子の宮跡➡〈0:30〉林道終点ロータリー➡〈0:55〉鳥居峠

問い合わせ

- 嬬恋村観光商工課 ☎ 0279-82-1293
- 嬬恋村観光協会 ☎ 0279-97-3721
- 嬬恋郷土資料館
  ☎ 0279-97-3405
- 日帰り温泉（嬬恋高原温泉）
  つつじの湯
  ☎ 0279-98-0930

四阿山山頂から県境稜線トレイル

四阿山 （あずまやさん） バラギコース

難易度	適期	1	2	3	4	5	6	7	8	9	10	11	12
B 体力度 **3**						●	●	●	●	●	●		

スタート地点	最高地点	終了地点	ルート長	累積登り標高差	累積下り標高差
茨木・吾妻山歩道入り口 1280m	四阿山 2354m	茨木・吾妻山歩道入り口 1280m	13.6km	1072m	1072m

2万5千分の1地形図　四阿山

アプローチ

2018年時点でJR万座鹿沢口駅からバラギ湖行のバスは廃止されている。タクシーで20分、料金は4100円ほど。

●**車**：国道144号の西部小学校先をバラギ湖方面へ右折。約2km先を左折し、「つまごいパノラマライン」5.5kmの地点左側に「茨木・吾妻山歩道入り口」の看板あり。マイカーの場合は、登山口に3台駐車可、他に5分程度歩くが、湖畔の湯嬬恋バラギ温泉入り口の道路拡幅部が約30台駐車可能である。

●**公共交通機関**：JR吾妻線万座鹿沢口駅からタクシー
　　＊タクシー　（浅白観光自動車嬬恋営業所）☎ 0279-97-2424
　　　　　　　　（草津観光自動車）☎ 0279-97-2012

コースガイド

　上信国境の山で浅間・黒斑に次ぐ高峰の四阿山は、最も利用頻度の高い鳥居峠からのコースと、嬬恋スキーリゾートのゴンドラを利用し稜線を南下して頂上に至る比較的ビギナー向けのコースがある。ここで紹介するバラギコースは前記2コースとは異なり、四阿山の東にあるバラギ湖方面から茨木山（1619m）に登り、展望のよい稜線上を歩いて四阿山頂に至るコースである。山麓のバラギ湖は、1979年に造られた人造湖で湖面標高約1260 m、かつては17haの大湿地帯の中を水が何回も曲折して流れていた原野で、「四十八まがりのやち」といわれ、土地の人に親しまれていた。

❶現在はバラギ湖周辺に「バラギ高原キャンプ場」や「湖畔の湯嬬恋バラギ温泉」が整備され、にぎわいを見せている。バラギコースは茨木・吾妻山歩道入口から雑木疎林の緩やかな歩行で始まり、5本の沢を跨ぎ、急斜面を15分ほど一気に上ると茨木山に到達する。頂上は落葉後であればほぼ360度の視界が得られる。特に南の浅間山は見事な山容を見せてくれる。茨

茨木山頂から浅間山

木山からわずかに下り、ミヤコザサの中をジグザグに上り、標高約1700m付近からはオオシラビソやダケカンバの亜高山の原生林の稜線を歩く。振り返ると、登ってきた尾根の北側はダケカンバの自然林、南側はカラマツの植林帯が鮮明である。❷1860m付近に

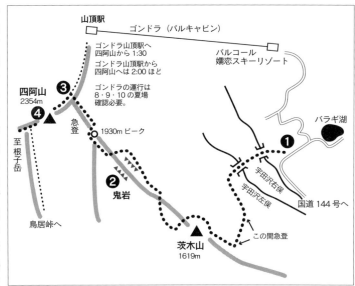

鬼岩が現れ、北側基部を巻き込み10分ほど行くと1930mの小ピークに至る。そこからひたすら1時間ほど急登をこなすと四阿山と浦倉山の分岐標識❸に出合う。県境稜線上の浦倉山方面への分岐までは高原的な山稜や、一部急登があり、変化に富む。分岐には道標あり。南に向かうと15分ほどで❹の四阿山頂上に至る。山頂三角点は最高点の手前にあり、信州祠、石室、上州祠の順にある。❷の鬼岩の辺りは亜高山帯の原生林で「深山」の趣がある。国土地理院2万5千分の一「四阿山」の図中「鬼岩」は異なる位置（1950m地点）に図示されている。

コースタイム（合計 7時間30分）

茨木・吾妻山歩道入り口 ⇄(1:10/1:00) 茨木山 ⇄(1:20/1:00) 鬼岩 ⇄(1:40/1:20) 四阿山

問い合わせ

- 嬬恋村観光商工課 ☎ 0279-82-1293
- 嬬恋村観光協会 ☎ 0279-97-3721
- 日帰り温泉（嬬恋バラギ温泉）湖畔の湯 ☎ 0279-80-6020

歩道入口の案内板

鼻曲山 霧積温泉コース

はなまがりやま

難易度 **B**　体力度 **2**

| 適期 | 1 | 2 | 3 | 4 | 5 | 6 | 7 | 8 | 9 | 10 | 11 | 12 |

スタート地点	最高地点	終了地点	ルート長	累積登り標高差	累積下り標高差
霧積館跡駐車場 940m	鼻曲山 1655m	霧積館跡駐車場 940m	8.6km	780m	780m

2万5千分の1地形図　軽井沢

アプローチ

●車：旧国道18号の安中市松井田町坂本の街並みを離れ、左に大きくカーブする手前に霧積の案内があるので注意。金湯館への道を右に分け、300mほど走ると霧積館跡の駐車スペースに出る。20台ほど駐車可（無料）。

●公共交通機関：JR信越本線横川駅、軽井沢駅間（国道）をJRバスが1日数便往復しているが、季節運行なので問い合わせが必要。横川駅、軽井沢駅からタクシーを使えば駐車場まで入れる。温泉宿泊者は宿まで無料送迎がある。

　＊バス（ジェイアールバス関東小諸支店）☎ 0267-22-0588
　＊タクシー（高崎駅構内自動車磯部営業所）☎ 027-385-6850
　　　　　　（日本中央交通富岡営業所）☎ 0274-62-3531
　　　　　　（ツバメタクシー）☎ 027-393-1181
　　　　　　（旭屋観光タクシー）☎ 027-393-0135

コースガイド

　霧積温泉は明治時代初期の開業以来多くの政治家、文人、外国人が訪れ避暑地、別荘地として栄えたが、1910（明治43）年の大洪水（山津波）で壊滅した。1軒だけ残った金湯館が現在も山奥の秘湯として営業を続けている。鼻曲山頂を目指すだけならば、軽井沢町長日向から登れば1時間30分ほどで山頂に立てる。この霧積温泉からのコースは、温泉を合わせて楽しみたい方、もう少しゆっくりと変化に富んだコースを歩きたい山好きにピッタリのコースである。新緑、紅葉の時季は特に素晴らしい。

❶旧国道18号から分岐の目標はドライブイン「力餅」の看板で、マイカーで入る場合は直進して入って行く感じになる。❷の霧積館跡地の前が駐車スペースで数十台停められる。❸の小橋を渡り、つづら折り（ホイホイ坂）を上ると金湯館への林道に出る。❹の林道に出た斜め向かい（右）に登山道がある。そのまま林道を北に行くと300mほどで金湯館の上に出るが、入浴は帰りの楽しみとしよう。❺穏やかな尾根を上って行くと十六

鼻曲山への登り

浅間・白根

曲峠への分岐（右は剣ノ峰、角落山）になる。❻の小ピークを巻いて東西に走る稜線に出る。西に向かい、小さい鋭利なピークを越えると霧積のぞきがある。冬枯れの季節には金湯館の屋根が見えるという。❼樹林帯の稜線や中腹のトラバースが続く。少しササの中を行くところもあるが道は明瞭だ。時々樹間越しに浅間隠山や鼻曲山が見え

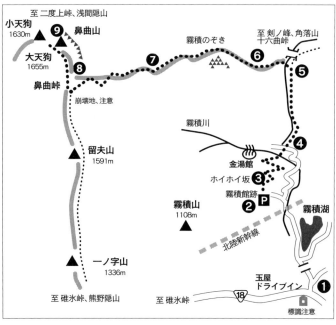

る。❽鼻曲峠手前の急登は一部路肩が崩壊し北側が切れ落ちているので注意。鼻曲峠に出て北に尾根を行くと大天狗東面の岩壁が望める。滑りやすい急な坂を上ると❾の鼻曲山（大天狗）山頂。展望は130mほど北西に行った小天狗がよく、雄大な浅間山と四阿山を望める。

＊鼻曲峠直前の急登、登山道の一部が崩れて北側が切れ落ちているところは雨後、雪のある時季は特に注意。

コースタイム（合計 4 時間 20 分）

霧積館跡駐車場 ⇄ 0:25/0:20 林道登山口 ⇄ 0:30/0:20 十六曲峠分岐 ⇄ 1:10/1:00 鼻曲峠 ⇄ 0:20/0:15 鼻曲山

問い合わせ

- ●安中市観光課 ☎ 027-382-1111
- ●温泉・宿泊（霧積温泉）
  金湯館　＊宿泊者は駅から送迎あり
  ☎ 0273-95-3851

霧積温泉金湯館

鼻曲山 （はなまがりやま） 一の字山縦走コース

難易度 **B**
体力度 **3**

適期 | 1 | 2 | **3** | **4** | **5** | **6** | **7** | **8** | **9** | **10** | **11** | 12

スタート地点	最高地点	終了地点	ルート長	累積登り標高差	累積下り標高差
長日向 1150m	鼻曲山 1655m	軽井沢駅 940m	14.2km	858m	1067m

2万5千分の1地形図　軽井沢

アプローチ

●**車**：縦走の登山口となる軽井沢町長日向と下山口の旧軽井沢間の距離があるため、軽井沢駅北口前からのタクシー利用がおすすめ。軽井沢駅北口周辺に駐車可。軽井沢駅から長日向まで、タクシー約30分。

●**公共交通機関**：JR北陸新幹線・しなの鉄道軽井沢駅前発草軽交通バス草津または鬼押出行き「長日向」下車（バス運行期間4月下旬～11月上旬）。ただし、便数が少ないので注意。見晴台から市街地の万平ホテルまでは"赤バス"の利用が可（バス運行期間4月下旬～11月上旬）。

　＊バス　（草軽交通軽井沢営業所）☎ 0267-42-2441
　　　　　（軽井沢交通バス）☎ 0267-42-0353
　＊タクシー（第一交通軽井沢営業所）☎ 0267-42-2221
　　　　　　（ますや交通）☎ 0267-45-5223
　　　　　　（松葉タクシー軽井沢）☎ 0267-42-2181

コースガイド

　信州百名山、ぐんま百名山に選定されている鼻曲山は碓氷峠の北にあり、東峰の大天狗、西峰の小天狗の2峰からなる。鼻曲山山頂は大天狗1655mとなる。このコースは、鼻曲山、留夫山（とめぶやま）、一の字山から旧碓氷峠（熊野神社）へと続く、上信の国境沿いを歩くコースである。山稜の途中では南面が開けて、奥秩父、西上州、妙義山塊さらに広大な関東平野の雄大なパノラマに目を奪われる。また、帰路は旧軽井沢の華やかな通りを抜けるコースである。南東の霧積山方面から、巨人の鼻のような形に見えるのが山名の由来である。

❶長日向バス停から100m先に別荘地方面に入る林道が分かれ、これに入る。カラマツ林の緩やかな道を行く。❷の分岐までは所々に指導標がある。林道を横切るところでは道標を確認し

一の字山（左）と鼻曲山（右）

て進みたい。❷の分岐は左の直登コースの急坂を登る。鼻曲山山頂は三角点のある❸の小天狗と❹の大天狗に分かれる。展望は❸の方がよい。❹から急坂を下り、❺で霧積温泉方面への道を分ける。❺より小ピークを2つ越すと林道がすぐ右側に見える留夫山とのコルで、しばらくの上りで❻の留夫山。❻から急坂を下って登り返すと一の字山で、なだらかに下る山稜歩きとなる。山頂の位置は不明瞭である。❽熊野神社は「安政遠足（侍マラソン）」のゴール

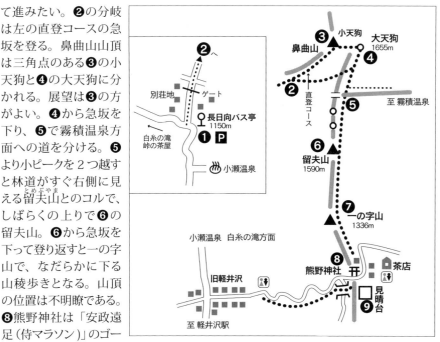

でもあり、今でも江戸時代そのままに、茶店で力餅が食べられる。❾の見晴台への少し手前で自然遊歩道の標識があり、これを下ると林間の道を旧軽井沢へ出る。旧軽井沢から軽井沢駅へはにぎやかな店をのぞきながら歩くことができる。タクシーは熊野神社の茶店から呼ぶことも可能。

コースタイム（合計 6 時間）

長日向➡〈1:40〉鼻曲山➡〈1:10〉留夫山➡〈0:30〉一の字山➡〈1:10〉熊野神社➡〈1:30〉軽井沢駅

問い合わせ

- 軽井沢町観光経済課
 ☎ 0267-45-8579
- 軽井沢観光会館
 ☎ 0267-42-5538
- 安中市観光課
 ☎ 027-382-1111

鼻曲山

角落山・剣の峰 女坂往復コース

| 適期 | 1 | 2 | 3 | 4 | 5 | 6 | 7 | 8 | 9 | 10 | 11 | 12 |

難易度 C
体力度 2

スタート地点	最高地点	終了地点	ルート長	累積登り標高差	累積下り標高差
林道赤沢線終点 1085m	剣の峰山頂 1430m	林道赤沢線終点 1085m	4.1km	540m	540m

2万5千分の1地形図　浅間隠山・軽井沢

アプローチ

●**車**：国道406号高崎市倉渕町権田信号から県道54号を二度上峠、北軽井沢方面に入り、月並を経て赤沢林道終点まで約13km。林道終点に駐車可能。ただし、林道は法面崩壊で通行できない場合がある。
●**公共交通機関**：公共交通機関の利用は不適。

コースガイド

　ぐんま百名山に選定されている角落山は、浅間山東方の古い火山で、旧角落火山の主峰であり、剣の峰と共に烏川源流山域の一角を占める名峰である。ここで紹介するコースは、林道赤沢線側から入る"女坂"から往復する。男坂側の登山路は不明瞭な箇所やクサリ場があり一般的でない。角落山は山頂に角落神社があり、学問成就の祈願などで信仰されているようである。若葉あふれる頃や紅葉の頃に静かに訪れたい山である。源頼光の四天王の一人である碓氷貞光に角を切り落とされた鬼が逃げ込んだという伝説のある山である。

　❶の赤沢林道入り口は権田からは二度上峠方面に向かい、市倉橋を渡り約300m行った「はまゆう山荘」の向かい側。角落山は、赤沢コースの他に白沢から行く男坂コースもあるが、一般には不向き。赤沢沿いの林道は、崩壊や落石などで道が荒れており、終点まで入れないことがある。❸付近に駐車可能な場所がある。❹林道の終点にある堰堤を越して約20m行くと沢が二分する。左の沢に入り、岩のゴロゴロした沢の中を約400

角落山（左）と剣の峰（右）

m進むと左手に道が分かれる。見失わないよう注意したい。❹から❺のコルにかけては部分的に崩壊しているところがあるので上部からの落石や滑落に注意して通過する。❻の角落山頂には、角落神社が祭られている。❼の剣の峰へはコルまでいったん戻る。部分的に岩場のある急登となる。剣の峰山頂からは、霧積温泉、鼻曲山方面へと道が続いているが、コルまで戻り往路を下山する。

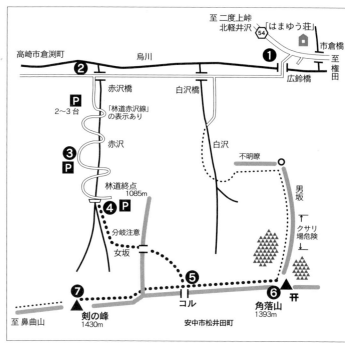

コースタイム（合計 5 時間 50 分）

赤沢橋➡〈1:10〉女坂登山道入口➡〈0:40〉コル➡〈0:40〉角落山➡〈0:30〉コル➡〈1:00〉剣の峰➡〈0:30〉コル➡〈0:30〉登山道入口➡〈0:50〉赤沢橋

問い合わせ

●高崎市倉渕支所 ☎ 027-378-3111
●温泉・宿泊（倉渕川浦温泉）
　はまゆう山荘 ☎ 027-378-2333
　＊日帰り入浴可

登山口

碓氷峠旧道下り 軽井沢から旧中山道の下山コース

難易度 A　体力度 2

| 適期 | 1 | 2 | 3 | **4** | **5** | 6 | **7** | **8** | **9** | **10** | **11** | 12 |

スタート地点	最高地点	終了地点	ルート長	累積登り標高差	累積下り標高差
JR 軽井沢駅 940m	旧碓氷峠 1200m	JR 横川駅 390m	16.9km	461m	1031m

2万5千分の1地形図：軽井沢

アプローチ
- **車**：往復コースではないのでマイカーの利用は逆に不便。
- **公共交通機関**：JR 北陸新幹線・しなの鉄道軽井沢駅から熊野神社までタクシーが利用できる。また、市街地の万平ホテルから見晴台までは"赤バス"の利用が可能（バス運行期間 4月下旬〜11月上旬）。
  - ＊バス（軽井沢交通バス）☎ 0267-42-0353
  - （ジェイアールバス関東小諸支店）☎ 0267-22-0588

コースガイド

　このコースのうち、坂本から熊野神社までの旧中山道ルートは、日本の道100選に選定されている。道はほぼ下りで、よく踏まれている。毎年行われている安中市の遠足（安政遠足侍マラソン）のコースは、このハイキングコースとほぼ重なっている。刎石山はつづら折りの急坂のうえ落石も多く、峠道最大の難所である。最近、途中から明治天皇の御巡幸道路を歩いて"めがね橋"に下る道が整備された。めがね橋は、旧信越本線のれんが造り4連アーチ橋（碓氷第三橋梁）で、碓氷峠の代表的な建造物である。唱歌「もみじ」はこの辺りのカエデやツタの紅葉の美しさを歌ったものである。

　軽井沢駅前の道をまっすぐ進み、❶の分岐で旧軽井沢の繁華街方面に右折し、峠の熊野神社に着く。❷の熊野神社は群馬・長野両県の県境上に立つ。名物力餅が食べられる茶屋が数軒ある。公衆トイレや駐車場もある。❷から峠下りの道が始まる。この辺りには「一ツ家の碑」など歴史をしのぶ文化財が多い。この先でも案内板を見ながら歩くと、この往時の幹線街道を往来した人々の苦労がしのばれる。途中、霧積温泉方面への道と分かれ、戦国時代の古戦場跡と伝えられる❸の陣場

碓氷関所跡

浅間・白根

ケ原を過ぎ、子持山は巻いてゆく。昔、茶屋が軒を並べ学校や畑もあったという❹の山中茶屋跡辺りは広々としている。❺栗ケ原で明治天皇御巡幸道路を経由して❾のめがね橋に下る道との分岐がある。❻堀切、座頭ころがしの坂を下ると、刎石山にかかる。❼弘法の井戸から❽の旧国道18号に出るまでは

杉林の急な道を下る。❽から❿の横川駅までは約4kmある。途中左手に公衆トイレがある。❾のめがね橋に下りた場合、「アプトの道遊歩道」として整備された約5kmの線路跡をたどって、横川駅に向かうことができる。時間に余裕があれば碓氷関所跡（写真）にも立ち寄りたい。

コースタイム（合計 4時間50分）

JR軽井沢駅➡〈1:30〉熊野神社➡〈1:00〉山中茶屋跡➡〈0:20〉栗ケ原➡〈0:30〉刎石山➡〈1:00〉坂本宿➡〈0:30〉JR横川駅
（めがね橋を経由する場合）栗ケ原➡〈0:50〉めがね橋➡〈0:30〉碓氷峠トロッコ列車峠の湯駅➡〈0:40〉鉄道文化むら駅➡〈0:05〉JR横川駅

問い合わせ

●安中市観光機構
　☎ 027-329-6203
●碓氷峠鉄道文化むら
　☎ 027-380-4163
●日帰り温泉
　峠の湯 ☎ 027-380-4000
　（碓氷峠の森公園交流館）

めがね橋

矢ヶ崎山 碓氷峠からの往復コース
やがさきやま

難易度 **A**
体力度 **1**

適期	1	2	3	**4**	**5**	**6**	**7**	**8**	**9**	**10**	**11**	12

スタート地点	最高地点	終了地点	ルート長	累積登り標高差	累積下り標高差
碓氷峠（軽井沢駅941m）960m	矢ヶ崎山 1184m	碓氷峠（軽井沢駅941m）960m	2.6km	220m（240m）	220m（240m）

2万5千分の1地形図　軽井沢

アプローチ

●**車**：旧国道18号碓氷峠の群馬・長野県境ゲートの群馬側に登山口がある。碓氷峠修路碑（昭和8年建立）横の路肩に2、3台分の駐車スペースがある。

●**公共交通機関**：JR信越本線横川駅とJR北陸新幹線・しなの鉄道軽井沢駅間をJRバスが1日数往復しているが、季節運行などがあるので問い合わせが必要。軽井沢駅から登山口までは約1.5km（20分ほど）、駅から歩いて往復するのもよい。

＊バス（ジェイアールバス関東小諸支店）☎ 0267-22-0588

コースガイド

　矢ヶ崎山は軽井沢周辺のハイキングコースとして、あまり紹介されていない静かな山であるが、山頂からの景色は素晴らしい。浅間山を背景とした軽井沢の街並み、その右（東）に続く鼻曲山や留夫山、遠く榛名や赤城、そして裏妙義から高岩へと続く岩峰群など一望の下である。軽井沢駅から歩いて往復しても2時間余のコースであり、ハイキングの後、町の散策、ショッピング、食事などと合わせ1日楽しむことをお勧めする。山の北西面はスキー場になっている。冬季リフトを利用すれば、簡単に山頂付近まで登ることができる。

　❶軽井沢駅南口に出て、線路に沿う道路を東に歩く。旧国道18号と合流すれば、すぐ碓氷峠に出る。❷登山口は県境ゲートの群馬県側にある。❸2、3分上ると小さく平らなピークに出る。ここで右（南西）の尾根に下りる。進行方向の尾根にも踏み跡があるので注意。❹から❺にかけて小ピークをいくつか越える。時々右（西）側が開けた草地に出て踏み跡がある。これはスキーゲレンデ端の作業道で、登山道はそのまま尾根を直進すればよい。❺右（西）に水道施設を見て下ると、すぐY字路の鞍部に出る。わずかの間だが樹木がなくススキや草で足元が見にくい。左

浅間・白根

矢ヶ崎山のツツジ

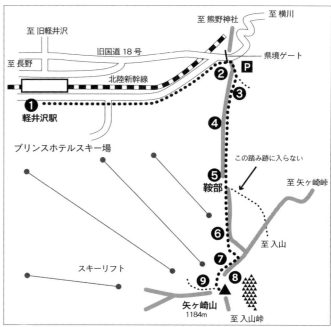

の踏み跡は入山へ向かう道なので直進（右方向）し、草を分けて上る。すぐ開けたゲレンデに出て、左（東）の雑木林との境に踏み跡が続いている。❻で雑木林に入ると、また踏み跡が薄くなるが見失うことはないだろう。❼斜面に沿うように上ると小さな岩場があり、右（西）に巻くと矢ヶ崎峠からの稜線に出る。❽右から巻くように上ると山頂の西肩に出て、わずか東が矢ヶ崎山頂である。上って来た西以外は展望がよい。狭い山頂だがゆっくりと展望を楽しもう。❾山頂から西に向かうと無線中継施設を経て、スキーゲレンデに出る。駅近くに下りられるが滑降コースが幾重にも分岐し案内も乏しいので分かりにくい。

＊登りで、❸からは直進せず右（西）に降りる。鞍部❺は直進（右）する。この2カ所の分岐に注意。

コースタイム（合計 軽井沢駅から2時間10分）

（軽井沢駅➡〈0:20〉碓氷峠）碓氷峠 ⇄ 0:30/0:25 矢ヶ崎峠分岐 ⇄ 0:20/0:15 矢ヶ崎山

問い合わせ

● 軽井沢町観光経済課
 ☎ 0267-45-8579
● 安中市観光課 ☎ 027-382-1111
● 温泉・宿泊
 軽井沢プリンスホテル ☎ 0267-42-1111

矢ヶ崎山山頂

浅間隠山 あさまかくしやま
二度上峠東から山頂往復コース

適期 | 1 | 2 | 3 | **4** | **5** | 6 | **7** | **8** | **9** | **10** | **11** | 12 |

難易度 A　**体力度 2**

スタート地点	最高地点	終了地点	ルート長	累積登り標高差	累積下り標高差
二度上峠東 1kmの登山口　1335m	浅間隠山山頂 1757m	二度上峠東 1kmの登山口　1335m	4.9km	434 m	434 m

2万5千分の1地形図　浅間隠山

アプローチ

●**車**：国道 406 号高崎市倉渕町権田信号から県道 54 号 19km で二度上峠東 1km の登山口。登山口の峠寄りに駐車場と簡易トイレあり。登山口付近は路側駐車となるので要注意。
●**公共交通機関**：公共交通機関の利用は不便。

コースガイド

　日本二百名山、ぐんま百名山に選定されている浅間隠山（矢筈山 やはずやま）は、浅間山東方にある円錐形の美しい山で、山頂部は矢筈山の別名の通り、2つの峰に分かれている。このコースでは、1 時間半から 2 時間程度で眺望の素晴らしい山頂に達することができる。登山道も特に危険な箇所はなく、年配者や子どもも含め、多くの登山者を集めている。北東山麓には鳩の湯・薬師温泉の浅間隠温泉郷がある。西を望むと広大な高原の向こうに浅間山がそびえ、遠く四阿山、草津白根山方面も望める。浅間隠山の名前は、中之条町や東吾妻町方面など、この山の東側からは、浅間山が隠れて見えないことから付けられたとされている。また、山容が矢の尾部のV字形に似ていることから矢筈山、あるいはこの山のある地名から川浦富士とも呼ばれる。

　❶の登山口は二度上峠手前 1km、道路が大きくカーブしているところ。「浅間隠登山口」の標識が立っている。登山道は沢沿いの急坂を上っていく。な

浅間隠山

お、駐車は登山口付近にも可能だが、登山口から二度上峠に向かって 100 mほど行った地点にも駐車スペースと簡易トイレがあるのでそちらをを利用しよう。❷はカラマツ林の中を沢沿いに上っていき、尾根に突き上げたところで、左に折れると緩やかにな

る。❸の分岐は、道標に従い右へ行く。❹の南峰は山頂手前のピークで、右に見ながら上る。ツツジやナラなどの落葉樹林の急登を過ぎ山頂付近が見えてくればもう一息だ。ササ原の尾根道を登り上げると❺の山頂で、三角点と小さな石のお宮がある。大きな浅間山を正面に望むここからの展望は素晴らしい。山頂から往路を戻る。なお、下山コー

スを北にとると東吾妻町の浅間隠温泉郷に下りる。「浅間隠山（浅間隠温泉郷コース）」参照。

＊南峰からわらび平キャンプ場への踏み跡があるが、一般向きでないため、立ち入らないこと。

コースタイム（合計 2時間50分）

二度上コース登山口 ⇄(0:30/0:20) 尾根 ⇄(1:10/0:50) 浅間隠山

問い合わせ

- ●高崎市倉渕支所
  ☎ 027-378-3111
- ●東吾妻町観光協会
  ☎ 0279-70-2110

浅間隠山頂

浅間隠山 浅間隠温泉郷コース
あさまかくしやま

難易度 **A**　体力度 **3**

| 適期 | 1 | 2 | 3 | 4 | **5** | **6** | **7** | **8** | **9** | **10** | **11** | 12 |

スタート地点	最高地点	終了地点	ルート長	累積登り標高差	累積下り標高差
湯川林道終点 970m	浅間隠山 1757m	湯川林道終点 970m	6.1km	780 m	780 m

2万5千分の1地形図　浅間隠山

アプローチ

●**車**：国道406号浅間隠温泉郷入口（清水バス亭）から登山口まで約5km。温泉郷入口には浅間隠山の案内がある。入口から約2km地点の矢城橋先にゲートあり（ポールを開閉して通過する）。この先未舗装林道を約3kmで登山口。10台程駐車可(無料)。矢城橋ゲートは冬季（12月〜4月上旬）閉鎖される。ゲート前は路肩駐車。

●**公共交通機関**：JR吾妻線中之条駅から温泉郷入口まで関越交通のバス便があるが、途中乗り換えが必要で本数も少なく利用は不便。利用に際しては関越交通に問い合わせを。

　＊バス（関越交通吾妻営業所）☎ 0279-75-3811

コースガイド

　山麓の浅間隠温泉郷には湯川、鳩の湯、薬師の湯の3つの温泉があり、江戸中期から続く野趣豊かな温泉であったが最近、1つの湯が閉館した。浅間隠山へは二度上峠からのコースが距離も短く展望もよいので、登山者の多くが二度上峠から登る。一方この浅間隠温泉郷コースは距離が長く、アプローチが少し不便なこともあり、入山者は少ない。しかし、5月中旬の鮮やかなアズマシャクナゲ、下山時の温泉など二度上峠コースにない楽しみも多い。新緑、紅葉の時季も素晴らしい。標高差750mの登降があるので、しっかりした準備をして臨もう。

　❶登山口にはクサリのゲートと案内図がある。河原に下りて渡渉し対岸の林道を12、3分行くと、林道から右に下り丸木橋を渡る。その後数回渡渉するが、細い枝沢で靴を濡らすことはないだろう。❷で沢から離れ、しばらく広い斜面を緩やかに上る。この辺り、地形図では湯川沿いに破線の道が書かれているが、現在はその北側の尾根に道が付いていて、1230m付近で旧道と合流する。

シャクナゲ尾根から山頂

❸いったん平坦になると中間地点の標識がある。その後も稜線に出たり岩場を回り込んだりを繰り返し高度を上げていく。❹短い岩稜があり、両側の灌木や草で高度感はほとんどないが慎重に歩きたい。❺この上がシャクナゲ尾根と呼ばれ、シーズンには見事な花が楽しめる。❻で傾斜が緩み山腹を行くと雑木のコルに出る。雑木の中を小さなつづら折りで高度を上げて行くと頂上に出

る。❼360度の展望台で、まず目に付くのは西に大きい浅間山だろう。その左横には八ヶ岳、目を転ずれば赤城、榛名など上州の山々。運がよければ富士山も見える。山頂からの景色を十分楽しもう。6月下旬には、山頂付近のレンゲツツジが素晴らしい。

＊コース中に飛び石で渡る渡渉が数回ある。増水時は注意。稜線（コル）に出る前、短いが岩稜がある。

コースタイム （合計 4 時間 20 分／ゲートから 6 時間）

登山口 ⇄ 中間地点標識 ⇄ コル ⇄ 浅間隠山
(1:00/0:50)　(0:55/0:50)　(0:25/0:20)

＊林道ゲート前 - 登山口 （往復 1 時間 40 分）

問い合わせ

●東吾妻町まちづくり推進課
　☎ 0279-68-2111
●温泉・宿泊（浅間隠温泉郷）
　薬師温泉旅籠 ☎ 0279-69-2422
　＊宿泊者は中之条駅まで無料送迎
　鳩の湯温泉三鳩楼 ☎ 0279-69-2421

シャクナゲ

高倉山
たかくらやま

わらび平森林公園からの往復コース

難易度 **A**　体力度 **1**

| 適期 | 1 | 2 | 3 | 4 | 5 | 6 | 7 | 8 | 9 | 10 | 11 | 12 |

スタート地点	最高地点	終了地点	ルート長	累積登り標高差	累積下り標高差
わらび平キャンプ場 1130 m	高倉山 1320 m	わらび平キャンプ場 1130 m	1.8km（往復） 2.0km（一周）	240 m	240 m

2万5千分の1地形図　浅間隠山

アプローチ

●**車**：高崎市街地から国道406号を行き高崎市倉渕町権田信号を左（西）に折れ県道54号に入る。しばらく走り一倉橋を渡ると、すぐキャンプ場への案内がある。はまゆう山荘との間を右（西）に入る。上部は狭く、少し急坂だが舗装された車道がわらび平森林公園キャンプ場まで続く。県道から約3.3km。駐車は無料だが管理人に挨拶して行こう。

●**公共交通機関**：群馬バスの高崎―室田、乗り継いで室田―権田便が日に数便ある。さらに権田とはまゆう山荘間の便がある。季節運行で本数も少ないので問い合わせが必要。

＊バス（群馬バス榛名営業所）☎ 027-374-0711

コースガイド

　高倉山は地形図に山名が記載されてないため、あまり知られていない。浅間隠山の東南東約2.1km（直線）に位置する1320m峰で、南東面中腹にわらび平森林公園キャンプ場、山麓には倉渕川浦温泉はまゆう山荘がある。キャンプ場にはバンガロー、釣り堀、シャワー設備などが整い、シーズン中は家族連れのキャンパーでにぎわう。はまゆう山荘は宿泊、温泉が楽しめる。高倉山へはキャンプ場から一周する登山道が整備されているが、一周コースは、山頂から西への下山道の一部が不明瞭なので山頂往復をお勧めする。一周する場合はキャンプ場かはまゆう山荘で状況を確認してほしい。

❶キャンプ場管理棟の先に広い駐車スペースがある。高倉山を背にバンガローが並ぶ。登山道は、そのまま北に向かう。すぐ山頂まで0.7kmの案内がある。❷急斜面を無理なくつづら折りで上って行く。❸の尾根に出る直前は少し急だが、距離は短い。小さな峠状の尾根に出ると北に竜ヶ倉が大きく、右肩に笹埣山が顔を出している。❹山頂から北東に延びる尾根に向かう道

高倉山頂から浅間隠山

は背の低いササの間に階段が続き、このコースの一番苦しいところだ。❺主稜線に出ると傾斜は緩み、穏やかに上って行く。❻山頂は広く北側の一部以外は展望がよい。西に浅間隠山がきれいな双耳峰の形に見え、その左に浅間山、さらに鼻曲山への稜線が続く。南には角落山と剣の峰が顕著だ。❼西の鞍部までは階段がある。鞍部から下り始めると、踏み跡が一部不明瞭になるので注意。❽作業道に下り立つので、そのまま東に向かえばキャンプ場に戻れる。

＊一周コースで山頂から西に下りて鞍部を下ると、一部登山道が不明瞭になるので注意。
＊適期は4月〜11月、キャンプ場は冬季閉鎖されるので注意。その間は、はまゆう山荘が窓口になる。

コースタイム（山頂往復：1時間10分／(一周)1時間20分 休憩含まず）

キャンプ場 ⇄(0:20/0:15) 尾根 ⇄(0:20/0:15) 高倉山

＊一周コース（高倉山➡〈0:05〉鞍部➡〈0:25〉作業道口➡〈0:10〉キャンプ場）

問い合わせ

●高崎市倉渕支所
　☎ 027-378-3111
●わらび平森林公園キャンプ場
　☎ 027-378-3761
　（冬季閉鎖中は、はまゆう山荘）
●温泉・宿泊（倉渕川浦温泉）
　はまゆう山荘 ☎ 027-378-2333
　＊日帰り入浴可
　＊宿泊者は高崎駅まで送迎あり

山頂への案内標識

芳ケ平
よしがだいら
草津天狗山ゲレンデから芳ケ平・渋峠コース

適期	1	2	3	4	5	6	7	8	9	10	11	12

難易度 **A**　体力度 **3**

スタート地点	最高地点	終了地点	ルート長	累積登り標高差	累積下り標高差
草津温泉・天狗山スキー場 1250m	渋峠 2152m	渋峠 2152m	16.5km	902 m	902 m

2万5千分の1地形図　上野草津

アプローチ
登山口は天狗山ゲレンデ駐車場から舗装道路を草津高原ゴルフ場方面へ向かい、谷沢川の橋を渡ってすぐ左。草津白根山の火山情報に注意を。県境稜線トレイルのアプローチとしては時間・距離的に不向きか。

●**車**：関越道渋川伊香保ICから長野原を経由して約60km。上信越道碓氷軽井沢ICから中軽井沢を経由して55km。いずれも草津町に入ったらホテル櫻井前の丁字路信号を左折し、草津温泉スキー場天狗山ゲレンデ方面へ。

●**公共交通機関**：JR吾妻線長野原草津口下車。JRバスで草津温泉バスターミナルへ。

　＊バス（ジェイアールバス関東長野原支店）☎ 0269-82-2028
　＊タクシー（浅白観光自動車草津営業所）☎ 0269-88-2276

コースガイド
　混交樹林帯のゆったりとした登りから始まり、火山性の岩で難渋するガレ場、ラムサール条約に登録される芳ケ平湿原の木道など、変化に富んだハイクが楽しめる。季節、天候を選び、芳ケ平までのコースなら、家族でも十分に堪能できる。横笹で大平湿原－チャツボミゴケ公園方面へ道が分かれる。大平湿原へは約15分の道のり。チャツボミゴケ公園からのアプローチも可能だが、同公園の駐車場開閉時間に注意を。下山後は天下の名湯「草津温泉」に湯量豊富な日帰り温泉施設が待っている。

　登山口の駐車スペースは1～2台か数台まで。天狗山ゲレンデの駐車場❶に車を置き、舗装道路を草津高原ゴルフ場方向に向かう。谷沢川の橋を渡ってすぐ左が登山口❷となる。混交樹林帯の広くゆったりとした登山道を行くと左右の切れ落ちた蟻の塔渡りへ。なだらかな道は❸の横笹まで続く。横笹の手前の大周り付近が芳ケ平までの中間点となる。横笹では大平湿原・チャツボミゴケ公園への道が分かれる。横笹からしばらくすると、火山性の岩が目立ちはじめ、道幅は狭くなるが、整備は行き届いている。横笹からは草津白根山の白煙を眺めな

草津白根山を望む

浅間・白根

がら、ゆったりと歩いて1時間弱で標高1832mの芳ヶ平ヒュッテに着く。食事や飲み物も提供する通年営業のヒュッテだ。ヒュッテから野営場方面の道を約20分上ると東西に展望が一気に開ける。一見の価値あり。これから先、古い地図では大平湿原への道があるが、踏み跡が不確かでお薦めできない。ヒュッテから北へ約5分

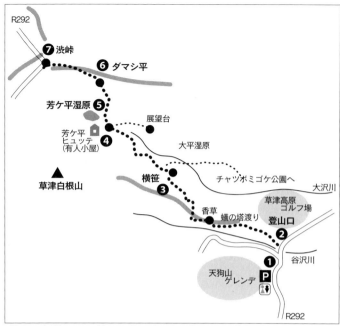

で❺の芳ヶ平湿原へ着く。木道で一周約20分。初夏の花、秋の草紅葉は目を楽しませる。湿原から渋峠方面へ。木道・木階段の道をたどると、約40分でササ原が広がる❻のダマシ平に着く。その後、岩の多い道の一踏ん張りで、渋峠の駐車場❼に飛び出す。群馬県側・山田峠辺りまでがぐんま県境稜線トレイルの区間。群馬県側に国道292号を数百m戻ると、日本国道最高地点の石碑（2172m）。芳ヶ平が眼下に広がる。

＊登山道、道標などよく整備されている。蟻の塔渡り付近は左右が切れ落ちた狭い登山道となり、崩壊の危険性あり。
＊雪解け後から降雪前まで。春は目に染みる新緑、秋は紅葉と落ち葉の敷物の上を歩く。
＊活動活発な草津白根山の東〜北麓を歩く。火山情報にはくれぐれも注意を。

コースタイム（合計 7時間55分）

登山口 ⇄ 香草 ⇄ 横笹 ⇄ 芳ヶ平ヒュッテ ⇄ 芳ヶ平湿原 ⇄ ダマシ平 ⇄ 渋峠
　　0:45　　1:00　　1:00　　　　0:05　　　　0:40　　　0:50
　　0:40　　0:50　　0:50　　　　0:05　　　　0:30　　　0:40

問い合わせ

● 草津町観光課 ☎ 0279-88-7188
● 芳ヶ平ヒュッテ ☎ 090-4060-6855
　（衛星電話、問い合わせは日中に）
● 温泉・宿泊
　草津温泉観光協会 ☎ 0279-88-0800
　草津温泉旅館協同組合 ☎ 0279-88-3722

国道最高点の碑

八間山 （はちけんざん） 野反峠コース（山頂往復または池ノ峠へ）

難易度 **A**　体力度 **2**

適期	1	2	3	4	5	6	7	8	9	10	11	12
					●	●	●	●	●	●		

スタート地点	最高地点	終了地点	ルート長	累積登り標高差	累積下り標高差
野反峠（富士見峠）1561m	八間山 1934m	野反峠（富士見峠）1561m	3.9km	385 m	385 m

2万5千分の1地形図：野反湖

アプローチ

積雪季規制あり。
●**車**：長野原町から国道405号（旧津南・秋山・長野原線）30km。登山口の野反峠に駐車可能。
●**公共交通機関**：JR吾妻線長野原草津口駅から野反湖行きバス1時間25分、野反峠下車（運転期間に注意、夏期のみ）。ただし、便数は少ないので注意。
　＊バス（ローズクィーン交通六合営業所）☎ 0279-95-5512

コースガイド

　ぐんま百名山に選定されている八間山は、白砂山の南西にあり、その西麓は野反湖となる。野反峠から見下ろす野反湖が刻々と色合いを変えていく様子は素晴らしい。初夏から初秋にかけての湖岸は、レンゲツツジ、ノゾリキスゲ（ニッコウキスゲ）など300種類以上の高山植物に彩られる。八間山に続く草原は周囲をさえぎる樹木がなく、山頂からの展望も圧巻である。帰路に麓の花敷や尻焼温泉の露天風呂で山歩きの汗を流すのもよい思い出となる。野反峠は富士見峠とも呼ばれている。快晴の日などは遠く富士山を望める。

❶野反峠のバス停前から八間山への登山道が始まる。❷の小ピークまでは急登が続くが、左右とも見晴しのよい道で、特に南面の展望が開ける。❸のコルへは20mほど下る。❹尾根に出ると、八間山まではすぐである。❺山頂では白砂山、白根山や浅間山、そして条件がよければ富士山を望むことができる。山頂から

八間山

浅間・白根

堂岩山を経て白砂山へ向かうコースは家族ハイキング向きではない。山頂からダムサイトへ下るには、白砂山へ続く稜線の道に入ってすぐに左に入り、樹林の急な道を下り、❻の池ノ峠の車道に出る。マイカー利用の場合は、❶の野反峠から山頂の往復がよい。ダムサイト側に下る場合、池ノ峠から❶の野反峠まで55分ほどの湖畔または車道歩きをしなければならない。

＊残雪期、ところどころ雪渓が残っていて道迷いしやすいので注意が必要。

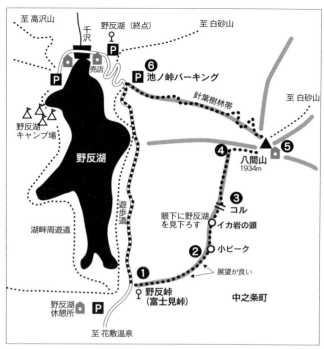

コースタイム（合計2時間30分／八間山往復 3時間25分／池ノ峠周回）

野反峠 ⇄(1:30/1:00) 八間山

野反峠➡〈1:30〉八間山➡〈1:00〉池ノ峠➡〈0:55〉野反峠

問い合わせ

- ●中之条町六合支所
  ☎ 0279-95-3111
- ●中之条町観光協会
  ☎ 0279-75-8814
- ●町営ロッジ・バンガロー
  （野反湖畔、問い合わせは野反湖キャンプ場有限責任事業組合 090-5201-4782）
- ●温泉・宿泊（花敷温泉）
  花敷の湯
  ☎ 0279-95-5307

クルマユリ

三壁山・エビ山 野反湖から3山周回コース

適期	1	2	3	4	5	6	7	8	9	10	11	12

難易度 **A**　体力度 **2**

スタート地点	最高点	終了地点	ルート長	累積登り標高差	累積下り標高差
野反湖ロッジ 1526m	三壁山 1974m	野反湖ロッジ 1526m	7.2km	520 m	520 m

2万5千分の1地形図　野反湖

アプローチ

積雪季規制あり。
●車：長野原町から国道405号30km。キャンプ場下、ダム手前などに駐車可能（無料）。
●公共交通機関：JR吾妻線長野原草津口駅から野反湖行バス約1時間20分、終点下車。運行期間注意。
　＊バス（ローズクィーン交通六合営業所）☎ 0279-95-5512

コースガイド

　標高1500mの山上にある野反湖はもともとあった池と湿原をせき止めてできた人造湖で、湖岸にはニッコウキスゲなどの高山植物の宝庫としても人気がある。その西岸に連なる標高2000m近い尾根をたどり、3つのピークを越えるこのコースは手ごろなミニ縦走コース。ほとんどの区間が樹林帯だが、エビ山頂上など見晴らしのよい草原からは眼下に野反湖を見下ろすことができる。高沢山までは「ぐんま県境稜線トレイル」を歩くことになる。また、高沢山から県境稜線を西へ少し下った鞍部にはカモシカ平と呼ばれるササの斜面が広がっている。

　❶キャンプ場下の駐車場から歩き始める。しばらくはバンガロー村の中を上っていくので道が分かりにくく、指導標に注意したい。キャンプ場の右寄りを上っていくと登山道に入る。あまりはっきりとしない樹林の尾根でササが深いところもあるが、道はしっかりしている。途中少し急なところもあるが、全体的には穏やかな上りが続く。❷の尾根上まで上ると標高も1900mを越え、振り返ると野反湖が輝いている。この辺りから道は南へ向きを変え、三壁山は近い。❸三壁山はこのコース中の最高点だが、樹林に覆われた平凡な頂。ここから高沢山へは下り基調の尾根道で、途中右手にカモシカ平が見下ろせるポイントがある。❹高沢山手前で右にカモシカ平への道を

カモシカ平（手前）と横手山、草津白根山方面を遠望

分ける。この道は「ぐんま県境稜線トレイル」でカモシカ平を経て、上信国境稜線を大高山、赤石山、横手山へと続いている。カモシカ平は緑のササに覆われ、高沢の源頭に独特の景観が広がる。分岐から往復1時間ほどなので時間に余裕があれば足を延ばしてみたい。一部ササの深いところがある。カモシカ平への分岐から高沢山へは

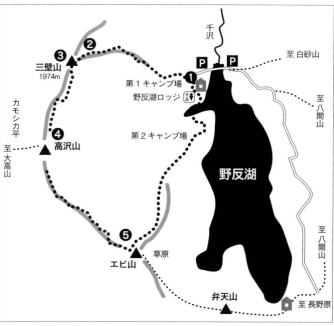

わずかな上り。山頂からエビ山へは樹林の尾根を下り気味に進む。❺エビ山山頂は展望のよい草地で、正面の弁天山方面への道を分け、左手の尾根を下る。急な下りではないが、足元の木の根や滑りやすい土に注意。

＊ササの深いところで道を外したら、はっきりとした場所まで戻ること。
＊残雪の消える6月から降雪期を迎える10月までが適期。

コースタイム（合計 4時間）

野反湖キャンプ場➡〈1:10〉三壁山➡〈0:40〉高沢山➡〈1:10〉エビ山➡〈1:00〉野反湖キャンプ場

問い合わせ

- ●中之条町六合支所
  ☎ 0279-95-3111
- ●中之条町観光協会
  ☎ 0279-75-8814
- ●町営ロッジ・バンガロー
  （野反湖畔、問い合わせは野反湖キャンプ場有限責任事業組合 090-5201-4782）
- ●温泉・宿泊（花敷温泉）
  花敷の湯
  ☎ 0279-95-5307

エビ山付近から野反湖を見下ろす

白砂山 しらすなやま
野反湖から山頂往復コース

難易度 B　**体力度 3**

| 適期 | 1 | 2 | 3 | 4 | 5 | 6 | 7 | 8 | 9 | 10 | 11 | 12 |

スタート地点	最高地点	終了地点	ルート長	累積登り標高差	累積下り標高差
野反湖 1516m	白砂山 2140m	野反湖 1516m	12.2km	1091 m	1091 m

2万5千分の1地形図　：　野反湖

アプローチ

積雪季規制あり。
●車：長野原町から国道405号30km。野反湖バス停付近に駐車場。
●公共交通機関：JR吾妻線長野原草津口駅から野反湖行きバス1時間20分、終点の野反湖バス停下車（運転期間に注意、夏期のみ）。
＊バス（ローズクィーン交通六合営業所）☎0279-95-5512

コースガイド

　日本二百、信州百およびぐんま百名山に選定されている白砂山は、群馬、長野、新潟の3県にまたがる上信越国境山脈の主要なピークの一つである。山頂部は東峰、中峰、西峰の3峰からなっていて、三角点は西峰に置かれている。3県の県境は山頂から東に150mほどの稜線上で、ここから新潟・群馬県境の稜線と、佐武流山を経て苗場山に至る長野・新潟県境の稜線が分かれる。このコースはぐんま稜線トレイルに含まれ、深々とした森やササ原の稜線などとともに眺望が素晴らしい。苗場山、佐武流山、岩菅山など眼前の上信越の山並みから白根山、横手山、赤城山、榛名山、浅間山、谷川連峰、そして快晴に恵まれれば富士山まで望める。

　❶登山口は、野反湖バス停・野反湖駐車場の奥にある。❷のハンノ木沢は、水場として利用可能。登山道は沢を渡り、しばらく行くと二俣となるが、道標に従い右へ進む。❸の地蔵峠は、峠という感じはなく、秋山郷への道を左に分けるだけの枝尾根の中腹で、大きな道標がある。❸から❹の間は、深々とした樹林が

堂岩山からの白砂山

続き、時々野反湖や岩菅山が見える。やがて尾根道から小沢の道となり、急な坂道を上り詰めると❹の堂岩山山頂である。尾根道の途中に水場の標識があり、2～3分ほど下ると沢がある。堂岩山からは白砂山の見事な山容が間近に望める。❺の付近はハイマツとコザサの稜線を快適に進む。2つほ

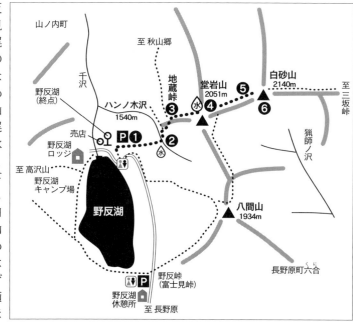

ど小さなピークを越えると、いよいよ最後の急登となり、今度こそ頂上と思わせるところを、さらに2つ3つ越えて頂上にたどりつく。❻の白砂山山頂は「白砂山」の標識と三等三角点があるだけだが、ここから360度の展望は素晴らしい。

コースタイム（合計 8時間10分）

野反湖 ⇄ 地蔵峠 ⇄ 堂岩山 ⇄ 白砂山
（1:00 / 0:50）（2:00 / 1:30）（1:30 / 1:20）

問い合わせ

- 中之条町六合支所 ☎ 0279-95-3111
- 中之条町観光協会 ☎ 0279-75-8814
- 町営ロッジ・バンガロー
  （野反湖畔、問い合わせは野反湖キャンプ場有限責任事業組合 090-5201-4782）
- 温泉・宿泊（花敷温泉）
  花敷の湯 ☎ 0279-95-5307

白砂山頂

白砂山 <small>しらすなやま</small> 三坂峠から白砂山往復コース

難易度 B　体力度 6

適期	1	2	3	4	5	**6**	**7**	**8**	**9**	**10**	11	12

スタート地点	最高地点	終了地点	ルート長	累積登り標高差	累積下り標高差
旧三国スキー場 1160m	白砂山 2140m	旧三国スキー場 1160m	25.8km	1980 m	1980 m

2万5千分の1地形図　三国峠・佐武流・野反湖

アプローチ

●**車**：関越道越後湯沢ICから34.4km、同月夜野ICから35.9km。国道17号浅貝信号を旧三国スキー場方面へ入る。

●**公共交通機関**：南越後観光バス、JR上越新幹線湯沢駅ー浅貝ー西武クリスタル線で西武ヴィラか下浅貝下車。

＊バス（南越後観光バス湯沢車庫）☎ 025-784-3321

コースガイド

　三坂峠から県境沿いに白砂山までの登山道は「ぐんま県境稜線トレイル」コースとして2018年8月11日の「山の日」に開通した。2019年にはムジナ平に避難小屋が完成した。距離が長いので1日での往復は難しい。

　❶旧三国スキー場から沢沿いに三坂峠まで登る。登り始めにはちょうどよい傾斜だ。沢の右岸に移る所からつづら折りの上りとなり、三坂峠❷に着く。左に行くと稲包山から三国峠に出る。ここを右に曲がり、新登山道を登る。樹林帯の中を小さなピークを越えながら上って行く。ピーク1766mの急登を過ぎてしばらく行くと、樹林帯がなくなり笹原となり眺めがよくなる。セバトの頭少し手前から再び樹林帯に入る。下ったところがムジナ平❸だ。水場があるが、雨が少ないと枯れることがあるので注意が必要。ほぼ平らなムジナ平を過ぎると樹林帯がなくなり、上の倉山への上りとなる。登りの手前に避難小屋ができた。急な斜面を上りながら振り返ると、今までたどってきたルートが一望でき

上の倉山

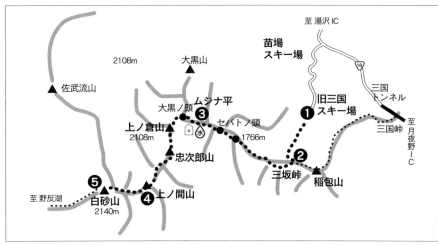

る。行く手左にはこれから登る忠次郎山がそびえる。大黒の頭を過ぎて少し行くと上ノ倉山（2108m）に到着する。これから、眺めが悪い忠次郎山（2084m）、眺めがよい上ノ間山（2034m）❹などの山を大きなアップダウンを繰り返しながらササ原を歩き、❺の白砂山へ至る。

＊エスケープルートがないので荒天時、事故対策は早めの判断が必要。
＊出発から白砂山まで携帯電話は通じない。

コースタイム（合計 16 時間 40 分）

旧三国スキー場 ⇄ 三坂峠 ⇄ ピーク1766 ⇄ セバトノ頭 ⇄ ムジナ平 ⇄ 上ノ倉山
　　　　　　1:20/1:50　　2:10/1:40　　　　0:40/0:35　　0:20/0:20　　0:50/0:35

⇄ 忠次郎山 ⇄ 上ノ間山 ⇄ 白砂山
0:40/0:45　　1:10/1:20　　1:15/1:05

問い合わせ

- 中之条町六合支所 ☎ 0279-95-3111
- 中之条町観光協会 ☎ 0279-75-8814
- 町営ロッジ・バンガロー
  （野反湖畔、問い合わせは野反湖キャンプ場有限責任事業組合 090-5201-4782）
- 温泉・宿泊（花敷温泉）
  花敷の湯 ☎ 0279-95-5307

忠次郎山

御飯岳・破風岳 毛無峠からの往復コース

おめしだけ　はふだけ

難易度 A　体力度 2

適期 | 1 | 2 | 3 | 4 | **5** | **6** | **7** | **8** | **9** | **10** | 11 | 12

スタート地点	最高地点	終了地点	ルート長	累積登り標高差	累積下り標高差
毛無峠 1823m	御飯岳（2160m） 破風岳（1999m）	毛無峠 1823m	6.4km	625m	625m

2万5千分の1地形図　御飯岳

アプローチ

●**車**：嬬恋村のJR吾妻線万座・鹿沢口駅東から浅間白根火山ルート（万座ハイウェー）で万座温泉へ。万座温泉から万座道路を西へ7km走り、須坂方面と分かれて南へ須坂大前線3.7kmで舗装道路の終点が毛無峠。数台の駐車スペースがある。

●**公共交通機関**：JR吾妻線万座・鹿沢口駅から万座プリンステルまで西武高原バスがあるが、登山口まで車道歩きが長く不向き。タクシー利用はかなり高額となる。

コースガイド

　信州百名山、ぐんま百名山に選定されている御飯岳は、万座温泉の奥にある。四阿山、浦倉山から北へ続く県境稜線上に黒木とササに包まれた巨鯨のような山体を横たえている。南北に延びる主稜線が長野・群馬県境であり、毛無峠から毛無山を経て県境をなぞって往復することになる。なお、山頂から北側の稜線はササが茂り、無雪期の歩行は困難である。ぐんま県境稜線トレイルは、御飯岳西中腹の上信スカイライン（県道112号）を経由するルートとなっている。破風岳は毛無峠の西の県境稜線上にある1999mのピーク。南へ土鍋山を経て浦倉山、四阿山へとトレイルが続いている。

　❶の毛無峠から御飯岳の前衛峰である毛無山へは、火山礫の赤茶けた斜面を急登し短時間で達する。途中、閉山となった小串硫黄鉱山の索道（リフト）のさびついた支柱の間を抜けて、荒涼とした斜面を行く。❷毛無山頂の一帯はガンコウランに覆われ、ケルンが積まれているだけで展望がよく、御飯岳は眼前に横たわっている。毛無山からの

御飯岳

浅間・白根

草付きの踏み跡は、マイヅルソウなどが多い。❸の鞍部から上り返し、10分ほどでツガの森林帯に入る。一部岩稜の狭いところを通過するが、おおむね樹林帯の広い尾根を上る。❹御飯岳山頂には三角点と山名板があり、ササが刈り払われている。西側には北アルプスが眺める。下山は往路を戻る。❶の毛無峠から見る破風岳は、北側の切り立った岩頭が印象的である。❺の破風岳山頂へは毛無山と反対方向の西に延びる上信国境稜線に沿ってジグザグ道を上る。山頂は意外に広く、北アルプスの眺望がよい。また、眼下の毛無峠で操縦するラジコングライダーがすぐそこまで舞い上がってくる。下山は往路を下る。

コースタイム（合計 4時間25分）

毛無峠 ⇄ 毛無山 ⇄ 御飯岳 (0:20/0:15, 1:40/1:15)

毛無峠 ⇄ 破風岳 (0:35/0:20)

問い合わせ

- 嬬恋村観光商工課 ☎ 0279-82-1293
- 嬬恋村観光協会 ☎ 0279-97-3721
- 万座しぜん情報館
  ☎ 0279-97-4000
- 温泉・宿泊（万座温泉）
  万座温泉観光協会 ☎ 0279-97-4000

毛無峠から破風岳

妙義山
中之嶽神社から石門、金洞山周回コース

難易度 **C**
体力度 **2**

適期	1	2	3	4	5	6	7	8	9	10	11	12
				●	●	●		●	●	●	●	

スタート地点	最高地点	終了地点	ルート長	累積登り標高差	累積下り標高差
中之嶽駐車場 714m	金洞山 1094m	中之嶽駐車場 714m	3.6km	545m	556m

2万5千分の1地形図　軽井沢

アプローチ
●車：上信越道松井田妙義ICから県道213号、妙義紅葉ライン（県道196号）経由で約20分。紅葉シーズンは道路の渋滞や駐車場満車の可能性あり。
●公共交通機関：JR信越本線松井田駅からタクシーで25分、4500円。
＊タクシー（ツバメタクシー）☎ 027-393-1181

コースガイド
　奇岩が林立する妙義山の中でも、とりわけ特異な岩のアーチ（石門）をくぐり抜けて、妙義山西部の主峰の金洞山に登るコース。ユーモラスな日本一の「だいこく様」のある中之嶽神社前から出発し、石門めぐりで戻ってきてもよいし、ワンランク上の金洞山にチャレンジしてもよい。ただし妙義山全般に共通することだが、ファミリー向けコースも含め、もろい岩稜上のルートが多く、ちょっとしたミスが大きな事故につながる可能性があることを意識して、慎重に行動してほしい。

　❶駐車場は広くて、売店もある。また、神社の売店では食事もできる。駐車場から車道を10分弱歩いたところが登山口。上り始めてすぐに、巨大な第一石門❷をくぐる。その先の第二石門❸は、上り下りともクサリ場となる。なお第一・第二石門を通らずに第四石門に直行するルートもある。❹の第四石門前は石門広場と呼ばれ、東屋やテーブル・ベンチなどもあり、ゆっくり休憩できる。第四石門横から振り返る奇岩の風景は、一日中見ていても飽きないことから「日暮しの景」と呼ばれる。第四石門の奥に見えた大砲岩方向に進むと、中間道との分岐。そこからさらに回り込み、金洞山をバックに、文字通り岩が大砲に見える場所が「天狗の評定」❺。ただし最後の上り下りは慎重に。石門広場に戻り、金洞山方向に道を10分

第四石門

ほど上ると、中之嶽神社からの尾根道と合流する❻。ここには「この先は一般登山者は自粛を」の看板があり、自信がなければここから下るほうが無難。さらに20分ほど進むと、沢状のクサリ場を経て主稜線の鞍部❼に出る。そこから東向きに稜線を進み、約15mの垂直に近いクサリ場を上り切ると金洞山❽である。頂上からは妙義の峰々はもちろん、西上州・浅間から上信越の山々まで、360度の展望が開ける。山頂から登り以上に慎重にクサリ場を下り、尾根道を真っすぐ中之嶽神社へ進めば、約50分で駐車場に戻る。時間があれば轟岩❾に寄ってもよいだろう（往復20分）。

＊要所にはクサリがあるが、慎重な行動が求められる。金洞山まで行く場合は、ロープなどの登はん具を持参して行動した方がよい。

コースタイム（合計 3時間5分）

駐車場➡〈0:20〉第一石門➡〈0:15〉第二石門➡〈0:20〉第四石門➡〈0:15〉天狗の評定➡〈0:10〉第四石門➡〈0:10〉尾根出合➡〈0:45〉金洞山➡〈0:20〉尾根出合➡〈0:25〉中之嶽神社➡〈0:05〉駐車場

問い合わせ

- ●富岡市観光交流課
  ☎ 0274-62-5439
- ●富岡市観光協会
  ☎ 0274-62-6001
- ●中之嶽神社
  ☎ 0274-82-5671
- ●日帰り温泉
  妙義ふれあいプラザ
  「もみじの湯」
  ☎ 0274-60-7600

駐車場から望む

表妙義自然探勝路 大の字から石門コース

おもてみょうぎしぜんたんしょうろ

難易度 **C**　体力度 **3**

| 適期 | 1 | 2 | 3 | **4** | **5** | **6** | 7 | 8 | **9** | **10** | **11** | 12 |

スタート地点	最高地点	終了地点	ルート長	累積登り標高差	累積下り標高差
妙義市営駐車場 435m	第4石門 852m	妙義市営駐車場 435m	9.4km	805m	813m

2万5千分の1地形図　松井田・南軽井沢

アプローチ

●**車**：上信越道松井田妙義ICを出て左折、すぐに県道213号に入り妙義方面へ、約5分で妙義神社に着く。妙義市営駐車場はすぐ先「道の駅みょうぎ（物産センター）」の道を挟んで反対側にある。ICから約3kmで無料、トイレあり。

●**公共交通機関**：JR信越線松井田駅からタクシーを利用する。妙義神社まで約10分。
＊タクシー（ツバメタクシー）☎ 027-393-1181

コースガイド

　表妙義三山は金鶏山・金洞山・白雲山である。その白雲山の中腹に大の字が浮かんで見える。この大の字のいわれについては、「中山道を通る旅人の目印」「山のご神体」などの説がある。登山道は上級向きの山頂縦走路と、「関東ふれあいの道」となっている一般向きの自然探勝路（以下、中間道）がある。中間道は妙義神社から妙義三山の中腹をほぼ水平に進み第四石門へと向かうハイキングコースであり、春の新緑と秋の紅葉時には多くの登山者が訪れる。大の字からは関東平野が足元に大きく眺められ、第1・第2見晴からは妙義三山、相馬岳、天狗岩などが一望でき、眺望は素晴らしい。

　❶妙義神社参道入口から大鳥居をくぐり石段を上る切ると、❷の妙義神社御本社に着く。本社右手に「大の字・白雲山頂コース（上級者コース）入口」の標識がある。ここから登山道となる。白ペンキの矢印や標識に従い、急な岩の多い道を慎重に登る。上部の急坂にはクサリがある。1時間ほどで❸の大の字に着く。見晴らしは関東平野が一望でき、一汗かいた後の休憩地としたい。ここからさらに上部へ進む。石祠跡を通過し辻の三差路に着く。左へ下って少し進むと、クサリのトラバースとなる。慎重に通過すると支尾根上の見晴台に着く。この辺りから振り返ると、大の字がよく見える。急坂を下り二本杉茶屋跡を過ぎ右折、支尾根斜面を下ると中間道の❹第1見晴へ着く。南方の眼前に金鶏山がよく見える。左折すれば、約15分で妙義神社へ戻る。ここは右折して中間道を進む。水平な道を少し進むと右手に「大黒の滝」が現れる。しばらく進むと第2見晴に着く。ここも景色がよく、筆頭岩、金洞山、相馬岳などが見られるが、

白雲山中腹にある大の字

足元が岩場なので注意する。ここから、右へ高巻きをして鉄階段を下り中間道へ、先へ進むと自然石の「本読みの僧」❺がある。ここは自然探勝路の中間点である。雑木林の中をしばらく歩くと東屋があり、金鶏橋への下山道との分岐である。この下山道は荒れていて一般道ではない。右へ水平道を進む。まもなく岩稜上の長い鉄階段の上りとなり、手すりを利用し慎重に上る。この先、大きな岩天井となる道を頭に注意しながら歩く。やがて左手に奇岩・大砲岩が見えてくる。誰もが目の前の奇岩、怪石の林立する景色に驚かされる。すぐに❻第四石門に着く。石門の下は広場になっており、ベンチ・東屋があり、ゆっくりと景色を堪能したい。この先は第一から第三と石門群になっている。第二石門から❼石門登山口に下る。妙義紅葉ライン（車道）を少し進み、再び左の登山道に入り一本杉、金鶏橋経由で妙義神社参道入口へ周回する。

＊大の字への岩登りはクサリを頼りに上るが、できれば上級者の支援の下で行動したい。特に下りはロープで安全を取りたい。第二石門から第一石門へは岩場なので注意する。一般の人は第三石門の往復か、第二石門前までとする。

コースタイム（合計 6 時間 25 分）

市営駐車場 0:15/0:10 妙義神社 0:50/0:40 大の字 0:20/0:20 辻 0:25/0:35 二本杉茶屋 0:10/0:15 第 1 見晴 0:25/0:20 第 2 見晴 0:10/0:10 タルワキ沢 0:45/0:35 東屋 1:05/1:00 大砲岩 0:05/0:05 第四石門 0:25/0:40 石門登山口 …（一本杉）…（金鶏橋）…（妙義紅葉ライン）1:30/1:45 市営駐車場

問い合わせ

- ●富岡市観光交流課
  ☎ 0274-62-5439
- ●富岡市観光協会
  ☎ 0274-62-6001
- ●日帰り温泉
  妙義ふれあいプラザ「もみじの湯」
  ☎ 0274-60-7600

大砲岩

丁須岩 御岳から鍵沢コース
ちょうすいわ

| 適期 | 1 | 2 | 3 | 4 | 5 | 6 | 7 | 8 | 9 | 10 | 11 | 12 |

難易度 **D**
体力度 **3**

スタート地点	最高地点	終了地点	ルート長	累積登り標高差	累積下り標高差
麻苧の滝駐車場 352m	丁須岩 1057m	麻苧の滝駐車場 352m	7.6km	1237m	1226m

２万５千分の１地形図　南軽井沢

アプローチ

●**車**：上信越道松井田妙義ICから横川方面へ右折、国道18号、五料交差点を軽井沢方面に左折して横川駅を過ぎたら碓氷峠旧道方面に進み、左カーブの先を県道92号へ左折、続けて麻苧の滝自然公園の案内があるので、狭い脇道へ左折すると吊り橋の右手奥に駐車場がある。ICから約6km、約10分。駐車スペースは20台ほど（無料）、トイレあり。

●**公共交通機関**：JR信越本線横川駅から徒歩20分。タクシー要予約
　＊タクシー　（ツバメタクシー）☎ 027-393-1181
　　　　　　　（旭屋観光タクシー）☎ 027-393-0135

コースガイド

　裏妙義のシンボル、カナヅチの形をした丁須岩をめぐり、御岳コースから鍵沢コースを歩く。岩とクサリ場が連続する登山コースである。春の新緑と秋の紅葉時期は岩と風景が一体化し素晴らしい景観となる。丁須岩からの眺望も素晴らしく、表妙義の山並み、西上州の山々、そして浅間山と展望が広がる。御岳コースは岩場、クサリ場が多数あるので十分に注意して登ること。経験者同行が望ましい。鍵沢コースの上部は濡れて滑りやすいところや落ち葉で道が消えているところがあるので注意する。

　❶吊り橋から麻苧の滝までは散策路になっており、七福神が祭られている。滝は落差40mあり見事なものである。ここを過ぎるとクサリ場が始まる。トラバース気味にかかった3本のクサリ場を過ぎると単調な急登が続き60分ほどで❷のザンゲ岩に出る。眼下には横川駅や碓氷峠鉄道文化むらがミニュチア模型のように見える。ザンゲ岩を過ぎると平坦な尾根道になり、やがて雑木林の中に立つ石碑が産泰山だ。ここから先は岩尾根となるので気持ちを引き締めて行こう。大きな岩窟の前を通り、クサリでその上部に出ると表妙義の山々、浅間山、西大星が目の前に広がる。岩稜歩きと景色を楽しみながら進むと石祠のある北峰に着き、御岳も近い。❸御岳山頂には三等三角点があり、丁須岩が目前にそ

丁須岩

妙義・榛名

びえる。ここからが御岳コースの核心部であり、岩稜にかかった3連のクサリ、リッジ状のクサリへと続く。岩稜帯を越えると樹林帯の平坦な道が続いて間もなく丁須岩の下部となり、籠沢コースに合流する。右へトラバースして回り込み、クサリで直上、さらに右へ進むと鍵沢コースに合流して丁須岩の基部直下となる。クサリで6mほど上ると❹の丁須岩基部に着く。丁須岩まではクサリが設置されているが、一般登山者には危険なので肩の部分までとしよう。基部からも360度のパノラマが広がる。鍵沢コースの下降は長いクサリの連続となる。滑

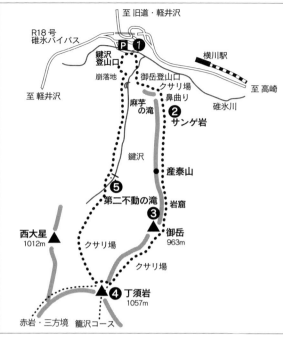

りやすく、落ち葉が積もっているのでルートが分かりにくいため、標識やペンキマークを探しながら慎重に下ろう。1時間ほどで❺の第二不動の滝に着く。ここからは左岸になり杉の植林道を進むので歩きやすくなる。しかし出口付近の登山道が崩壊しているため、固定ロープやハシゴなどで急斜面にルートができている。特に落石に気を付けて下ろう。道路に出たら橋の手前を右折すると往路の吊り橋❶に出る。初心者は鍵沢コースの往復か、鍵沢を上り籠沢経由で旧国民宿舎方面に下るのが無難。

＊夏季に沢コースに入る場合はヤマビル対策が必要。

コースタイム（合計 7時間20分）

麻芋の滝駐車場 ⇄(1:30/1:00) ザンゲ岩 ⇄(0:40/0:30) 産泰山 ⇄(1:20/0:50) 御岳 ⇄(1:50/1:30) 丁須岩 ⇄(1:00/1:30) 第二不動の滝 ⇄(1:00/1:10) 麻芋の滝駐車場

問い合わせ
● 安中市観光課 ☎ 027-382-1111
● 安中市観光機構 ☎ 027-329-6203
● 日帰り温泉
　峠の湯 ☎ 027-380-4000
　磯部温泉恵の湯 ☎ 027-385-1126

丁須岩のクサリ場

裏妙義縦走 丁須岩から赤岩、烏帽子岩コース

難易度 D
体力度 3

| 適期 | 1 | 2 | 3 | **4** | **5** | 6 | **7** | **8** | **9** | **10** | **11** | 12 |

スタート地点	最高地点	終了地点	ルート長	累積登り標高差	累積下り標高差
国民宿舎跡 413m	丁須岩 1057m	国民宿舎跡 413m	6.8km	895m	882m

2万5千分の1地形図：軽井沢

アプローチ

●車：上信越道松井田妙義ICから国道18号を経由し妙義荒船林道を旧国民宿舎まで約20分（7.2km）。

●公共交通機関：JR信越本線横川駅からタクシーで約20分、5.7km、2500円、要予約。

　＊タクシー　（ツバメタクシー）☎ 027-393-1181
　　　　　　　（旭屋観光タクシー）☎ 027-393-0135

コースガイド

　妙義湖奥の国民宿舎跡から出発して、裏妙義の主要部（丁須岩、赤岩、烏帽子岩）を周回するコース。丁須岩は頂上に立つこともできるが、赤岩、烏帽子岩は直下をトラバースする。要所にはクサリが設置されているが、ほぼ垂直の20m近い下りもあり、いわゆるバリエーションルート（岩登り）に近いレベルのコース。ロープなどの登はん装備も持って行動してほしい。

　❶国民宿舎跡には20台以上の駐車場とトイレがある。❷両岸から岩壁が迫り岩登りのルートもある木戸を過ぎ、3つのクサリ場が続く急なルンゼ状を上り、丁須の頭へはいったん尾根を北側に回り込む。❸丁須岩は頂上までクサリがあるが、一部かぶりぎみの垂壁を約10m上らなければならない。死亡事故も起きており、登はん装備と技術がなければ登るべきでない。❹チムニー内の垂壁を約20m下降する。クサリをたよりに、慎重

赤岩直下のトラバース

に下る。❺赤岩直下の岩壁の中ほどをトラバースする。クサリとステップが離れている部分もあるので注意。❻烏帽子岩は気付かないうちに直下を通り過ぎる。尾根が広がった先の鞍部❼が三方境。ここから稜線を離

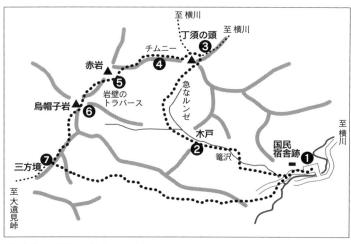

れ、山腹を徐々に高度を下げ❶の登山口へ戻る。

＊全般に岩はもろい。垂壁の下降、トラバースなどがあり、ヘルメット、登はん装備も持って入山することが望ましい。

＊西上州・妙義周辺の積雪は少ないが、日陰が氷結していることが多いので、冬季は勧められない。

＊5～10月ごろはヤマビルが発生するので、忌避剤などの対策をした上で行動した方がよい。

コースタイム（合計 5 時間 40 分）

国民宿舎跡➡〈0:50〉木戸➡〈1:20〉丁須岩➡〈0:40〉赤岩➡〈1:10〉三方境➡〈1:40〉国民宿舎跡

問い合わせ

- ●安中市観光課
  ☎ 027-382-1111
- ●安中市観光機構
  ☎ 027-329-6203
- ●日帰り温泉
  峠の湯
  ☎ 027-380-4000
  磯部温泉恵の湯
  ☎ 027-385-1126

丁須の頭

谷急山（やきゅうさん） 岩の平登山口から三方境を経由するコース

難易度 **C**
体力度 **3**

| 適期 | 1 | 2 | 3 | **4** | **5** | **6** | 7 | 8 | **9** | **10** | **11** | 12 |

スタート地点	最高地点	終了地点	ルート長	累積登り標高差	累積下り標高差
岩の平登山口 360m	谷急山山頂 1162m	岩の平登山口 356m	8.7km	800m	800m

2万5千分の1地形図　南軽井沢

アプローチ
●**車**：国道18号横川から碓氷バイパスを4kmで左の「恩賀」方面に入り、0.4kmで入牧橋を渡り、0.1km先が登山口である。登山口の道標はない。
●**公共交通機関**：JR信越本線横川駅からタクシー10分（前日に予約するのがよい。客待ちはない）。
　＊タクシー　（ツバメタクシー）☎ 027-393-1181
　　　　　　　（旭屋観光タクシー）☎ 027-393-0135

コースガイド

　谷急山は妙義山塊の最高峰である。落葉樹に覆われているので、紅葉は美しい。三等三角点のある頂上はあまり広くはないが、それだけに360度の展望は素晴らしい。裏妙義の最奥にあり、登山道は一般的には同じ道を往復することになる。登山者が少なく静かな山である。大遠見峠から先の稜線は小さいピークが多く、道も険しく、地図で見るより時間がかかる。赤布があるが、標識はほとんどない一筋の尾根道である。特に危険なクサリ場などはないが、慎重に行動したい。谷急山は標高差700mあまりを流下する並木沢をはじめ、滝の多い沢に囲まれているため、間違っても沢へ下ってはならない。三方境から妙義湖方面へは「裏妙義縦走」参照。

　❶の登山口から岩の平の集落を通り、15分ほどで並木沢の右岸へ渡る。杉林を抜け雑木林になると十三曲がりで、約30分の登りでクサリ場を通過し、約15分先に水場がある。道は沢に沿って少しの間荒れている。さらに急な登り約30分でヒノキ林の中の三方境❷に着く。三方境から7、

谷急山

8分で大遠見峠。行く手に前衛峰が目立つ。急な上りで984m峰を過ぎてから、約20分で草付きの崖に突き当たる。道なりに右へ斜上し、ヤセ尾根の急な上りで❸の前衛峰へ。頂上が間近に見える。❸から2分も下ると、巨大な岩壁にV字状の割れ目があり、道はその北側沿いに通っている。5、6分で小さいピークを越えると、小さいギャッ

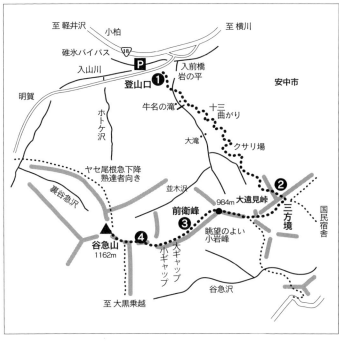

プがあり、さらに数分で横に長い岩❹がある。岩は登らず、左に越えると、道は下り気味に90度カーブしている。❹から岩混じりのピークを2つ、それぞれ数分で上下すると、左へ大黒乗越への小道を分ける。ここから15分で頂上に立つ。
＊目印（テープ、ペンキなど）を確認すること。

コースタイム（合計 7時間30分）

岩の平登山口 ⇄(1:30/1:10) クサリ場 ⇄(1:00/0:50) 三方境 ⇄(1:40/1:20) 谷急山

問い合わせ
- ●安中市観光課
  ☎ 027-382-1111
- ●安中市観光機構
  ☎ 027-329-6203
- ●日帰り温泉
  峠の湯
  ☎ 027-380-4000
  磯部温泉恵の湯
  ☎ 027-385-1126

谷急山から浅間山を望む

高岩 雄岳、雌岳周回コース

たかいわ

難易度 **C**
体力度 **2**

| 適期 | 1 | 2 | 3 | 4 | 5 | 6 | 7 | 8 | 9 | 10 | 11 | 12 |

スタート地点	最高地点	終了地点	ルート長	累積登り標高差	累積下り標高差
西登山口 860m	雄岳 1084m	東登山口 856m	4.2km	565m	565m

2万5千分の1地形図　南軽井沢

アプローチ

西登山口に3~4台ほど駐車可能。
●車：西登山口駐車スペースへは上信越道碓氷軽井沢ICから県道92号を軽井沢方面へ1.7Km。または国道18号、横川で碓氷バイパスに入り4Kmで左折し恩賀方面へ、さらに9Km。トイレなし。
●公共交通機関：JR信越本線横川駅から高岩登山道入り口までタクシー約30分(要予約)
　　＊タクシー　（ツバメタクシー）☎ 027-393-1181
　　　　　　　　（旭屋観光タクシー）☎ 027-393-0135

コースガイド

　上信越道碓氷軽井沢ICを眼下に望み、八風平に突如そそり立つようにそびえる巨大岩峰は、一見人を寄せ付けないかのような雰囲気を醸し出している。登山道にはテープの印や踏み跡がある。雄岳手前にはチムニー3段のクサリ場、展望台分岐後にはロープによる下降点もあり、相応の装備と心構えが必要となる。都心からのアプローチに優れ、短時間で得られる展望と緊張感。まさに西上州を代表する岩山の一つである。

　❶駐車スペースのある西登山口を出発し、県道92号を600mほど歩き左のエスケープ道に入る。再び県道に戻り500mほど進み左折すると送電線越しに高岩が迫って見える。200mほど道なりに進むと、右に「高岩登山道入口」の看板が立つ東登山口に着く。❷踏み跡の付いた登山道をたどると大岩下の祠を過ぎ、ザレた木立のルンゼを詰めると雄岳と雌岳の分岐点鞍部に到着する。❸鞍部を右の雄岳方面へ進み正面の岩壁を右に回り込めば三段に屈折した30mのチムニー状のクサリ場に到着する。チムニー内は6カ所で固定された26mのクサリが取り付けられ、途中に2カ所の小テラスがある。

高岩の岩峰

傾斜はほぼ垂直でハング気味のところもある。❹稜線に出ると山頂は間近。雄岳山頂は狭く数人程度の余裕しかないが360度のパノラマが見渡せる。❺摩利支天の石碑がある雄岳北峰の分岐を通過しコルに戻り雌岳へ向かう。ザレた急斜面を上ると雄岳が目前に迫るP1、左手に両サイドが切れ落ち正面の岩峰にボルトが打たれたP2を通過し、P3の雌岳へ到着。P3の山頂取り付き部は両サイドが

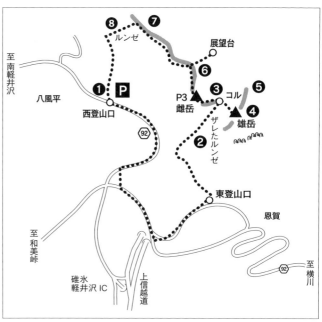

切れ落ちているので注意。その先にある奇妙な縦穴風穴からは浅間山がくっきりと見え面白い。❻P3を下り八風平キャンプ場の分岐を北に進むと妙義山・谷急山など北面の眺めが素晴らしい展望台に出られる。再び分岐に戻る。❼から南に下ると25mほどのルンゼ❽が現れ、固定ロープで下降する。下部は落石しやすいので注意。その後、ガレ場の急斜面を下りヤブ状の中の踏み跡をたどって下っていけば西登山口手前の林道に出る。

＊長く険しいクサリ場があるため、ヘルメットは必須。ロープの準備など責任をもって挑む。
＊11月中旬の紅葉時期は一層美しい風景が見られる。
＊前日の雨などで岩が濡れているときは滑りやすく危険。

コースタイム（合計 3時間50分）

西登山口➡〈0:25〉東登山口➡〈0:40〉雄岳・雌岳分岐のコル➡〈0:35〉雄岳（本峰）➡〈0:25〉分岐のコル➡〈0:25〉雌岳P3➡〈0:20〉展望台➡〈1:00〉西登山口

問い合わせ

- 安中市観光課 ☎ 027-382-1111
- 安中市観光機構 ☎ 027-329-6203
- 日帰り温泉
  峠の湯 ☎ 027-380-4000
  磯部温泉恵の湯 ☎ 027-385-1126

岩の隙間から浅間山を望む

稲村山 (いなむらやま)
赤坂橋から山頂往復コース

難易度 A　**体力度 1**

| 適期 | 1 | 2 | 3 | **4** | **5** | 6 | 7 | 8 | **9** | **10** | 11 | 12 |

スタート地点	最高地点	終了地点	ルート長	累積登り標高差	累積下り標高差
赤坂橋の駐車スペース 628m	稲村山 953m	赤坂橋の駐車スペース 628m	2.7km	325m	325m

2万5千分の1地形図　南軽井沢

アプローチ

●**車**：国道18号から碓氷バイパスに入る。上信越道の高架橋をくぐり、すぐ先のカーブ手前を左折し赤坂方面へ。赤坂橋の手前、右手に水道施設、左手に林道入口のゲートがある（鍵はかかっていない）。ゲートの脇に数台の駐車スペースがある。

●**公共交通機関**：JR信越本線横川駅から7km、徒歩（1時間半）またはタクシー利用となる。要予約。

＊タクシー（ツバメタクシー）☎ 027-393-1181
　　　　　（旭屋観光タクシー）☎ 027-393-0135

コースガイド

　碓氷バイパスを軽井沢方面に進み上信越道の高架に差し掛かるころ、左手に稲村山が姿を現す。西上州の個性的な山々と比べれば地味ではあるが、山頂は鋭く尖り、均整のとれたすっきりした山容をしている。山頂の展望は素晴らしく、碓氷バイパスの車列を眼下にし、裏妙義、高岩、山急山などの岩山の造形を楽しむことができる。

　❶赤坂橋の手前、左手のゲートの脇に車を止め、林道に入る。5分ほどで右側に送電鉄塔が見えてくる。鉄塔の向かい側に小さな標識、数m先の切り株に「安中山の会」による標識が取り付けられている。❷標識を左折し、杉林の中の作業道を行く。10分ほどで作業道は右へ、登山道は左に分かれる。分岐点の木にテープと標識があるので見落とさないように注意。左の登山道に入る。杉林は広葉樹の林に変わり、間もなく高岩、八風平への分岐❸に出る。杉の木に取

稲村山

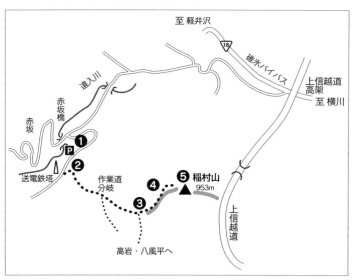

り付けられた標識の文字は消えかかり、やっと判読できる程度。左折すると急登が始まる。登山道には小さな軽石が多く、下りはスリップに注意が必要だ。❹で肩に出て、岩混じりのヤセ尾根を行く。ツツジが多く、花と紅葉の季節は楽しい道だが慎重に歩こう。❺山頂には三等三角点や小さな祠の他、かつてあった東屋の屋根が残っている。

＊標識は古く、下に落ちてしまったり、文字の読み取れないものも多い。分岐では地図で進行方向を確認しよう。
＊ヒルの生息する地域なので、夏季に入山する際は対策を忘れずに。トイレは横川辺りで済ませておこう。

コースタイム（合計 1 時間 30 分）

赤坂橋駐車スペース ⇄ 0:05/0:05 登山口 ⇄ 0:10/0:05 作業道・登山道分岐 ⇄ 0:10/0:10 高岩・八風平分岐 ⇄ 0:15/0:10 肩 ⇄ 0:10/0:10 稲村山

問い合わせ

- 安中市観光課 ☎ 027-382-1111
- 安中市観光機構 ☎ 027-329-6203
- 日帰り温泉
  峠の湯 ☎ 027-380-4000
  磯部温泉恵の湯 ☎ 027-385-1126

高岩を望む

水沢山 水沢観音コース

みずさわやま

難易度 B
体力度 2

| 適期 | 1 | 2 | 3 | 4 | 5 | 6 | 7 | 8 | 9 | 10 | 11 | 12 |

スタート地点	最高地点	終了地点	ルート長	累積登り標高差	累積下り標高差
水沢観音駐車場 597m	水沢山 1194m	水沢観音駐車場 597m	4.0km	600m	600m

2万5千分の1地形図　伊香保

アプローチ

●車：関越道駒寄スマートICから県道15号を経由し10km約15分、渋川伊香保ICからは12km、約20分。

●公共交通機関：JR高崎駅前から伊香保温泉行き群馬バスで水沢観音まで約1時間。JR渋川駅から伊香保案内所行き群馬バスで水沢観音、約25分。

＊バス（関越交通渋川営業所）☎ 0279-24-5115
　　　（群馬バス高崎駅前案内所）☎ 027-323-1533

コースガイド

　榛名神社とともに、榛名山を代表する信仰の地である水沢寺（水沢観音）は坂東三十三観音の16番目の札所であり、四季を通じて参拝者でにぎわう。荘厳な境内の雰囲気や水沢うどんも有名で、近年は外国人観光客も増えている。この水沢観音の西にそびえる鋭鋒が水沢山で境内から直接登ることができる。榛名山域の入り口の山であり、また前橋や高崎からのアプローチに優れているため常連のハイカーも多く、年間を通じて楽しめる山である。登山道はそれほど長くはないが急登なので焦らずに登ろう。山頂からは360度の素晴らしい展望が待っており、関東平野が一望できる。空気が澄んでいれば都心のビル群や東京スカイツリーも確認できる。

　❶水沢観音駐車場の北端から舗装路を登るのが一般的。水沢観音でお参りをしてから登る場合は本堂左側の飯綱大権現への石段を上り、そのまま真っすぐ行くと間もなく駐車場からの道と合流する。❷登山道の入り口は駐車場および寺から約10分。いきなり急登になるのでオーバーペースに注意して上る。❸ベンチに出たら尾根を左へ進む。緩やかな道を行くと❹のお休み石へ出る。こ

水沢山山頂

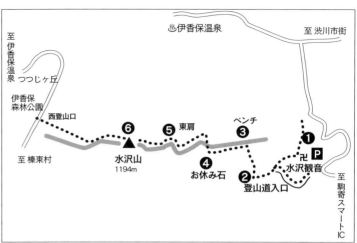

こで一息入れよう。いよいよ頂上への雑木林の中の急な登りとなる。やがて❺の頂上稜線の東肩に着く。薬師如来を守護する十二神将の石仏が並んでいる。東側の渋川から赤城山の展望がよい。尾根が狭くなるが傾斜は緩やかな道を進むと間もなく、❻の水沢山の頂上だ。頂上からの展望は素晴らしく、関東平野から富士山、谷川岳方面も一望できる。

なお、伊香保森林公園の西登山口からは約40分で頂上へ登れる。水沢観音からの道と比較すると傾斜は緩やかで、特に難しいところもないため、ファミリーでの伊香保森林公園散策と組み合わせても楽しい。その場合はロープウエーで伊香保温泉に下るか、森林公園入口のバス停から伊香保または榛名湖方面へ向かう。「伊香保森林公園」を参照。

コースタイム（合計 3 時間 30 分）

水沢観音駐車場➡〈0:10〉山道入口➡〈0:15〉ベンチ➡〈0:15〉お休み石➡〈0:30〉石仏前見晴らし➡〈0:30〉水沢山（➡〈0:30〉西登山口➡伊香保森林公園）
（水沢山から往路下山は 1:20）

問い合わせ

- 渋川市観光課
  ☎ 0279-22-2837
- 温泉・宿泊（伊香保温泉）
  渋川伊香保温泉観光協会
  ☎ 0279-72-3151

水沢山

伊香保森林公園 二ツ岳と園内周回コース

いかほしんりんこうえん

難易度 A　体力度 2

適期	1	2	3	4	5	6	7	8	9	10	11	12

スタート地点	最高地点	終了地点	ルート長	累積登り標高差	累積下り標高差
管理棟 970m	二ツ岳（雄岳） 1345m	管理棟 970m	4.1km	550m	570m

2万5千分の1地形図　伊香保

アプローチ

伊香保ロープウェイでホトトギス駅から見晴駅まで4分。
●**車**：関越道渋川伊香保ICから国道17号、県道33号を経て、伊香保温泉街を過ぎ、伊香保森林公園管理棟まで19km、30分。駐車場は森林公園内（無料）、伊香保温泉の各所（有料）にある。
●**公共交通機関**：JR渋川駅から「伊香保温泉行き」バス30分、JR高崎駅から「伊香保温泉行き（水沢経由）」バス90分。伊香保バスターミナルから「榛名湖行き」バス20分で「森林公園入口」下車。
　＊バス　（関越交通渋川営業所）☎ 0279-24-5115
　　　　　（群馬バス高崎駅前案内所）☎ 027-323-1533
　＊ロープウエー　（伊香保ロープウェイ）☎ 0279-72-2418

コースガイド

　県立伊香保森林公園は榛名山の寄生火山の一つである二ツ岳を中心に、東西2.9km、南北1.9kmにわたる広がりを持つ。二ツ岳は6世紀末まで活動し、園内では風穴やオンマ谷の爆裂火口（直径1km、高さ250m）をはじめ、火山活動の痕跡が見られる。活動休止後は温泉と豊かな自然が育まれ、ミズナラ、ツツジ、カエデ、マユミ、コアジサイなどの群生、可憐な山野草、野鳥の種類の多さも大きな魅力となっている。遊歩道は初心者でも気軽に歩ける道、急登と変化に富み、好みや体力に応じてコースを選ぶことができる。なお榛名山麓では、2012（平成24）年に火山灰層から「甲を着た古墳人」が発掘された。

　❶管理棟で案内図を入手し、❷の「もみじの広場」から、❸の「ワシノ巣風穴」へ。一定の温度の風により夏は涼しく冬は暖かい。左上に進むと蚕種貯蔵庫跡の先に「二ツ岳」への分岐がある。急登を頑張り巻道になると間もなく標識のある三差路が見えてくる。雄岳への道に入りオンマ谷からの道と合流し、奇岩を眺めながら❹の雄岳山頂へ。榛名富士や外輪の峰々の眺めを楽しんだら三差路へ下り、避難小

伊香保森林公園管理棟

屋の手前から雌岳に向かう。急な階段は上り下りとも慎重に。

❺雌岳山頂は水沢山や関東平野の眺めがよい。山頂を後にし、屏風岩の下を行く。周囲の岩の様子を観察しながら歩こう。❻の分岐を左へ、❼から長い階段を下る。❽のむし湯跡は大正初期までにぎわっていたという。道は広く緩やかになり、野鳥観察のスポットとなっている小さな池を過ぎると❷のもみじの広場、❶の管理棟はもうすぐだ。この他にオンマ谷駐車場から雄岳、雌岳を登り、オンマ谷経由で戻るコース（2時間30分）では火口壁の一部だった相馬山の垂直な岩壁が見られる。ツツジの開花期にはつつじが丘からつつじが峰、むし湯跡などを巡るコース（1時間30分）などもお勧めしたい。

＊園内には多くのルートが交差している。分岐に設置されている道標、案内板で現在地、進行方向を確認しよう。

コースタイム（合計 3時間10分）

管理棟➡〈0:10〉もみじの広場➡〈0:10〉ワシノ巣風穴➡〈0:05〉二ツ岳分岐➡〈0:50〉雄岳➡〈0:40〉雌岳➡〈0:40〉分岐➡〈0:20〉むし湯跡➡もみじの広場➡〈0:15〉管理棟

問い合わせ

- ●渋川市農林課
  ☎ 0279-22-2593
- ●県立伊香保森林公園管理棟
  ☎ 080-7454-2345
- ●温泉・宿泊
  （伊香保温泉・榛名湖温泉）
  渋川伊香保温泉観光協会
  ☎ 0279-72-3135
  榛名湖畔温泉ゆうすげ
  ☎ 027-374-9211

二ツ岳から榛名富士方面

相馬山 （そうまやま） 沼の原から山頂往復コース

難易度 **B**　体力度 **1**

| 適期 | 1 | 2 | 3 | **4** | **5** | **6** | **7** | **8** | **9** | **10** | 11 | 12 |

スタート地点	最高地点	終了地点	ルート長	累積登り標高差	累積下り標高差
松之沢グラウンド駐車場 1105m	相馬山 1411m	松之沢グラウンド 1105m	4.0km	374m	374m

2万5千分の1地形図　伊香保

アプローチ

●**車**：関越道渋川伊香保ICから県道33号で伊香保温泉を経て榛名湖方面へ。ロープウェイ入口」の標識を右に見てすぐ先、「沼の原ゆうすげの道入口」を左折すると、松之沢グラウンド駐車場に着く。ICから約22km、約45分、無料。水洗トイレあり。

●**公共交通機関**：JR渋川駅から関越交通バスで伊香保へ（約25分）。伊香保から群馬バス「榛名湖温泉ゆうすげ」行きに乗り換えて途中のバス停「ゆうすげ入り口」で下車(約20分)、「沼の原ゆうすげの道入り口」まで徒歩3分。

＊バス　（関越交通渋川営業所）☎ 0279-24-5115
　　　　（群馬バス榛名営業所）☎ 027-374-0711

コースガイド

上毛三山の一つに数えられる榛名山の外輪山の中で、イルカの背びれ型の特徴的なその山容はひときわ目立ち、条件のよい時は山頂からスカイツリーもはっきり見える。植生も多様でユウスゲの群生地などがあり、特に春は群馬県花のレンゲツツジ、ヤマツツジが咲き誇り圧巻の景色となる。

❶松之沢グラウンドから「ゆうすげの道」を正面の相馬山に向かって歩き始める。木道の両側に、夏には山を愛した作家・田中澄江の『新・花の百名山』で榛名山を代表する花の一つとして紹介されているユウスゲの群落を見ることができる。また春はサクラやスミレ、そして「ゆうすげの道」の中ほどからヤマツツジ、レンゲツツジが一面に咲き誇り、春から秋にかけてさまざまな花が楽しめる。まもなく磨墨岩（するすいわ）が右に見えて榛名神社方面からの「関東ふれあいの道」と交差する分岐❷に着く。ここから相馬山方面に向かうと（春はツツジのアーチ状になるところ）、ほどなく東屋が現れ、その裏からは榛名富士が一望できる。東屋から続く登山道を進み、❸のヤセオネ峠分岐を過ぎると鳥居が現れる。ここから急な岩場が続き、クサリや鉄ハシゴが3カ所あり、この山のハイライトを迎える。登山道のところどころに石仏や石碑などが点在し、古くからの信仰の山であることを思わせる。❹相馬山の山頂は黒髪山神社の社や石像があり、休憩できるスペースは狭い。山頂からの眺望は素晴らしく、関東平野を望めば太平洋までさ

榛名湖から相馬山

妙義・榛名

えぎるものはない。また、妙義山、荒船山、八ヶ岳、富士山、東京スカイツリーまでを望むことができる。下山は来た道を戻り、❷の磨墨峠分岐を榛名神社方面へ向かい、ハシゴで磨墨岩を登ってみるのもよい。岩の突端には「からす天狗」の石仏があり、榛名山、榛名湖をはじめ掃部ケ岳など外輪山を眺望で

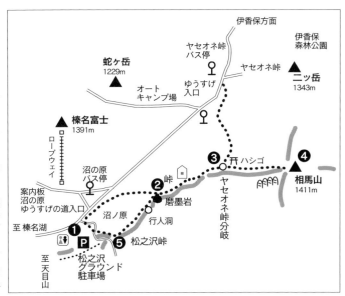

きる。また磨墨岩近くには行人洞という行者が修行をしたといわれる窟がある。また、「ヤセオネ峠分岐」を下って「オンマ谷」、「二ツ岳」方面をめぐるのもよい。健脚者であれば❺の松之沢峠から七曲峠方面に向かい天目山、氷室山を経て榛名神社に詣でるのもよい。

* ヤセオネ峠分岐を過ぎた鳥居から先は岩場。ハシゴやクサリの急登となるので、濡れた日は特に注意。「ゆうすげの道」は木道を外れて歩くと貴重な植生を傷付けるので注意したい。

* 5～6月が特に適期で、ツツジが素晴らしい。

* ユウスゲは黄色い花が夕方に開き、翌日の午前中にしぼみ、葉がスゲに似ていることに由来する。茎の高さ100～150cm。

コースタイム（合計 2時間10分）

松之沢グラウンド ⇄(0:15/0:15) 磨墨峠 ⇄(0:20/0:20) ヤセオネ峠分岐 ⇄(0:30/0:25) 相馬山山頂

問い合わせ

- 県立榛名公園ビジターセンター
  ☎ 027-374-9215
- 高崎市榛名支所産業観光課
  ☎ 027-374-5111
- 温泉・宿泊（伊香保温泉・榛名湖温泉）
  渋川伊香保温泉観光協会
  ☎ 0279-72-3151
  榛名湖温泉ゆうすげ ☎ 027-374-9211

鳥居から急登となる

掃部ヶ岳・杏ヶ岳 杖の神峠コース

かもんがたけ　すもんがたけ

難易度 A　体力度 2

| 適期 | 1 | 2 | 3 | 4 | 5 | 6 | 7 | 8 | 9 | 10 | 11 | 12 |

スタート地点	最高地点	終了地点	ルート長	累積登り標高差	累積下り標高差
榛名湖掃部ケ岳登山口 1089m	掃部ケ岳 1449m	湖畔の宿記念公園 1110m	10.6km	879m	858m

2万5千分の1地形図　榛名湖

アプローチ

●**車**：関越道渋川伊香保ICから県道33号、伊香保温泉経由で榛名湖畔高崎市営駐車場まで約28km、1時間ほど。または高崎市街地から県道33号へ入り、同じく市営駐車場まで約30km、1時間ほど。駐車場（無料）は数カ所あり、約80台駐車可、トイレあり（市営駐車場は湖畔の宿記念公園内）。

●**公共交通機関**：JR高崎駅から群馬バス榛名湖行きで、榛名湖畔バス停下車。(約1時間半)

　＊バス　（群馬バス榛名営業所）☎ 027-374-0711
　　　　（関越交通渋川営業所）☎ 0279-24-5115

コースガイド

　掃部ヶ岳は榛名山群の最高峰である。榛名湖の西側の外輪山で、榛名湖畔の旅館や商店街の背後にそびえている。この山は四季を通して楽しめる山で、山頂からは榛名湖と榛名富士を箱庭のように眺められ、浅間・妙義・西上州の山々が遠望できる。また5月下旬から6月上旬、硯岩のヤマツツジも素晴らしい。掃部ヶ岳の先、杖の神峠から南へ静かな雑木林の尾根をたどると石祠が祭られた杏ヶ岳に着く。山頂からは樹林越しに榛名神社が望める。初冬には遠く前橋や高崎市街も見渡せる。

　榛名湖畔の西、❶の湖畔の宿記念公園の駐車場から遊歩道を林間学校榛名湖荘に向かって歩くと、❷掃部ヶ岳登山口に着く。道標に従い、カラマツ林の登山道をゆっくり上る。体が温かくなるころ硯岩分岐に出る。ここを右折して少し上ると、硯岩の展望台❸となる。硯岩は榛名湖側が切れ落ちている。展望台からは榛名湖外輪山が一望できる。硯岩分岐からササの尾根道を西方向へ、さらに南西方向へ荒れた階段を上る。湖畔の宿公園からの登山道と合流すると山頂は近い。なだらかな尾根を進むと掃部ヶ岳山頂に着く。❹山頂では東側と南側の展望

榛名湖より掃部ヶ岳

を楽しめる。この先、すぐに南斜面のササを分けて進む。この道の左側（南）の斜面は、大きく切れ落ちているので注意する。❺西峰、さらに1398mのピークを過ぎると耳岩に着く。この岩は杏ヶ岳方面から眺めると虎の顔に見える。耳岩の北側（右側）を回り込みながら進むと、送電鉄塔

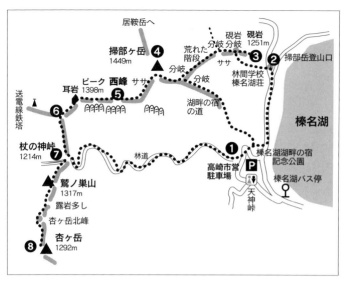

手前の峠上部の分岐❻に着く。ここで左側南方向に下る。足場の悪い急坂を下ると林道沿いの杖の神峠❼に着く。ここは地蔵尊が見守る静かな峠である。ここから杏ヶ岳へ向かう。登山道は林道の対面斜面にある。雑木林の尾根道となり、上り下りを繰り返し、3つ目のピークとなる杏ヶ岳山頂❽に着く。下山は❼の杖の神峠まで戻り、東へ林道を下る。林道からは掃部ヶ岳・杏ヶ岳がよく見える。約1時間で湖畔の宿記念公園に着く。

＊掃部ヶ岳から西峰、耳岩付近は崖沿いの道となるので注意。
＊5～6月はヤマツツジが素晴らしい。紅葉と湖の景色を楽しめる10月も適期である。

コースタイム（合計6時間10分／逆6時間30分）

高崎市営駐車場 ⇄ 掃部ヶ岳登山口 ⇄ 硯岩分岐 ⇄ 硯岩 ⇄ 硯岩分岐 ⇄ 掃部ヶ岳 ⇄ 峠上部の分岐 ⇄ 杖の神峠 ⇄ 杏ヶ岳 ⇄ 杖の神峠 ⇄ 湖畔の宿記念公園
0:15/0:15　0:20/0:15　0:05/0:05　0:05/0:05　1:00/0:50　1:00/1:10　0:15/0:20　1:00/1:00　1:10/1:10　1:00/1:20

（市営駐車場）

問い合わせ
- 高崎市榛名支所産業観光課
  ☎ 027-374-5111
- 県立榛名公園ビジターセンター
  ☎ 027-374-9215
- 温泉・宿泊
  榛名湖温泉ゆうすげ
  ☎ 027-347-9211

耳岩（杖の神峠から）

榛名天狗山 (はるなてんぐやま)

榛名神社から天狗山往復コース

難易度 **A** ／ 体力度 **2**

適期 | 1 | 2 | 3 | **4** | **5** | **6** | **7** | **8** | **9** | **10** | **11** | 12 |

スタート地点	最高地点	終了地点	ルート長	累積登り標高差	累積下り標高差
榛名神社バス停 815m	榛名天狗山 1179m	榛名神社バス停 815m	6.0km	400m	400m

2万5千分の1地形図　榛名湖

アプローチ

●**車**：関越道前橋ICから国道17号を経由して高崎環状線に入り、国道406号を進む。室田信号から榛名山方面へ進むと榛名神社入口に着く。前橋ICから約28km、1時間ほど。市営駐車場に約100台駐車可、無料。トイレはゲートタワーを過ぎて参道の右側にある。

●**公共交通機関**：JR高崎線高崎駅西口から群馬バス榛名湖行きで榛名神社下車。約70分。

　＊バス（群馬バス榛名営業所）☎ 027-374-0711

コースガイド

　榛名山はおよそ30〜50万年前、火山活動によって標高約2500mの成層火山になった。その後、山頂部が大爆発して陥没し、巨大なカルデラが形成された。天狗山はこのカルデラの形成によって誕生した初期の榛名外輪山である。かつては掃部ケ岳から天狗山を通り、音羽山から鷹ノ巣山を結ぶ半円形の尾根でつながっていたが、浸食が進みバラバラになってしまったという。また、天狗信仰の霊場、修験の山として知られ、山頂付近には数多くの石碑が見られる。山麓には約1400年の歴史を持つという榛名神社が鎮座している。参道の両側には榛名講の信者や参拝客をもてなした江戸時代からの宿坊が現存している。近年、パワースポットとして注目を集め、訪れる人が後を絶たない。

　❶榛名神社バス停から榛名歓迎ゲートタワー（高さ約16m）を見上げて坂道を上がる。❷正面に随神門を見て、右の林道（林道芦田小屋線）に入る。結界をくぐり、簡易水道施設を見てコンクリートの坂道を歩く。雨の日はスリップすることがあるので注意。❸地蔵峠の分岐（1合目）に着いたら右に進み、しばらくすると鳥居の前に出る。山道に入ると道端にはウスバサイシン、サンカヨウ、ハルナユキザサ、モミジカラマツなどの山野草が現れる。やがて足場の悪い急坂をロープをつかんで上り切ると❹の鏡台山コル（4合目）に着く。北西方向

天狗山

には樹林越しに杏ヶ岳が見渡せる。ここから鐘原ヶ岳の中腹を巻く水平道に入る。涸れ沢を何度か横切る。多少のアップダウンはあるが、しっかりとした山道である。カラマツ林に広がる丈の低いササ原が美しい。道の傍らにはホトトギスの可憐な花が咲く。やがて❺の鐘原ヶ岳分岐に着く。木の幹に山水会の道標が取り付けられていたが、朽ち落ちて針金だけになってしまった。ここからわずかな上りで❻の天狗山山頂だ。岩の重なり合った山頂は狭く足場はあまりよくない。さえぎるものがないので、展望は抜群で眼下に烏川が光り、赤城山から西上州、浅間山までの眺めが素晴らしい。下山後は榛名神社を参拝しよう。

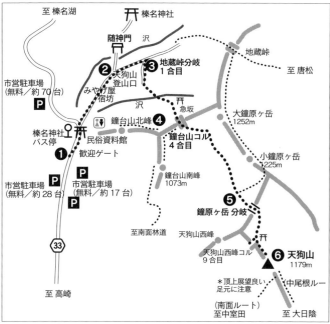

＊鐘台山直下の急坂は落石に気を付けること。天狗山山頂は狭いので、転落および滑落に注意。
＊登山適期は4月中旬～11月下旬。新緑の美しい5月から紅葉の晩秋まで楽しめる。積雪期は不可。
＊トイレは高崎市榛名歴史民俗資料館の敷地内にある。ここの駐車場は7台駐車可。

コースタイム（合計 2時間50分）

榛名神社バス停 ⇄ 地蔵峠分岐 ⇄ 鏡台山コル ⇄ 鐘原ヶ岳分岐 ⇄ 榛名天狗山
　　　　　　　0:10／0:10　　　0:35／0:30　　　0:30／0:30　　　0:15／0:10

問い合わせ

●高崎市榛名支所産業観光課
　☎ 027-374-6712
●高崎市榛名歴史民俗資料館
　☎ 027-374-9761（9:30～4:00）

天狗山山頂

神津牧場・物見山 香坂峠周回コース

こうづぼくじょう　ものみやま

難易度 **A**　体力度 **2**

適期	1	2	3	4	5	6	7	8	9	10	11	12

スタート地点	最高地点	終了地点	ルート長	累積登り標高差	累積下り標高差
公共駐車場 1072m	物見山 1376m	公共駐車場 1072m	7.2km	372m	372m

2万5千分の1地形図　信濃田口・荒船山・御代田・南軽井沢

アプローチ

しもにたバスは土日祝日の増便はあるが、季節によって運行時刻の変更あり。要問い合わせ。

●**車**：上信越道下仁田ICから国道254号経由32km。無料駐車場150台可、トイレあり。

●**公共交通機関**：上信電鉄終点下仁田駅下車、しもにたバスで終点市ノ萱下車。県道44号を徒歩2時間10分で神津牧場。途中に世界遺産「荒船風穴」がある。

　＊バス（しもにたバス）☎ 0274-82-5038
　＊タクシー（成和タクシー）☎ 0274-82-5900
　　　　　　（上信ハイヤー下仁田営業所）☎ 0274-82-2429

コースガイド

「しかし正面にはすでに目ざす神津牧場を擁して、緑の天鵞絨（ビロード）を敷きつめたような物見山が横たわっていた。その突当りのノアの箱船は荒船山。また私の右手から直ちに起こって西へ向かう尾根のはずれには、帰りは其処を通ることに予定した八風山が、いくつかの銃眼を刻んだ岩壁を立てて香坂峠へ落ちている」（尾崎喜八『山の絵本』神津牧場組曲より）。以前は軽井沢から神津牧場へ、また荒船山を経由して黒滝山へ下るハイキングコースも整備されていたようだが、今はマイカーで気軽に来られるので、そのほとんどは廃道化している。神津牧場では5月第3週の日曜日「花祭り」、10月中旬には「もみじ祭り」が開催され、無料で搾りたての牛乳が振る舞われたり、楽しいイベントが用意されている。

物見岩から荒船山を望む

❶神津牧場管理棟手前に無料公共駐車場があり、150台駐車可。トイレは駐車場から牧場方面の一段下がったところにある。駐車場から階段があり、物見岩方面へ指導標が立っている。途中、沢を横断したりするので、足元はしっかりしたハイキングシューズを履いたほうがよい。車道を横断してひと上り、稜線に出たら左

に行くと❷の三角点のある物見岩に着く。そこからさらに50mほど行くと岩峰があり、晴れていれば素晴らしい展望が開ける。展望を楽しんだら引き返して県境稜線を電波塔に向かって下る。車道を横切り、脇に登山道があるのでそれを行くとまた車道を渡り返す。花季には右の牧柵越しにズミの白い花が牧場の緑に映えて気持ちよい。❸物見山山頂からは東方の展望が素晴

らしい。ここから香坂峠に向かう。相変わらず牧柵を右手に見ながら下る。県境の看板がある車道を横切って進むと❹の香坂峠に着く。指導標もハイカーが迷わないようにしっかりと立っている。林の中の静かな心の落ち着く峠である。峠を鋭角に右へ、神津牧場への道がある。高低差のない歩きやすい道を行くと「馬頭観音」と書かれた石碑と石仏が祭ってある場所に着く。❺この先の沢が崩れていて、上流側に迂回するようになっている。目印のテープがたくさん付いているが、踏み跡をしっかり見つけて行こう。また、登山道に出たらそのまま進めば❻の神津牧場へ着く。トイレもあるのでゆっくり休憩し、売店で牛乳やソフトクリームを食べたら駐車場へ向かい、少しだけ上って❶に着く。

コースタイム（合計 2 時間 35 分）

公共駐車場➡〈0:45〉物見岩➡〈0:35〉物見山➡〈0:20〉香坂峠➡〈0:10〉馬頭観音➡〈0:40〉神津牧場➡〈0:05〉公共駐車場

問い合わせ
- 下仁田町商工観光課
  ☎ 0274-82-2111
- 宿泊
  神津牧場ロッジ
  ☎ 0274-84-2363

ズミの花

物語山 サンスポーツランドから山頂往復コース
ものがたりやま

難易度 **A**
体力度 **2**

| 適期 | 1 | 2 | 3 | 4 | 5 | 6 | 7 | 8 | 9 | 10 | 11 | 12 |

スタート地点	最高地点	終了地点	ルート長	累積登り標高差	累積下り標高差
サンスポーツランド駐車場 405m	物語山 1019m	サンスポーツランド駐車場 405m	物語山：3.3km 阿唱念の滝：2.1km	614m	614m

2万5千分の1地形図 ： 荒船山

アプローチ
●**車**：上信越道下仁田IC下車、国道254号を佐久方面に17km、サンスポーツランド前バス停を左折、橋を渡った右にサンスポーツランド駐車場（無料）あり。駐車台数13台、トイレあり（冬季使用不可）。
●**公共交通機関**：上信電鉄下仁田駅下車。市ノ萱行しもにたバスでサンスポーツランド前バス停下車。市ノ萱川に架かる深山橋を渡ると右側にサンスポーツランド駐車場があり、左側に物語山の案内板がある。
 ＊バス（しもにたバス）☎ 0274-82-5038
 ＊タクシー（成和タクシー）☎ 0274-82-5900
   （上信ハイヤー下仁田営業所）☎ 0274-82-2429

コースガイド
　物語山ほど興味深い山名は珍しい。ぜひ一度は登ってみたい山の一つだろう。その主役は中腹にそびえる四角い岩で、メンベ岩という岩峰だ。上州ではうどんを打つときに使う厚い板をメンベ板といい、それに似ているところからその名が付いた。戦国の世、落城したので兵士たちは財宝を持って、この岩に登って逃げた。追手が迫ったので登りに使った藤ツルを切り離して追手から逃れたが、最後は自刃して果てたなど諸説がある。4月下旬、山頂周辺にはアカヤシオが咲き誇り、山をピンク色に染め登山者を迎える。運がよければ清楚な黄色い花のヒカゲツツジにも出合えるだろう。その後、5月下旬までミツバツツジやヤマツツジが次々と咲くのも楽しめる。葉が落ちる季節は展望を楽しむのに適している。

　❶から東へ道路を横切ると物語山の概念図を描いた看板がある。橋を渡って右に折れる。❷には阿唱念の滝と物語山へ分岐の指導標が立っている。右に丹沢のせせらぎを聞きながら林道を行く。道は曲折するが林道を行く。林道中間付近に来ると台風の大雨で林道は跡形なく流されている箇所に着く。踏み跡が付いているので、外さないように気を付けて通れば危険な箇所はない。さらに行くとまたしっかりした林道になる。滑滝、小滝を眺めながら曲折を繰り返し、右、左に滝を見ると林道終点は近い。❸物語山の指導標に従って沢に下ると登山道になる。最初は杉林の急坂

メンベ岩（右）

をジグザグに上って行く。杉林を抜けると落葉樹の森になる。足元には平たい石が敷き詰められていてカランコロンと心地よい音を奏でてくれる。右側に全く朽ちていない炭焼窯が現れる。これを見るとコルは間近い。❹コルに着いたらまずは西峰に向かおう。急斜面でロープが付いている。一登りで❺の西峰に着く。浅間山や、鋭い岩が美しい妙義山が間近に見える。西に少し下ると荒船山の展望地がある。いったんコ

ルまで戻って物語山本峰に向かう。最初は急坂だが、すぐ緩やかになり三等三角点のある❻の山頂に着く。落葉期ならここからも妙義方面の展望がよい。
阿唱念の滝はいったん戻って❷からの出発、物語山で疲れていると❼まで来てまだ半分かと思うほど長く感じる。道は不鮮明な箇所もあるが踏み跡やテープを頼りに進む。右に大きな洞窟を見ると、すぐ❽の滝に着く。不動明王が滝を観ている。

＊林道が荒れているが踏み跡をしっかり追えば問題ない。下山時はコンパスで方向を確かめてから歩き出すこと。
＊阿唱念の滝は冬季、登山道が凍結する。

コースタイム （合計 物語山：4時間10分／阿唱念の滝：1時間25分）

物語山　駐車場➡〈1:15〉山道入口➡〈0:50〉コル➡〈0:05〉西峰➡〈0:20〉物語山➡〈0:15〉コル➡〈0:35〉山道入口➡〈0:50〉駐車場

阿唱念の滝　分岐 ⇄(0:30/0:25) 中間点 ⇄(0:20/0:10) 阿唱念の滝

問い合わせ
- 下仁田町商工観光課 ☎ 0274-82-2111
- サンスポーツランド
  ☎ 0274-84-3180
  （月曜及び祝日の翌日休館）

物語山山頂

兜岩山 荒船不動尊コース
かぶといわやま

難易度 B　体力度 2

| 適期 | 1 | 2 | 3 | **4** | **5** | 6 | 7 | 8 | **9** | **10** | 11 | 12 |

スタート地点	最高地点	終了地点	ルート長	累積登り標高差	累積下り標高差
荒船不動尊下一般車駐車場　1050m	兜岩山 1368m	荒船不動尊下一般車駐車場　1050m	7.8km	675m	675m

2万5千分の1地形図　荒船山・信濃田口

アプローチ

荒船不動尊境内の駐車場は参詣者専用のため、手前の一般駐車場(20台)を利用する。下仁田駅から市野萱までは町営バス路線があるが、その先はない。
●**車**：上信越道下仁田ICから国道254号内山大橋経由30km45分。内山大橋からの道は狭く、対向車や歩行者に注意。
●**公共交通機関**：上信電鉄下仁田駅からタクシー、JR小海線中込駅から千曲バス内山線初谷バス停まで30分、下車徒歩1時間。
　＊バス　（千曲バス小諸営業所）☎ 0267-22-2100
　　　　　（しもにたバス）☎ 0274-82-5038
　＊タクシー（成和タクシー）☎ 0274-82-5900
　　　　　　（上信ハイヤー下仁田営業所）☎ 0274-82-2429

コースガイド

　鍬形を外した兜のような形の山。兜岩山のほか三角形の御岳山、奇妙な岩峰のローソク岩などコンパクトだが変化に富んだ山容のコースである。特に危険な箇所もなく、快適な登行となるが、稜線に出てからもアップダウンが連続するので、体力的に余裕をもって行動したい。残念ながら展望の乏しい山だが、P1（孫ローソク）からは荒船山、立岩をはじめP2（子ローソク）、ローソク岩、兜岩山が一望できる。また、兜岩山のピークの西100m弱からは茂来山、御座山、八ヶ岳、蓼科山などの佐久側の展望も広がる。荒船不動尊や御嶽山信仰との結び付きなど歴史的にも興味深い山である。

　❶車の場合、国道254号の内山大橋のたもとから舘ヶ沢への細道に折れるが、見落としやすいので注意。凍結・積雪などがなければ普通車で通行可能。❷駐車場は整備されている。5分ほど参道を上がると荒船不動尊。沢水が引かれているが飲料水になるかは不明。トイレは男子用小便器2つ、和式便器1つ（水洗）が利用できる。❸主に沢筋の上りが続く。渡渉点はほぼ明確だが、赤テープなどを確認したい。通常の雨であれ

兜岩山

ば増水に心配する必要はない。❹樹林の間から稜線が見えるとすぐに星尾峠（標識あり）。稜線からは細かくアップダウン。荒船不動への分岐を過ぎると急登に。上り切ったところに小さな祠がある。❺御岳山ピークに至るルートで、岩場を巻くように付けられたトラバースが崩壊気味。岩伝いに進むことも可能。ピークには銅像2体ほか。❻岩の露出し始めた稜線を進むと正面にP1（孫ローソク）が立

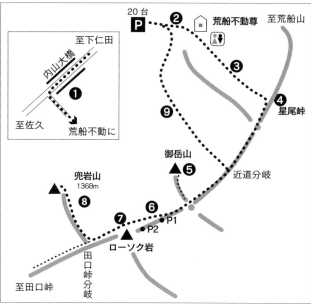

ちはだかる。右（北側）にトラバース道。P1に上がると周囲が一望できる、立岩、経塚山、兜岩山、ローソク岩などが展望できる。❼P2（子ローソク）、ローソク岩は右側（北側）のトラバース道を行く。道幅がやや狭いので滑落に注意。途中ローソク岩の鞍部に至る道がある。クサリ場、階段などもあるが、特段の危険はない。❽田口峠に至る分岐から兜岩山に。急登を上がると広いピーク。三角点に手作りの標識もあるが展望はない。西に100m弱進んだ斜面がガレた地点からは茂来山、御座山、八ヶ岳、蓼科山などの佐久側の展望がある。❾近道分岐から駐車場への道。カラマツ林の急な道はジグザグで歩きやすい。途中から作業道も交錯するので、指導標を確認しながら下山する。

＊指導標は朽ちているものも多いので、地図・コンパスなどで確認したい。

コースタイム（合計 3 時間 35 分）

駐車場➡〈0:05〉荒船不動尊➡〈0:40〉星尾峠➡〈0:30〉近道分岐➡〈0:35〉田口峠分岐➡〈0:15〉兜岩山➡〈0:15〉田口峠分岐➡〈0:35〉近道分岐➡〈0:40〉駐車場

問い合わせ

●下仁田町商工観光課
　☎ 0274-82-2111
●佐久市観光協会
　☎ 0267-62-3285

兜岩山の岩峰群

荒船山 内山峠往復コース

あらふねやま

難易度 **B**
体力度 **2**

| 適期 | 1 | 2 | 3 | **4** | **5** | 6 | 7 | 8 | **9** | **10** | **11** | 12 |

スタート地点	最高地点	終了地点	ルート長	累積登り標高差	累積下り標高差
内山峠 1064m	経塚山 1423m	内山峠 1064m	8.6km	600m	600m

2万5千分の1地形図　荒船山・信濃田口

アプローチ

●**車**：上信越道下仁田ICから国道254号を佐久方面へ、内山トンネル手前の神津牧場の看板を右折、上り切ったT字路を左折すると内山峠駐車場に着く。ICから約28km、1時間ほど。約20台駐車可、無料。トイレなし。

●**公共交通機関**：上信電鉄下仁田駅から町営バスで市野萱バス停下車。内山峠まで徒歩3時間。マイカーやタクシー利用を推奨する。

＊バス（しもにたバス）☎ 0274-82-5038
＊タクシー（成和タクシー）☎ 0274-82-5900
　　　　（上信ハイヤー下仁田営業所）☎ 0274-82-2429

コースガイド

　群馬県と長野県の県境にある荒船山は、山頂部が平らで大海の荒波を行く船のような特異な山容から、登山者に人気がある。西上州の山々の中でも、目を引く覚えやすい山だ。近寄ると大岩壁がそそり立ち、険しい山道を想像するが、思いのほか歩きやすい。山の北面にある岩壁先端の艫岩（ともいわ）は高さ200m、幅500mの大岩壁で、登山者を圧倒する。そして、ここからの展望は、神津牧場、浅間山、北アルプスなどが広がり、素晴らしい眺めだ。また、のんびりと頂上の高原を経塚山へと散策するのはとても気持ちがよい。途中には「皇朝最古修武之地（こうちょうさいこしゅうぶのち）」の石碑がある。ここでは多くの人が利用する内山峠の駐車場から歩き始め、一杯水、艫岩、経塚山への往復という一般コースを紹介する。

荒船山遠望

❶登山口は広い駐車場の奥にあり、大きな案内板がある。登山道は下りから始まり、山腹の西側を巻いてゆく。小さなアップダウンを繰り返す。❷鋏岩修験道場跡（はさみいわ）で一休み、大きく張り出した岩の下は広く、一息するのにちょうどよい。登山口から約1時間で「一杯水」❸の水場に着く。橋を渡っ

た先は岩場となる。足場が濡れている時は要注意である。ササ原が広がり始めたら頂上台地で❹の艫岩展望台へ到着だ。左手は崖なので、決して近づかないこと。展望台は北側が開け、正面に神津牧場、浅間山、その左側奥に北アルプスが望める。また眼下の国道254号もよく見える。十分に展望を楽しんだ後、経塚山を目指す。展望台そばの東屋を過ぎ、❺の相沢口分岐を左手に見て直進する。「皇朝最古修武之地」の石碑を過ぎた頃、初夏にはクリンソウの赤い花の群落が見られる。

平坦な道を進み、艫岩から約30分で❻の星尾峠分岐へ着く。ここから滑りやすい急坂を一上りで経塚山❼へ着く。石祠のある山頂は木立に囲まれ展望はよくない。下山は往路を戻る。

＊艫岩展望台は絶壁の上にあり、転落に要注意。
＊内山峠への道は冬期閉鎖。
＊登山口や山中にトイレはないので、事前に済ませてから入山すること。

コースタイム（合計 3時間40分）

内山峠 ⇄(1:00/0:40) 一杯水 ⇄(0:30/0:20) 艫岩展望台 ⇄(0:40/0:30) 経塚山

問い合わせ
●下仁田町商工観光課
☎ 0274-82-2111

内山トンネル付近から艫岩

立岩（たついわ）
線ケ滝から左回り山頂周回コース

難易度	適期	1	2	3	**4**	**5**	6	7	8	**9**	**10**	11	12

	スタート地点	最高地点	終了地点	ルート長	累積登り標高差	累積下り標高差
C 体力度 **2**	線ケ滝駐車場 740m	西立岩 1265m	線ケ滝駐車場 740m	4.8km	620m	620m

2万5千分の1地形図　荒船山・十石峠

アプローチ

●車：上信越道下仁田ICから国道254号、県道45号・93号・201号へ入り、羽根沢の生涯学習センターを線ケ滝方面に右折し、星尾大橋を越え、線ケ滝を過ぎて車道が終点となるところが登山口のある駐車場。ICから約25km、40分ほど。7～8台駐車可能、無料。線ケ滝に戻ったところにトイレあり。

●公共交通機関：上信電鉄下仁田駅から南牧バス観能行き32分ほどで羽根沢下車、登山口まで徒歩約1時間10分。便数は少なく、平日のみの便もあるので、事前に確認のこと。
　＊バス（南牧バス）☎ 0274-87-2323
　＊タクシー（雨沢ハイヤー）☎ 0274-87-2323

コースガイド

　西上州には岩峰を擁する山が多く、標高はそれほど高くないものの、変化に富み、訪れる登山者が多い。南牧村の立岩は「西上州のドロミテ」といわれ、クサリとヤセ尾根のスリルを楽しむことができる岩峰である。ここでは反時計回りに立岩へ直登し、スリルのあるクサリ場、荒船山分岐、威怒牟幾不動と周回する。威怒牟幾不動は1750年の創建で、大正初期まで参詣者が多かったところ、傍らの滝も見応えがある。しかし、立岩周辺の地形は非常に複雑で崖が多く危険なので、思い込みで登山道からは決して外れてはいけない。

　❶登山口には標識と登山届を入れるポストがある。道標に従い、丸太橋を渡ると案内板があり、左は星尾峠経由荒船山とあり、右側の威怒牟幾不動方面に向かう。10分ほど進むと道標のある❷の分岐となり、右に入り立岩方面に向かう。杉木立の中を稜線に向かう形で上って行く。雑木林になってからしばらく進むと、急登となり、長いロープを上って行く。さらに進むと西立岩と東立岩の間の谷のガレ場❸となる。長いクサリはあるが、崩れやすく浮石も多いので、足元に注意しながら上ると、右側の岩場を巻くように設置されたクサリが見

立岩

えてくる。クサリを頼りに狭い足場に注意しながら岩峰を回り込むと、稜線の鞍部に出る。❹少し先にベンチがあるので、ここで一息つくとよい。頂上である西立岩山頂へ向かうには北に進む。アップダウンを繰り返しながら、ヤセ尾根に出ると左手が切れ落ちており、岩峰が見える。ここからは西上州の山々を一望し、晴れた日には、八ヶ岳から遠く北アルプスまで見ることができる。ヤセ尾根を進み、いったん右側に下ってから稜線に向かって左に上り返すと再びヤセ尾根に出る。さらに進み、小さな手彫りの地蔵尊脇を過ぎると、立岩頂上の西立岩山頂❺に着く。山頂は広くはないが、岩峰の頂上とは思えないほどのどか

な風景が広がる。開けた北側には経塚山や毛無岩、浅間山を望むことができる。少し先に進むとベンチがあり、ここからの展望もよい。景色を楽しんだら下山しよう。下山は左に斜めに進み、クサリやロープを下り、ヤセ尾根歩きになる。20分ほど歩くと2本のクサリがついた急傾斜の約10mほどの岩場❻に出る。三点支持の要領で慎重に上り、再びヤセ尾根を過ぎると雑木林となる。最初の荒船山との分岐を左に折れ、杉林の中を進むと約20分で❼の威怒牟幾不動に着く。下の東屋で休憩し、杉林の中を進み、直登コースの分岐❷を過ぎ、杉、ヒノキの樹林を下れば、❶の登山口に戻る。

＊クサリ場やヤセ尾根が多く、行動には注意を要する。特に、東立岩、西立岩の間の稜線に向かい、岩場を右にトラバースしていくクサリ場は足場が狭く、慎重な行動を要する。威怒牟幾不動から登るコースは、急なクサリ場を下降することになるので勧められない。

コースタイム（合計 3時間20分／逆：3時間30分）

登山口 ⇄(0:10/0:10) 直登コース分岐 ⇄(0:45/0:35) ガレ場 ⇄(0:15/0:15) 稜線鞍部 ⇄(0:25/0:20) 西立岩頂上 ⇄(0:20/0:20) 二本のクサリの岩場 ⇄(0:15/0:20) 荒船山分岐 ⇄(0:20/0:25) 威怒牟幾不動 ⇄(0:40/0:50) 直登コース分岐 ➡(0:10/0:10) 登山口

問い合わせ

●南牧村情報観光課 ☎ 0274-87-2011

難易度 **C**　_体力度_ **3**

毛無岩 道場川（東）尾根コース

| 適期 | 1 | 2 | 3 | **4** | **5** | **6** | 7 | 8 | 9 | **10** | **11** | 12 |

スタート地点	最高地点	終了地点	ルート長	累積登り標高差	累積下り標高差
道場「山神宮」610m	毛無岩山頂 1300m	道場「山神宮」610m	7.5km	800m	800m

2万5千分の1地形図　荒船山

アプローチ

上級者向けの山である。初級者だけでの入山は控えるべき。初級者は必ず上級者と一緒に入ること。上級者はロープを、また初級者は簡易ハーネスがつくれる装備を持参すること。

●車：上信越道下仁田ICから道場まで約20km、35分。タクシー利用の場合は上信電鉄下仁田駅から約15km、25分。神社裏道路脇に2台駐車、その300m先の杉林の中に5台くらい、井戸沢入口ゲート付近に5台くらい。

●公共交通機関：星尾の民俗資料館近くの「羽根沢バス停」から道場「山神宮」の登山口まで徒歩で約1時間。

　＊バス（南牧バス）☎ 0274-87-2323
　＊タクシー（雨沢ハイヤー）☎ 0274-87-2323
　　　　　　（成和タクシー）☎ 0120-812-078

コースガイド

　南牧村と下仁田町境界尾根の荒船山（経塚山）から、東の黒滝山へ続く縦走路のほぼ中間に位置している。下仁田町側からの登山道はなく、荒船山から、また黒滝山からの縦走路も崩壊しており、現在では南牧村側からの尾根ルートが唯一の登山道である。山頂へは縦走路尾根の東側からが近いが、北からも登れる。山頂は狭く、その付近は両側が切れ落ちた岩稜なので、細心の注意が必要である。

　❶山神宮の鳥居をくぐり、建物の西側脇を通り裏に出て、道場川の河原に下りる。対岸正面が登山口である。登山口に入ったら右の沢沿いに少し進み、すぐに左に折れ今度は左下に道場川を見ながら杉林の中を進む。途中、右からの小沢を越えるが尾根への取付までずっと沢の左岸を進む。正面に小滝が現れると、尾根への取付である。❷取付からは、杉林のジグザグの急登をしばらく登り、やがて広葉樹の登山道になる。20分ほどで尾根コースの「赤松の休み場」に着く。❸赤松が数本ある「赤松の休み場」といわれるところで、休憩には最適である。❹展望台。ここは登山道の脇にあり、登山道の7〜8m上にある。うっかりすると通過してしまうので、要注意。毛無岩や立岩が目の前に見える。❺尾根コースとエスケープ縦走路との合流（分岐）点で東の「黒滝山」方向から毛無岩山頂を通らずに北の「相沢越」方向へ進む縦走路と尾根からのコースが合流したところ。❻山頂への道とエスケープ縦走路東の基点で、ここから東へ向えばトヤ山や黒滝山方面。山頂へは尾根上を（来た方向）西へ進む。すぐに右の（北東）方向が切れ落ちた危険な登山道となるので、細心の注意で歩くことが必

要。❼毛無岩山頂は荒船山～黒滝山間の縦走路で最も展望のよいところである。岩の上の狭いところなので、数人以上の場合は、すれ違いにも注意を要する。西側は約200mの断崖絶壁であり、足がすくむ。初心者が同行している場合は、躊躇なく簡易ハーネスなどで確保しながら下るのが安心である。

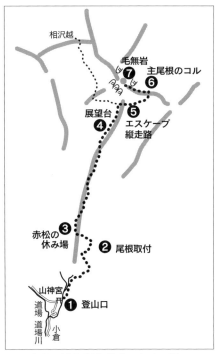

＊下山時の注意事項　❹～❸の間展望台下は急斜面のトラバース。その先（下山方向）にロープが2カ所設置された場所がある。展望台に近い最初のロープ箇所では、簡易ハーネスとロープ確保が安心安全である。しばらく進むとヤセ尾根が10mほどあるが、ヤセ尾根が終わった位置からは直進せず、右下の「左が岩壁」に沿った方向へ進むこと。うっかりすると見落とす。標高950m付近で西へ向かっていた道が180度方向転換し、東へ向かうところとなる。これは左（東）上の岩場を巻いているためである。落葉の季節は特に間違いやすいので、要注意。❷～❶の間標高670m付近の左（東）から枝沢が入っているところの対岸が崩壊している。崩壊した先が正規の登山道なので、こちらへ進んだ方が楽である。道場川左岸の金網がある先で道場川方向へ下れるような「道らしき」ところがあるが、下らずに直進するのがよい。

＊通年登山が可能だが、新緑の春と紅葉の秋がお勧め。
＊古い案内書などでは「神社下の『赤い橋』を渡ってから登山口」へ等の記載があるが、現在『赤い橋』の先は通行不可。
＊この山域はクマの生息域なので、それなりの準備（スプレーや音など出るもの持参）が必要。

コースタイム（最短コースで山頂往復だけの場合、5時間50分）

登山口「山神宮」⇄(0:40/0:30) 尾根取付 ⇄(0:20/0:15) 尾根「赤松の休み場」⇄(1:20/1:00) 展望台 ⇄(0:15/0:15) エスケープ縦走路 ⇄(0:15/0:10) 主尾根のコル ⇄(0:25/0:25) 毛無岩山頂

問い合わせ

●南牧村情報観光課
　☎ 0274-87-2011
●宿泊（民宿）
　月形園 ☎ 0274-87-2698
　かわくぼ ☎ 0274-87-3139
　おかしら ☎ 0274-87-2066
　かじか倶楽部 ☎ 0274-87-3525

展望台からの毛無岩

黒滝山 くろたきさん
不動寺から観音岩、九十九谷周回コース

難易度 **C**　体力度 **2**

適期	1	2	3	4	5	6	7	8	9	10	11	12
				■	■				■	■	■	

スタート地点	最高地点	終了地点	ルート長	累積登り標高差	累積下り標高差
不動寺 692m	観音岩 880m	不動寺 692m	4.1km	479m	479m

２万５千分の１地形図　荒船山

アプローチ
道幅が狭く、大型バスは入れない。
●**車**：上信越道下仁田ICを出て、国道254号、県道45号で南牧村へ。小沢橋で右折し、黒滝山不動寺の看板を見て進む。曲がりくねった狭い道路を注意して進み、黒滝山不動寺下の駐車場に停める。ICから約16km、30分。駐車場にはトイレあり。
●**公共交通機関**：上信電鉄下仁田駅から勧能方面行きの南牧バスで13分、小沢橋で下車。黒滝山不動寺まで徒歩1時間50分。タクシーは下仁田駅から約11km、20分。
　＊バス（南牧バス）☎ 0274-87-2323
　＊タクシー（雨沢ハイヤー）☎ 0274-87-2323
　　　　　　（南牧タクシー）☎ 0274-87-2108

コースガイド
　黒滝山とは、山岳信仰と厄除け不動の霊場として千余年の歴史を重ねる黒滝山不動寺を中心に、馬の背・観音岩・九十九谷・鷹ノ巣山・幕岩などの山全体の呼び名である。山の魅力は、迫力ある奇岩・怪石と抜群の眺望、5月初旬からのアカヤシオ・ミツバツツジ・ヤマツツジそして新緑、また11月初旬の紅葉が素晴らしい。ここでは、黒滝山不動寺を出発点に、峠に出てスリル満点の馬の背渡りを登り、観音岩で360度の眺望を楽しみ、九十九谷の絶景を見て下り、鷹ノ巣山に登る。さらに急坂の杉林を上底瀬に下り、黒滝山登山口を不動寺方面へ登り返して不動寺駐車場に戻る。不動寺は山岳信仰の霊場で、行基作と伝わる秘仏不動明王を安置し、厄除け不動の霊場として千余年の歴史を重ねる古寺である。予約すれば普茶料理をいただくことも、禅の修行を受けることもできる。山門には県指定の天然記念物大杉があり、日東巌・星中巌・月西巌の絶壁に囲まれた数々の寺院建築が見事である。

　不動寺の駐車場を出発し急坂の車道を10分上り黒滝山不動寺❶に到着。寺からジグザグの道を上ると上底瀬への下りと馬の背渡りの分岐の峠❷に出る。左折し進むと、両端の岩が切れ落ちた馬の背渡りに出る。昔修行が行われていた荒々しい岩場も、今は鉄のハシゴとクサリが設置されている。スリルを味わいながら三点確保で安全に一歩一歩進む。垂直に近い20段のハシゴを上がり、しばらく行くと視界が開けて見

馬の背渡り

晴台の岩に着く。足元には九十九谷の荒涼とした岩場が見える。展望を楽しんだら少し戻って、右下へ注意して巻き道を進み稜線へ戻る。❸九十九谷への分岐の標識を左へ直進し、❹黒滝山最高峰の観音岩に登る。頂上には観音像と周辺に33体の石仏が奉られている。頂上は360度の展望、上毛三山、上越の山々、秩父連山や関東平野も眺望できる。近くには西上州の山が望め、鹿岳、四ツ又山、その奥に妙

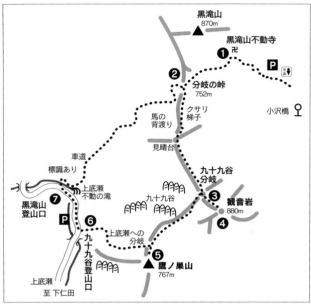

義山が見える。眼下には絶壁に囲まれた不動寺が見える。春の新緑と秋の紅葉が美しい。周辺の石仏を確認しながらも慎重に下り、来た道を❸九十九谷分岐まで戻り左へ下る。露岩の上を慎重に下りると、右側に砂岩の風化により造り出された見事な九十九谷の岩壁群が目に飛び込んでくる。左下には上底瀬の集落が見える。さらに進むと九十九谷を見渡せる絶景ポイントがある。そして、上底瀬と鷹巣山の分岐に出る。直進し❺鷹ノ巣山に登る。眼下には下底瀬の集落が見える。岩稜の頂上から分岐まで戻り、急坂を上底瀬の九十九谷登山口❻まで下る。集落の中の車道を右に進み❼の黒滝山登山口を右に上がる。やがて右上前方に馬の背渡りが見えてくる。さらに登り、不動寺から上って来た分岐の峠❷に出るので直進し不動寺へ。寺散策後駐車場に戻る。

＊馬の背渡り・見晴台・観音岩・九十九谷・鷹ノ巣山など岩場で危険。
＊岩山なので、雨の日は避けた方がよい。適期はヤシオ咲く春、新緑の季節と紅葉の秋がよい。

コースタイム（合計 4時間25分／逆：4時間20分）

不動寺下駐車場 ⇄ 0:10/0:10 黒滝山不動寺 ⇄ 0:20/0:15 峠 ⇄ 0:40/0:35 九十九谷分岐 ⇄ 0:15/0:15 観音岩 ⇄ 0:15/0:15 九十九谷分岐 ⇄ 0:50/0:55 鷹ノ巣山 ⇄ 0:40/0:45 黒滝山登山口P ⇄ 0:05/0:05 黒滝山登山口 ⇄ 0:45/0:35 峠 ⇄ 0:15/0:20 黒滝山不動寺 ⇄ 0:10/0:10 不動寺下駐車場

問い合わせ

●南牧村情報観光課 ☎ 0274-87-2011
●黒瀧山不動寺 ☎ 0274-87-3037

四ツ又山（よつまたやま） マメガタ峠から大天狗峠コース

| 難易度 | C | 体力度 | 2 |

| 適期 | 1 | 2 | **3** | **4** | **5** | 6 | **7** | **8** | **9** | **10** | **11** | 12 |

スタート地点	最高地点	終了地点	ルート長	累積登り標高差	累積下り標高差
大久保 401m	四ツ又山山頂 900m	大久保 401m	3.7km	515m	515m

2万5千分の1地形図　荒船山・下仁田

アプローチ

●**車**：上信越道下仁田ICを出て国道254号を下仁田方面へ、下仁田町を過ぎ県道45号で南牧村へ、小沢橋（赤い橋）で南牧川を渡り左折する。大塩川沿いの道をしばらく進むと大久保の四ツ又山登山口駐車場がある。ICから約14km、約30分。7台程度駐車可。無料。

●**公共交通機関**：上信電鉄下仁田駅から南牧行きのバスに乗り、小沢橋バス停で下車する（所要時間約20分）。登山口の大久保まで徒歩2.5km。

＊バス（南牧バス）☎ 0274-87-2323
＊タクシー（南沢ハイヤー）☎ 0274-87-2323
　　　　　（南牧タクシー）☎ 0274-87-2108

コースガイド

　下仁田ICから下仁田町に向かって少し走ると、目に飛び込んでくる岩峰がある。ラクダのコブのような2つの岩峰を持つ山塊の鹿岳で、さらにそのすぐ左側に見え、1つの山に4つのデコボコした鋸歯状尾根のある山が四ツ又山である。稜線の北東側は急な崖で、南西側も急な斜面になっている。登山道は整備されていて、岩場にはロープが張られている。四ツ又山は、短い距離の間にピークが4つもあり、マメガタ峠より第Ⅳ峰、第Ⅲ峰、第Ⅱ峰、第Ⅰ峰である。各山頂には石祠・石像仏などが安置されている。第Ⅱ峰は巻き道になるのでピークが分かりにくい。石像仏は御嶽信仰のため、御嶽山の方向に向かい安置されている。

❶大久保駐車場から沢伝いに上っていく。沢には小さな滝がいくつもあり、飽きることがない。スギ林の中に❷の分岐があり、左側のマメガタ峠方面に向かう。並行する沢の脇には畑がある。❸マメガタ峠には案内板があり、「左鹿岳・右四ツ又山」と書いてある。ここは広い平らなところで、上り始めてから最初の休憩によいところである。右に曲

四ツ又山

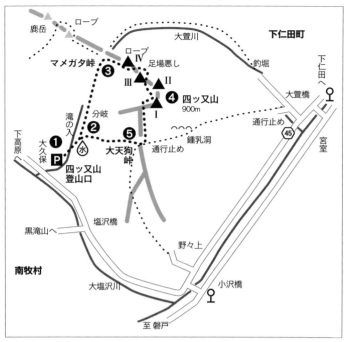

がり尾根伝いに行く。しばらく行くと急な岩場でロープがあり、最初の四ツ又山第Ⅳ峰に着く。第Ⅳ峰のピークには石祠がある。続く第Ⅲ峰は左側（北方向）に回り込む。足場が悪いので注意する。第Ⅲ峰は山伏石像と石祠がある。第Ⅱ峰と第Ⅰ峰は右側を回り込む。ここも足場を確認しロープに振られないように注意して進む。第Ⅱ峰は手前に烏天狗、そしてピークに石像がある。❹四ツ又山第Ⅰ峰は狭い山頂だが、山伏石像があり、鹿岳や下仁田方面がよく見える。花の時期、紅葉の時期、四季折々心を癒やしてくれる西上州の定番の景色である。下山は南へ大天狗峠を目指す。しばらく進むと小石が多くなり、滑りやすくなったところで❺の大天狗峠に着く。大天狗峠から右に曲がり大久保方面に向かう。分岐の手前約80mくらいの位置に水飲み場がある。❷分岐から大久保駐車場へ下りる。

＊四ツ又山は低山だが、下山時はかなり急で滑りやすい。ストックやスリングなどを使用した方がよい。

＊体力と技術のある人は、鹿岳とペアで岩峰縦走を楽しむこともできる。

コースタイム（合計 3時間20分／逆：3時間10分）

四ツ又登山口 ⇄ 分岐 ⇄ マメガタ峠 ⇄ 四ツ又山
0:20／0:10　0:40／0:30　1:20／1:00

⇄ 大天狗峠 ⇄ 分岐 ⇄ 四ツ又登山口
0:30／0:40　0:20／0:30　0:10／0:20

問い合わせ

●南牧村情報観光課
☎ 0274-87-2011

山頂の石像仏

鹿岳（かなだけ） 下高原コース

難易度 C
体力度 2

適期 | 1 | 2 | 3 | **4** | **5** | 6 | 7 | 8 | **9** | **10** | **11** | 12 |

スタート地点	最高地点	終了地点	ルート長	累積登り標高差	累積下り標高差
下高原 435m	鹿岳 1015m	下高原 435m	2.5km	585m	585m

2万5千分の1地形図　荒船山

アプローチ

●**車**：上信越道下仁田ICから国道254号を下仁田方面へ。下仁田町を過ぎ県道45号に入り、南牧村の小沢橋（赤い橋）で南牧川を渡り左折、大久保集落を過ぎ下高原に入るとすぐ下高原・鹿岳駐車場がある。ICから約14km、30分ほど。10台程度駐車可。無料。

●**公共交通機関**：上信電鉄下仁田駅から南牧行きのバスに乗り、小沢橋バス停で下車する（所要時間約20分）。登山口の大久保まで徒歩2.5km。

　＊バス　（南牧バス―）☎ 0274-87-2323
　＊タクシー　（南沢ハイヤー）☎ 0274-87-2323
　　　　　　　（南牧タクシー）☎ 0274-87-2108

コースガイド

　下仁田町から、よく目立つラクダのコブのような2つの岩峰をもつ山塊が見える。これが鹿岳である。南牧村と下仁田町の境に位置する山である。鹿岳は鞍部（コル）を挟み、2つの岩峰がある。南峰（一ノ岳）は南側にあり、鹿岳本峰（二ノ岳）は北側にある。南峰山頂には摩利支天の石碑がある。周りが絶壁のため展望がよく、春はアカヤシオと新緑、秋は紅葉と四季折々素晴らしい景色を見ることができる。鹿岳本峰も南峰（一ノ岳）に劣らず眺望はよい。鹿岳本峰は南峰（一ノ岳）よりも標高が少し高く、1015mである。両峰とも鞍部から往復するのが一般的である。時間的に余裕があり、体力のある人は四ツ又山に登り、マメガタ峠から鹿岳鞍部に至ることも可能である。

鹿岳

　下高原・鹿岳駐車場から10分くらい歩き集落に入る。右側に鹿岳登山口の案内板❶があり、民家の間の登山道を行く。谷筋を歩き、しばらく進むと左側に岩穴が見える。スギ林から広葉樹林帯に代わり傾斜がきつくなると、ヤセ尾根の鞍部❷に出る。鞍部から右側のハ

シゴで急傾斜を上ると、10分くらいで南峰（一ノ岳）の山頂❸に着く。足元から一気に切れ落ちる高度感には思わず足がすくむ。南峰（一ノ岳）の山頂からは素晴らしいパノラマが望める。次に❷の鞍部まで戻り、ヤセ尾根を鹿岳本峰（二ノ岳）に向かうと、岩場の急斜面となる。垂直に近い木のハシゴとクサリを頼りに慎重に上ると❹の鹿岳本峰山頂に着く。ここは西側の眺望がよく、荒船山なども見える。左に少し進むと断崖絶壁で

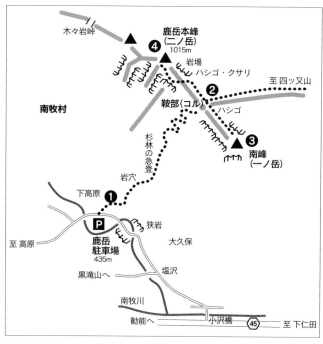

あるので注意する。下りの鞍部に戻る時はクサリ場の急下降となるため、ロープ・テープスリング・カラビナ・ヘルメットなどを用意し、安全を考慮したい。帰りは❷の鞍部から集落へ戻る。
＊岩場のクサリ場は、上級者による安全確保を考慮したい。
＊4～6月の新緑、11月の紅葉期が適期。
＊体力のある人は、四ツ又山とペアで岩峰縦走を楽しむこともできる。

コースタイム（合計 3時間25分）

鹿岳駐車場 ⇄(0:10/0:10) 鹿岳登山口 ⇄(1:10/0:50) 鞍部

鞍部 ⇄(0:10/0:10) 南峰（一ノ岳）

鞍部 ⇄(0:25/0:20) 本峰（二ノ岳）

問い合わせ
● 南牧村情報観光課 ☎ 0274-87-2011

南峰から見た鹿岳本峰（二ノ岳）

大屋山 （おおやさん） 蓼沼から山頂往復コース

難易度 **A**
体力度 **1**

適期	1	2	3	4	5	6	7	8	9	10	11	12

スタート地点	最高地点	終了地点	ルート長	累積登り標高差	累積下り標高差
蓼沼登山口 726m	大屋山山頂 1080m	蓼沼登山口 726m	1.7km	380m	380m

2万5千分の1地形図　荒船山・十石峠

アプローチ

●**車**：上信越道下仁田ICから国道254号を下仁田方面へ。下仁田町市街地から県道45号で南牧村方面に入り、六車（むぐるま）で右折し、六車大橋を渡る。約2.8km先の住吉橋は渡らず直進。登山口の路肩に数台駐車可。

●**公共交通機関**：上信電鉄下仁田駅から南牧バス勧能行き。六車下車。登山口の蓼沼（たで）まで徒歩70分。下仁田駅からのタクシー利用を勧める。

＊バス（南牧バス・雨沢ハイヤー）☎ 0274-87-2323
＊タクシー（南牧タクシー）☎ 0274-87-2108

コースガイド

　大屋山は、黒滝山の西にそびえる標高1000mをわずかに越す小さな山である。蓼沼登山口周辺は、山の中に忽然（こつぜん）と開けた桃源郷のような場所で、山の斜面が2軒の農家と段々畑を優しく抱くように広がっている。また、山頂の西にあるピークは素晴らしい展望台で、北から西にかけては毛無岩、立岩、碧岩、大岩など、南牧村の数々の岩峰が手に取るようだ。ここで次の目標の山を選ぶのも楽しい。

　❶の蓼沼登山口の上にある農家の庭先を通り抜けたところで、左の山道に入る。すぐに二分する道を左に入り、農家の裏手を水平に進む。古くからカヤ場であった段々畑を上がり、小さな沢を渡る。杉林の中を行くと、「清水有ります」と書かれた標識がある。❷の杉林の中の分岐を右へ上る。雑木林に変わると道は左へ曲がる。指導標のある丁字路を直進すると間もなく❸の明神宮（石宮）があり、その奥に蓼沼と簡素な東屋がある。蓼沼は浅く

大屋山西峰から北西を望む

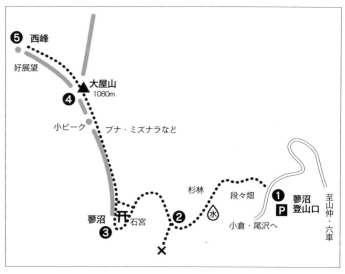

小さな池で、冬場は水もほとんど枯れている。ここから北に向かい尾根をたどる。周りの杉林が途切れ落葉樹に変わると、落ち葉の積もった小広く気持ちのよい尾根となる。小ピークを越え、両側が切れ落ちたコルを過ぎるとひと上りで❹の頂上だ。残念ながら木々にさえぎられ、頂上からの見晴らしはよくない。さらに北へ10分ほど進むと西端の❺のピークに着き、ここで大展望が開ける。近くには大岩壁を西に向けてそそり立つ毛無岩、2つのいかつい岩の塊を突き上げる立岩が、遠くには御座山、八ヶ岳、蓼科山が見渡せる。冬枯れの時期は、南に碧岩、大岩を望む。東に遠く四ツ又山や鹿岳も見える。また、春にはレモンイエローのヒカゲツツジの花が見事に咲き誇る。帰りは来た道を戻る。

コースタイム（合計 2時間10分）

蓼沼登山口 ⇄(0:40/0:25) 明神宮 ⇄(0:25/0:20) 大屋山 ⇄(0:10/0:10) 西峰

問い合わせ

● 南牧村情報観光課
☎ 0274-87-2011

登山口蓼沼の道標

御堂山（みどうやま） 西牧関所跡から高石峠周回コース

難易度 **B**　体力度 **2**

適期　1　2　3　4　**5**　**6**　7　8　**9**　**10**　11　12

スタート地点	最高地点	終了地点	ルート長	累積登り標高差	累積下り標高差
西牧関所 358m	御堂山 878m	根小屋 374m	8.1km	1139m	1140m

2万5千分の1地形図　南軽井沢・荒船山

アプローチ

●**車**：上信越道下仁田ICから国道254号で下仁田町市街地を経て本宿への分岐にある藤井入口のバス停付近に3台駐車可能、上信越道下仁田ICから12.8km、迷惑にならないように駐車すること。

　＊バス（しもにたバス）☎ 0274-82-5038
　＊タクシー（上信ハイヤー下仁田営業所）☎ 0274-82-2429

コースガイド

　ヒルやハチなどの活動時期を考慮し、山行時期の選定には注意した方がよい。紹介ルートは西牧関所跡から高石峠への周回ルートだが、ピストンでも十分楽しめる。途中、獣道や廃道、または作業道として使われている登山道らしき痕跡があるが、迷い込まないように注意する必要がある。

　❶駐車場から国道254号を少しだけ戻り、西牧関所跡から入山。獣除けの柵を避けて車が通れるほどの林道を歩き、20分ほどで車が3台ほど止められる広場に出る。❷ここから道が二俣に分かれるが右側の登山道を行く。倒木を越えながら不明瞭な涸沢から離れないように進むと❸の小滝に出る。小滝は4mほどの高さがあり、左岸にトラロープが設置してあるが、岩場が濡れていなければ問題なく通過でき、その先の緩やかな道を進めば❹の鞍部に出る。鞍部を左に道を取り、稜線沿いにジジ岩ババ岩に向かうと、山行中で一番の展望が開けた場所に出る。この先、これほどの展望はないので、ここまでのピストンとするのもよい。鞍部まで戻り、10分ほどすると主稜線に出る。山頂基部の分岐から急登を過ぎると御堂山に出る。❺山頂は6畳ほどの広さがあるが、展望がないのが残念。基部の分岐まで戻り、高石峠へ進む。道は明瞭で迷うことはないが、高石峠の道標が小さいため、見失って先に進み

ジジ岩とババ岩

すぎてしまわないよう注意が必要。高石峠から根小屋集落に向かい、しばらくすると、眼下に立派な作業用林道が見えてくる。林道は快適だが、何も考えずに進むと下山予定地の根小屋方面から西へ外れていく。本来の登山道が林道により寸断されているので、沢筋に付いているはずの登山道を外さないよう、時折強

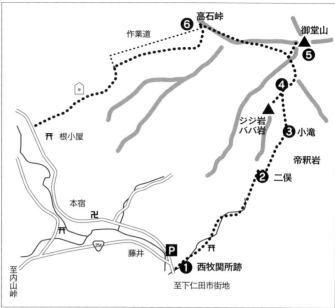

引に林の中を下りることになる。無事に根小屋集落上部の作業小屋に出れば、周回コースの終了となる。

＊高石峠からの下山について登山道が林道で寸断されていて分かりづらい。作業道が沢筋から離れたら、沢筋に道を取ること。沢筋には不明瞭だが登山道がある。

コースタイム（合計 3 時間 20 分）

駐車場➡〈0:45〉小滝➡〈0:10〉コル➡〈0:10〉ジジ岩ババ岩展望台➡〈0:10〉コル➡〈0:35〉御堂山➡〈0:30〉高石峠➡〈1:00〉根小屋

問い合わせ
● 下仁田町商工観光課 ☎ 0274-82-2111
● 下仁田町観光協会 ☎ 0274-67-7500

御堂山山頂

三ツ岩岳 (みついわだけ)
竜王里宮登山口から周回コース（右回り）

難易度 B　**体力度 2**

適期	1	2	3	**4**	**5**	**6**	7	8	9	**10**	**11**	12

スタート地点	最高地点	終了地点	ルート長	累積登り標高差	累積下り標高差
竜王の里宮 645m	三ツ岩岳 1032m	竜王の里宮 645m	2.7km	413m	413m

2万5千分の1地形図　十石峠

アプローチ

- **車**：上信越道下仁田ICから国道254号、県道45号を経由し、県道93号に入り雨沢へ。雨沢で左折し、大仁田ダム下の竜王里宮登山口へ、ICから約20km、40分。トイレあり、十数台駐車可、無料。
- **公共交通機関**：上信電鉄下仁田駅から南牧バス勧能行き雨沢地区南牧役場前下車、大仁田ダム登山口まで徒歩1時間（雨沢ハイヤー約15分）、下仁田駅から上信タクシー利用の場合は約30分。
  - ＊バス（南牧バス）☎ 0274-87-2323
  - ＊タクシー（雨沢ハイヤー）☎ 0284-87-2323

コースガイド

「西上州の山」の愛好者の多くは、花と紅葉で親しまれている山に思いがある。特に春4月中旬、「ヒトツバナ」（アカヤシオ）が山頂一帯に咲き誇り、またヒカゲツツジも見応えがある。コースは、右回り・左回りといずれも短時間で登れ、烏帽子岳と合わせて計画する人がいる。三ツ岩岳は山頂に、3つの岩峰群がそびえており、その一つの中岳には首なし地蔵があり、その岩峰に登るには岩登りのスキルが必要になる。登山口からすぐの分岐から、時計回りに山頂・竜王大権現の祠へ回る右回りコースと、逆に竜王大権現の祠を見て山頂に行く左回りコースがある。どちらでもよいが、最初にのんびりと進む右回りをお勧めする。各コースには案内板が設置されている。

❶大仁田ダム下の登山口には、竜王の里宮が祭ってある。祠のすぐ前に流れ込む小さな沢沿いが登山道である。登山口から沢沿いに登るとすぐに丸太橋がある。濡れている時など、注意して渡りたい。約10分ほどで案内標識のある分岐❷に着く。右は竜王大権現コースだが、右回りコースの南西鞍部を目指す。杉林の中を数回、沢を横切りながらの道を進む。途中林道に出て左折、少し歩くと右

三ツ岩岳

前方に鞍部への道があり、上ると案内標識のある❸の南西鞍部に着く。鞍部からは右へ少し登ると、第二鞍部に着く。ここからしばらく上り下りの稜線を進むと、❹の大岩に突き当たるので右側を巻く。さらに左側は雑木林、右側は杉林となる道を上ると次の岩場となり、左側を巻き、岩場の北面を上る。ここは急登でロープがあるので注意して上る。急登の稜線を上り詰めると主稜線上の分岐❺に着く。ここから左折、ほぼ平らな稜線を5分ほど進むと❻の三ツ岩岳山

頂に着く。山頂からの下山はまず主稜線分岐❺まで戻る。ここから南東方向に主稜線を行くと、❼の岩峰で行き止まりとなる。案内標識があり、右方向へ斜面を下降する。急な斜面をジグザグに進むと竜王大権現の祭られている奥宮❽に着く。引き続き急な斜面を南方向へジグザグで下降すると、分岐❷に出る。沢沿いに登山口まで戻る。

＊特に危険箇所はないが要所の上り・下り箇所にはロープがある。特に大岩北面の急登は注意したい。
＊4～6月、9～11月が適期。低山ながら静かな山歩きが楽しめる。

コースタイム（合計 2時間30分／逆：2時間35分）

竜王の里宮登山口 ⇄ 0:10/0:10 分岐 ⇄ 0:30/0:30 南西鞍部 ⇄ 0:30/0:30 大岩 ⇄ 0:15/0:20 主稜線分岐 ⇄ 0:05/0:05 三ツ岩岳 ⇄ 0:05/0:05 主稜線分岐 ⇄ 0:15/0:20 案内標識 ⇄ 0:10/0:15 竜王大権現奥宮 ⇄ 0:20/0:30 分岐 ⇄ 0:10/0:10 登山口

問い合わせ
●南牧村情報観光課
☎ 0274-87-2011

南西支稜から

烏帽子岳　シボツ沢登山口からマルを経由するコース

難易度 **B**　体力度 **2**

| 適期 | 1 | 2 | 3 | **4** | **5** | 6 | 7 | 8 | **9** | **10** | 11 | 12 |

スタート地点	最高地点	終了地点	ルート長	累積登り標高差	累積下り標高差
シボツ沢登山口 710m	マル 1220m	シボツ沢登山口 710m	3.4km	510m	510m

2万5千分の1地形図　十石峠

アプローチ
- **車**：上信越道下仁田ICから40分。下仁田町市街地から県道45号で南牧村に入り、雨沢経由登山口まで16km。
- **公共交通機関**：上信電鉄下仁田駅から南牧バス勧能行き20分、「雨沢」下車。登山口まで徒歩1時間30分。
  - ＊バス（南牧バス）☎ 0274-87-2323
  - ＊タクシー（雨沢ハイヤー）☎ 0274-87-2323

コースガイド
　山麓の大仁田から眺めると烏帽子を置いたように見えることが山名の由来。南牧村大仁田川の奥に大仁田ダムを挟んで2つの岩峰が対峙する。北西側が三ッ岩岳、南東側が烏帽子岳だ。浅間山から赤城山にかけての眺望がよい。新緑・紅葉・落葉期がおすすめ。4月下旬、山肌と岩峰を埋め尽くす「ヒトツバナ」と呼ばれるアカヤシオの一群が圧巻。

　雨沢から大仁田川に沿って山村の道をたどると、素朴でひなびた集落の上に、烏帽子岳が現れる。まもなく御荷鉾スーパー林道に出て、大仁田ダム下駐車場・トイレ（冬期閉鎖）に着く。その先、登山口前の広い駐車スペースを利用する。❶シボツ沢出合の登山口から上る。幾重にも積もった落葉の道。春は新緑の葉の間からの日差しに後押しされながら登山道はだんだん急になっていく。❷奥の二股で郡界尾根とコルへの道との分岐となる。落葉で分岐先が不明瞭な時もあるので注意。❹の郡界尾根へはだんだん急坂となり沢の水が枯れた後、急登をジグザグに上

烏帽子岳

る。浮石もあり誤って落石させないように注意。❷の奥の二股から❻のコルへも直接上れる。足場は悪く急登。滑落しないようくれぐれも慎重に上ること。❹郡界尾根から❺のマルまではなだらかな稜線歩き。❺マルから❻コルまでは急坂。❻コルから烏帽子岳山頂までは岩稜歩き。コメツツジの枝を手掛かりに岩場を登り上げると視界が開け❼の烏帽子岳山頂に到着。4月下旬には木々の細い小枝の先に淡紅色に咲いたヒトツバナがやさしく迎えてくれる。ここか

らの眺めは素晴らしく、西上州の立岩、鹿岳、四ツ又山、小沢岳、桧沢岳などの山々が間近で、妙義山、榛名山など上毛の山々も望める。下山は❻から❸へ直接下りることができるが急なので、ロープの状態・足元を確かめながら慎重に下ること。

＊奥の二股からコル手前は足場が悪く急坂。滑落注意。
＊アカヤシオの見頃は4月下旬。

コースタイム（合計 3時間20分）

シボツ沢登山口 1:20/1:00 郡界尾根 0:15/0:10 マル 0:15 コル 0:25/0:15 烏帽子岳 0:25/0:30 奥の二俣 0:40/1:00 シボツ沢登山口

問い合わせ
●南牧村情報観光課
☎ 0274-87-2011

烏帽子岳山頂

小沢岳(おざわだけ) 七久保橋から山頂往復コース

難易度 **B**　体力度 **2**

適期｜1｜2｜3｜**4**｜**5**｜**6**｜7｜8｜**9**｜**10**｜**11**｜12｜

スタート地点	最高地点	終了地点	ルート長	累積登り標高差	累積下り標高差
七久保登山口 650m	小沢岳山頂 1089m	七久保登山口 650m	6.0km	560m	560m

2万5千分の1地形図　神ヶ原・十石峠

アプローチ
椚峠まで林道があるが悪路なので入らない方がよい。
●**車**：上信越道下仁田ICから40分。下仁田町市街地から県道45号を南牧村方面に入り「跡倉」信号を左折して、県道172号を経由して6.5kmで七久保橋。
●**公共交通機関**：上信電鉄下仁田駅からタクシー利用。平日の町営バスは土谷沢行15分で「坊主渕」下車。徒歩2.5kmで登山口の七久保橋。
　＊バス（しもにたバス）☎ 0274-82-5038
　＊タクシー（上信ハイヤー 下仁田営業所）☎ 0274-82-2429
　　　　　　（成和タクシー）☎ 0274-82-2078

コースガイド

下仁田町の南、南牧村との町村境にそびえる小沢岳は頂上部が鋭く尖って見える山容から西上州のマッターホルンとも槍ヶ岳とも呼ばれ、一目で登りたくなる山である。下仁田の町からも近く、登山道は整備され初心者にも登りやすく人気の高いコース。山頂からは浅間山をはじめとした上州の山並みが広がり素晴らしい展望が得られる。好展望の山頂には、文化6（1809）年建立の大日如来の石像が祭られている。

七久保橋から椚峠を経て小沢岳山頂を折り返す約3時間、約6kmのコース。❶七久保集落を南下、この先、砂利道。大きな落石多く、溝も深い。❷最初の少し広いところの路肩に車を寄せて駐車する方がよい。林道はこの先も続いており、車両の通行も可能だが、かなりの悪路で椚峠までは車で入らない方が無難。❸林道を沢沿いに椚峠まで上ること30分。峠には二体の石仏がある。道祖神か馬頭観音か「寛政」の文字が読みとれる。200年も前からこの山道には人の往来があったことを確認できる。取り付き部右手は杉や檜が伐採

小沢岳

西上州

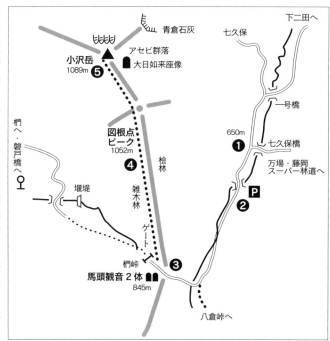

され、苗木が植林された明るく開かれた尾根道。その尾根道の左側直下には平行して作業道があるので注意。途中、ヤセ尾根も通過するが高度感も少なく危険度も低い。❹1時間も上ると図根点のあるピーク。❺少し下って上り返したところが目指す頂上。彫りの深い大日如来像がアセビを背に鎮座している。峠の石仏同様200年もの昔から信仰の山として登られたことが分かる。好展望の山頂の三等三角点の前には文化6年（1809）建立の大日如来の石像が祀られている。山頂は素晴らしい展望。南西側に桧沢岳、御座岳、八ヶ岳、金峰山。西側に荒船山、浅間山。その手前に四ツ又山、鹿岳。北側に谷川連峰、日光白根山、赤城山、男体山。その手前に妙義山など西上州の山々。東側に稲含山。天気がよければ北アルプスも望める。

＊山頂西側（南牧村側）は足元から切れ落ちた崖になっているので注意。
＊椚峠から椚集落方面に向かうルートは廃道。おすすめできない。
＊アカヤシオの見所は4月下旬。

コースタイム（合計 2時間40分）

七久保橋 ⇄ 椚峠 ⇄ 小沢岳
　　0:35　　1:00
　　0:25　　0:40

問い合わせ

●下仁田町商工観光課
☎ 0274-82-2111
●温泉（下仁田温泉 清流荘）
☎ 0274-82-3077

小沢岳山頂

碧岩・大岩　三段の滝から両山往復コース

難易度 C　体力度 3

| 適期 | 1 | 2 | 3 | **4** | **5** | 6 | 7 | 8 | 9 | **10** | **11** | 12 |

スタート地点	最高地点	終了地点	ルート長	累積登り標高差	累積下り標高差
三段の滝登山口 530m	大岩 1133m	三段の滝登山口 530m	5.6km	640m	640m

2万5千分の1地形図：十石峠

アプローチ

●**車**：上信越道下仁田ICから県道45号、93号で南牧村役場前を経由し、さらに108号をたどり23km、登山口に無料駐車場（8台）。

●**公共交通機関**：上信電鉄下仁田駅から南牧バス熊倉行き（冬季は勧能行き）で勧能下車（約40分）、徒歩20分で登山口。ただし、便が少なく、朝の便は、土日祝日は運休しているため、要注意。下仁田駅からはタクシーの利用が便利。

＊バス（南牧バス）☎ 0274-87-2323
＊タクシー（雨沢ハイヤー）☎ 0274-87-2323
　　　　　（南牧タクシー）☎ 0274-87-2108

コースガイド

　南牧三名瀑にうたわれる落差50mの三段の滝を経て、西上州のマッターホルンともいわれる碧岩と大岩を巡るコース。碧岩・大岩の岩峰からは西上州の山並みの展望が素晴らしい。ただし、急な岩場の登下降があるため、上級者向けのコース。ヘルメットを着用すること。

　❶駐車場からは、道標に従い三段の滝遊歩道を行く。階段を上がると間もなく居合沢に出る。遊歩道の左右には、早くも小さな岩峰が見えてくる。❷歩き始めて30分ほどで三段の滝に到着。ベンチもあり、三段の滝が一望できる。左岸側の巻き道から、滝を眺めつつ上部に出られる。この先、コース上の要所にテープ、道標があるので、分岐点では見落とさないよう気を付けよう。❸道標に従い居合沢から右岸の枝沢に入る。❹しばらく進むとまた道標があり、ここで枝沢の左岸側斜面の道に入る。❺稜線に出てしばらく行くと、碧岩・大岩の分岐に出る。左に行けば30分ほどで碧岩、右に行くと30分ほどで大岩。いずれも頂上直下は岩場なので、慎重に行動したい。

碧岩

＊三段の滝の巻き道は、濡れた岩場もありスリップに注意。ロープも一部に張られているが、古いロープもあるので確認を怠らないこと。

＊碧岩に登る場合、大岩との分岐を経由する通常ルートの他に、分岐手前の沢の右岸側斜面を登るルートもある（テープあり）。下部は急斜面で歩きづらい。

＊碧岩頂上直下の岩場は急で、2カ所にロープが張ってあるが、古いロープや不安定な支点もあり、要注意。バランス保持程度に使うとともに、ロープを持参して確保をしたい。

＊大岩頂上直下の岩場は、階段状であるが、両サイドが切れ落ちている。浮石を確認しながら行動したい。

＊アカヤシオの咲く4月から5月初旬、紅葉の映える11月初旬から中旬が特に美しい。

＊沢沿いの木橋は朽ちかけた部分もあるので注意が必要。一人ずつ渡る方が無難。

＊三段の滝は、冬にはアイスクライミングに訪れるパーティーもある。

コースタイム（合計 5時間20分）

登山口（駐車場）⇄（0:20/0:25）三段の滝下 ⇄（0:30/0:25）枝沢分岐 ⇄（1:00/0:45）碧岩大岩の分岐 ⇄（0:30/0:30）碧岩 ➡〈1:00〉分岐を経て）大岩 ➡〈1:50〉往路を戻る）登山口

＊碧岩でロープ使用時は、その時間を加算すること。

問い合わせ

●南牧村情報観光課
☎ 0274-87-2011
＊南牧村内に民宿が4軒、キャンプ場1カ所

三段の滝

桧沢岳 大森橋コース

ひさわだけ

難易度	適期	1	2	3	4	5	6	7	8	9	10	11	12

難易度 B
体力度 2

スタート地点	最高地点	終了地点	ルート長	累積登り標高差	累積下り標高差
大森橋 680m	桧沢岳 1133m	大森橋 680m	3.5km	500m	500m

2万5千分の1地形図　神ヶ原

アプローチ

●車：上信越道下仁田ICから国道254号を経由し、「下仁田」信号で県道45号南牧村方面に入る。南牧村磐戸（いわど）の「磐戸橋」から上野村方面に左折して、ここから根草集落登山口まで約6km。大森橋までは約5.3km。

●公共交通機関：上信電鉄下仁田駅発「勧能」行き「磐戸」下車。登山口まで1時間30分。
　＊バス（南牧バス）☎ 0274-87-2323
　＊タクシー（南沢ハイヤー）☎ 0274-87-2323
　　　　　　（南牧タクシー）☎ 0274-87-2108

コースガイド

桧沢岳は甘楽郡南牧村と多野郡上野村をつなぐ塩之沢峠の北側にある。小沢岳に対してその南にそびえる岩峰が桧沢岳で、その西峰からの展望は、小沢岳など他の西上州の山に引けを取らない。山麓から仰ぐと石垣を積んだ段々畑の中腹に数軒ある農家の裏山という趣き、本来雨乞いの山で頂上や中腹に神社が祭られている。

❶根草の大森橋で右に大きくカーブする道と分かれて左の村道に入り、一軒家の下で左へ橋を渡り登山口に向かう。❷登山口には2〜3台の駐車場所があるが、地元用なので、空いていても置かないこと。車道はこの先、奥の家へ下ってしまう。駐車場所の先を右折し、狭い石垣の道を行くと、最上部の民家の庭を横切る。杉林の中に入り、ジグザグに上ると杉林の尾根に出る。雑木と杉林の境の道を上ると露岩の多い急登になり、ツガの大木のところで右上へ行く踏跡は、大岩と崖に阻まれる。左へ土の急斜面を巻く道で上に出る。少し先で左に突き出た岩に「龍徳不違天」の小碑がある。この先、さらに進むとロープが張られた道となり、急な道を上り切ると本峰と西峰の鞍部❸に着く。北面は、すっぱり切れ落ち

桧沢岳頂上の祠

ている。西峰の往復は、本コースで最も足元が悪い。ロープの張られた急な斜面を上ると西峰に着く。西峰には石祠があり、西上州の山々、浅間山、八ヶ岳などの展望がよい。❹本峰の頂上へは、鞍部から固定ロープのある３ｍの岩場を上ると、平ら

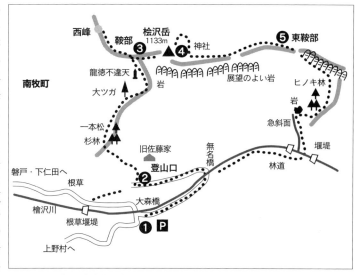

な巻き道を経て、三等三角点と愛宕神社のある山頂に着く。神社の裏から北へ下山、山腹を右に曲がって行くと岩壁の下にお籠り堂が残っている。尾根に出て、展望のよい岩を経て❺の東鞍部に着く。ここから尾根の道と分かれ、岩壁に沿って緩やかに下り、ヒノキ林に入ってジグザグの急降下になる。尾根を離れて沢を渡るとすぐ上の林道に出る。林道を下って行けば大森橋へ戻る。

＊本峰と西峰の鞍部から西峰にかけて、北側が切れ落ちた崖のため注意が必要。
＊下山時の山腹を右に曲がるところは、左手に下降する踏跡があるので注意が必要。
＊登山シーズンは、下草や下枝の生い茂る夏場や積雪期を除けばいつでもよいが、ツツジの咲く頃、秋の紅葉の頃がよい。　＊駐車場はないので大森橋の前後に通行に支障ないよう駐車。トイレはないので、アプローチの途中で済ませること。

コースタイム（合計 2 時間 20 分）

大森橋➡〈0:10〉登山口➡〈0:55〉鞍部（西峰往復）➡〈0:10〉鞍部➡〈0:05〉桧沢岳➡〈0:20〉東鞍部➡〈0:30〉林道➡〈0:10〉大森橋

問い合わせ
●南牧村情報観光課 ☎ 0274-87-2011
●温泉・宿泊
　国民宿舎やまびこ荘 ☎ 0274-59-2027

桧沢岳からの眺望

天狗岩 登山口からの往復コース
てんぐいわ

難易度 A　**体力度 1**

適期	1	2	3	4	5	6	7	8	9	10	11	12

スタート地点	最高地点	終了地点	ルート長	累積登り標高差	累積下り標高差
天狗岩登山口 873m	天狗岩 1183m	天狗岩登山口 873m	3.2km	400m	400m

2万5千分の1地形図　十石峠

アプローチ
●**車**：上信越道下仁田ICから県道45号を経由し25km、1時間で登山口。
●**公共交通機関**：上信電鉄下仁田駅からタクシーで20km、50分。バスの便はない。やまびこ荘に送迎バスあり（要相談）。やまびこ荘から登山口まで40分。
＊タクシー　（上信ハイヤー下仁田営業所）☎ 0274-82-2429
　　　　　　（成和タクシー）☎ 0274-82-2078

コースガイド

　南牧村と上野村の境界尾根にそびえる岩峰。登山道も整備されている。アプローチは下仁田ICから国道254号に入り、下仁田町市街地で県道45号に乗り換えて南牧村方面に向かう。南牧村磐戸で左折し湯の沢トンネルを抜け、左折すると右手に国民宿舎やまびこ荘が見えてくる。やまびこ荘から2.3kmで天狗岩登山口。駐車場にはトイレもあり、20台ほど駐車できる。路肩も広く駐車可である。

　駐車場から少し下ると天狗岩登山口❶の道標がある。沢沿いに上っていくと季節にはいろいろな花が咲いている。沢を渡る風も気持ちがよい。30分ほどで小さな小屋❷に出る。二俣である。清流の音を聞きながら休憩をとると心身ともに休まる。左に行くと天狗岩・シラケ山・烏帽子岳へと続く山道である。右方向は「二輪草群生地を経て天狗岩・天狗岩山頂を経て烏帽子岳」と道標にある。ここでは右に進む。急な坂道を上っていくと、白い小さなニリンソウが迎えてくれ、急登も一時忘れさせてくれる。❸尾根に出て左に折れ、急峻な坂を上れば、天狗岩山頂そして天狗岩展望台❹となる。春に

シラケ山より天狗岩

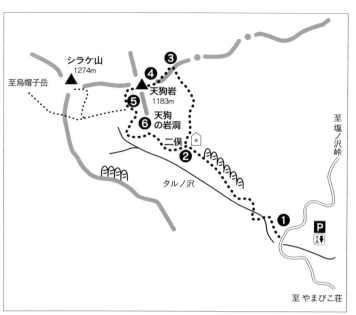

はアカヤシオが咲き誇り、峰々はアカヤシオのピンクと新緑との共演が素晴らしい。西上州の山々を堪能した後、下山へとかかる。上り詰めたのとは反対側に下山する。急坂なので足元には十分注意をしてほしい。下り坂は短く、すぐにシラケ山・烏帽子岳方面の分岐❺。ここを左に折れ、しばらくすると天狗の岩洞の分岐に。分岐から5分ほどで天狗の岩洞❻。この巨大な洞窟で、修験者たちが修行に汗を流したことであろう。この分岐から❷の二俣までは快適な登山道をゆったりとした気持ちで下る。二俣からは20分ほど下れば駐車場である。

コースタイム（合計 2 時間 10 分）

天狗岩登山口➡〈0:35〉二俣➡〈0:40〉（右コース）天狗岩山頂➡〈0:10〉烏帽子岳分岐➡〈0:25〉二俣➡〈0:20〉天狗岩登山口

問い合わせ

- 上野村振興課
  ☎ 0274-59-2111
- 上野村産業情報センター
  ☎ 0274-20-7070
- 温泉・宿泊
  国民宿舎やまびこ荘
  ☎ 0274-59-2027

登山口駐車場の案内図

笠丸山（かさまるやま）
住居附から地蔵峠への周回コース

難易度 **B**
体力度 **1**

| 適期 | 1 | 2 | 3 | **4** | **5** | 6 | 7 | 8 | 9 | **10** | **11** | 12 |

スタート地点	最高地点	終了地点	ルート長	累積登り標高差	累積下り標高差
住居附 786m	笠丸山 1189m	住居附 786m	3.4km	400m	400m

2万5千分の1地形図　神ヶ原

アプローチ
- **車**：上野村の国道299号旧道乙母（おとも）神社から登山口の住居附（すもうづく）まで約4.4km。駐車は林道笠丸線起点付近に約10台。
- **公共交通機関**：JR新町駅発日本中央バス上野村行き「藤沢」下車。笠丸山登山口まで約4.4km、徒歩約1時間10分。地蔵峠登山口まで約4.8km、徒歩約1時間20分。

＊バス（日本中央バス路線バス運行部）☎ 027-287-4422

コースガイド

　笠丸山は、住居附という上野村でも山深い集落の上にそびえ立つ岩峰で、ツツジの花が見事な展望の山である。雨乞いの山としても有名で、今も山麓の人々の信仰を集めている。乙母神社から住居附方面に住居附川沿いの林道を進むと左前方に笠丸山が見えてくる。登山道は、住居附集落の「笠丸山登山口　山頂へ約2K」の指導標があるところと、少し上流の「地蔵峠」経由の笠丸山登山口で、林道笠丸線起点と書かれた標識があるところである。「地蔵峠」経由の笠丸山登山口のコースの方が多少時間がかかる。

　❶笠丸山登山口には、「笠丸山登山口　山頂へ約2K」の標識があり、そのすぐ上には、二基の石灯籠が登山道を挟んで立っている。雑木と杉の中を10分ほど上ると平坦な道となるが、それもわずかで、そこから先は、雑木林の中のアップダウンの道が続く。トラロープでの上りとなると急登が続き、やがて、岩壁に突き当たる。岩の基部を右へ木の根の露出した道をたどり上ると❷の東峰に着く。東側に「笠丸山山頂」の山名板が設置されているが、ここは最高点ではない。西側には、木の祠があり、祠の脇から笠丸山への尾根道が続いている。

笠丸山

❸山頂までは、数分で着く。山頂には、三等三角点が設置されている。山頂からは、上武境、上信境の山々をはじめ広い展望がある。下山は、東峰との鞍部に戻り、固定ロープを下って地蔵峠へ向かう。途中、尾根から右下へ直角に曲がって下降するところがあるが、明瞭な道がY字形に付いており、間違えないよう注意したい。右下へ下ってから尾根通しに進むとナラとツガの大木があり、

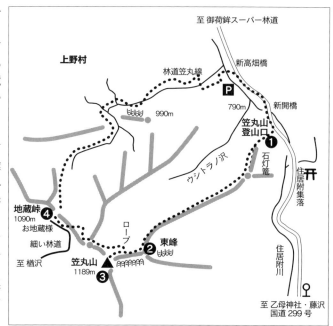

ナラの大木の根元には、お地蔵様が設置されている。❹地蔵峠からは、樽沢方面に道が分岐する。峠からつづら折りに急な斜面を下ると数分で沢沿いの道になり、沢底に下ると間もなく林道笠丸線の終点に出る。車道に出て、駐車地に戻る。

＊東峰と西峰（頂上）との間の岩尾根は、南面が切れ落ちて断崖になっているため、注意が必要。＊登山シーズンは、4月下旬から5月上旬にかけてツツジの咲く頃と10月中旬から11月上旬の紅葉の時が最適期。

コースタイム（合計 2時間30分）

林道笠丸線起点➡〈0:10〉住居附登山口➡〈1:00〉東峰➡〈0:10〉笠丸山➡〈0:35〉地蔵峠➡〈0:35〉林道笠丸線起点

問い合わせ

- 上野村振興課
  ☎ 0274-59-2111
- 上野村産業情報センター
  ☎ 0274-20-7070
- 温泉・宿泊
  国民宿舎ヴィラせせらぎ
  ☎ 0274-59-2585
  ＊日帰り温泉は 12:00〜20:00

笠丸山登山口

稲含山 秋畑コース
いなふくみやま

難易度 A　**体力度 1**

| 適期 | 1 | 2 | 3 | 4 | 5 | 6 | 7 | 8 | 9 | 10 | 11 | 12 |

スタート地点	最高地点	終了地点	ルート長	累積登り標高差	累積下り標高差
神ノ池園地 999m	稲含山 1370m	神ノ池園地 999m	3.0km	400m	400m

2万5千分の1地形図　下仁田・神ヶ原

アプローチ

- **車**：上信越道吉井ICから国道254号、県道197号・46号で甘楽町秋畑を経て25km、1時間20分、富岡ICからは県道46号で20km、1時間で神の池園地へ。20台駐車可。
- **公共交通機関**：上信電鉄上州福島駅からタクシーで1時間。
  ＊タクシー（上信ハイヤー 下仁田営業所）☎ 0274-82-2429
  　　　　　（成和タクシー）☎ 0274-82-2078

コースガイド

　吉井ICから国道254号を富岡市方面へ。甘楽町福島に入ると標識に従い、小幡方面へ左折。県道46号に入ると稲含山の雄姿が現れる。車を進めるにしたがい稲含山はさらに大きさを増してくる。秋畑集落に入り那須大橋手前を右折。神ノ池園地までは約15分。富岡ICからは出口の信号を右折し道標にしたがって小幡方面へ。小幡の信号を右折すれば、その後は吉井ICからと同じ。稲含山は地域との結び付きが強く、5月3日には下仁田・秋畑両稲含神社で、山開きと大祭が行われ、秋畑稲含神社では神楽も奉納される。近隣各市町村の小中高校の校歌にもうたわれている。下仁田町側から入る場合は、高倉・茂垣方面に向かう。鳥居峠手前に50台ほどの駐車場がある。

　❶神ノ池園地はトイレやベンチが整備され、登山準備には最適である。道幅が広いため、路肩駐車可。トイレの横が登山口で、少し上って神ノ池園地からの林道を横切ると一の鳥居❷へ。ここで分岐になり、右に行くと送電線の下を通り❻の鳥居峠へ。ここでは左に行く。すぐに夫婦ケヤキとの分岐になる。夫婦ケヤキまでは約15分。登山道の脇に由来の案内板が設置されていて、一見の価値がある。夫婦ケヤキ分岐から神の水❸を経て、二の鳥居。鳥居を過ぎてしばらくすると旧秋畑稲含神社。❹旧神社は人手が入らな

稲含山

西上州

いため大変荒れているが、広くて平らなので休憩によい。稲含山へは、神社右脇から。丸太でできた階段状の急登を上り詰めると稜線に出て、鳥居峠分岐となる。北側がフェンスになっている道を行くと下仁田稲含神社。神社を過ぎクサリ場を上り切れば、稲含山山頂である。❺山頂には方位板が設置されており、西上州の山々、八ヶ岳、遠くには北アルプスの鋭鋒群を望み、360度の眺望を満喫できる。

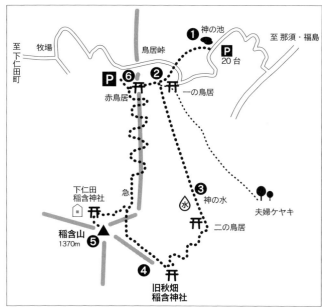

下りは下仁田稲含神社を通り過ぎ、鳥居峠分岐まで戻り、急な下り坂を鳥居峠へと下る。赤鳥居❻に来れば急坂も終わりで、ここからは送電線の下を通り、一の鳥居❷を経て、神ノ池❶まで下る。

＊冬季は枯葉の下の登山道が凍結している恐れがあるので要注意。

コースタイム（合計 2時間）

神ノ池園地➡〈0:10〉一の鳥居➡〈0:05〉夫婦ケヤキ分岐➡〈0:15〉神の水⬅〈0:15〉旧秋畑稲含神社➡〈0:30〉稲含山山頂➡〈0:35〉赤鳥居➡〈0:10〉神ノ池園地

問い合わせ

- 甘楽町産業課
  ☎ 0274-74-3131
- 下仁田町商工観光課
  ☎ 0274-82-2111
- 宿泊
  甘楽ふるさと館（日帰り入浴可）
  ☎ 0274-74-2660

稲含山山頂

大桁山・鍬柄岳 やすらぎの森からの周回コース

おおげたやま・くわがらだけ

難易度 C　**体力度 2**

適期	1	2	3	4	5	6	7	8	9	10	11	12

スタート地点	最高地点	終了地点	ルート長	累積登り標高差	累積下り標高差
大桁やすらぎの森駐車場　461m	大桁山　836m	大桁やすらぎの森駐車場　461m	7.3km	911m	924m

２万５千分の１地形図　下仁田

アプローチ

●**車**：上信越道下仁田ICから「大桁やすらぎの森駐車場」まで4.7km。大桁やすらぎの森駐車場は無料で約20台駐車可、トイレあり。鍬柄岳登山口は3台ほど路肩駐車が可能、トイレなし。

●**公共交通機関**：上信電鉄千平駅から鍬柄岳登山口まで1.5km（40分）。大桁やすらぎの森まで2.3km。（60分）

　＊上信電鉄鉄道部 ☎ 027-323-8073

コースガイド

　市街地から近く手軽に登れる2座だが、鍬柄岳は山頂直下が急峻でクサリが連続し、初心者には厳しい。空に向かって親指を立てたような山である。経験豊かな登山者にはクサリ場は足場がしっかり付いていて登りやすい。鍬柄岳山頂は360度の展望で思ったより広く、切り立った岩場と山頂に2カ所の祠がある。大桁山は鍬柄岳とは対照的になだらかでファミリー向きの山。危険なところはないが林道があちこちあるので、道標を確認しながら進む。道標はしっかり設置されているので迷うことはない。大桁山山頂は広くベンチもたくさんあり、のんびりと弁当を広げるには最適だ。北側と南側に展望がある。2座とも大桁やすらぎの森駐車場に車を止めて起点とするのがお勧めで、登山者のレベルに合わせて山とルートを選べばよいだろう。

　大桁やすらぎの森駐車場❶は林道から右に入ったところにあるが、右折が鋭角の登りで車は曲がり切れない。通り過ぎてUターンし北側から左折する方がよい。駐車場❷は広くトイレは水洗。❸の鍬柄岳登山口まで林道を下る。登山口には道標があり分かりやすく、林道の路肩に3台ほど駐車スペースがある。❹大桁山への分岐で鍬柄岳山頂への取り付き点。ここまでは危険箇所はない。左手、大桁山方面の踏み跡には「大桁山近道」と書かれた看板がある。右の登山道を10mほど行くと山頂直下のクサリ場が続く。❺のクサリ場を登り上げると左右切れ落ちた岩場。祠がある。距離は短くクサリ、足場もしっかり付いているので特に問題はないが注意して渡る。その先が鍬柄岳山頂でわりと広く360度の展望だ。西上州

鍬柄岳山頂

の山々と眼下には近隣の町が見える。❹の分岐まで注意して戻る。大桁山近道の看板の方へ踏み跡をたどる。出だしトラバース気味でスリップに注意。❻の踏み跡はしっかり付いていて道標もあり迷うことはない。❼の分岐には、大桁山、鍬柄岳と矢印看板があり、大桁山の矢印方向へ向かう。❽大桁山頂までは小まめに道標があり、木を使った簡易な階段を登り切ると広々とした山頂へ到着する。山頂❾は木のベンチが並んであり北側に妙義山がよく見える。❿から道標に沿って大桁やすらぎの森へ向かう。道標は「千平駅方面」とある。ほどなく川後石峠のゲートに到

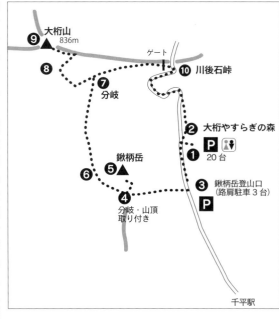

着。林道が多くあるので「千平駅方面」の道標を確認しながら降って行くと大桁やすらぎの森と書いた道標にたどり着く。

＊鍬柄岳山頂直下はクサリ場の連続。
＊新緑の頃か紅葉から年末が適期。
＊夏場はヒルが多い。

コースタイム（合計 3 時間 40 分）

大桁やすらぎの森駐車場➡〈0:15〉鍬柄岳登山口➡〈0:30〉大桁山分岐（頂上取付点）➡〈0:20〉鍬柄岳山頂➡〈0:15〉大桁山分岐（頂上取付点）➡〈0:15〉はしご階段➡〈0:25〉大桁山登山道（関東ふれあいの道）➡〈0:30〉大桁山山頂➡〈0:40〉川後石峠➡〈0:30〉大桁やすらぎの森駐車場

問い合わせ

● 富岡市観光交流課 ☎ 0274-62-1511
● 富岡市観光協会 ☎ 0274-62-6001
● 日帰り温泉
　恵みの湯 ☎ 027-385-1126

大桁山

雨降山 御荷鉾スーパー林道からの周回コース

難易度 B　体力度 2

| 適期 | 1 | 2 | 3 | **4** | **5** | **6** | 7 | 8 | 9 | **10** | **11** | 12 |

スタート地点	最高地点	終了地点	ルート長	累積登り標高差	累積下り標高差
雨降山登山口 600m	雨降山 1013m	雨降山登山口 600m	6.9km	796m	802m

2万5千分の1地形図　　万場・鬼石

アプローチ

●車：関越道本庄児玉ICから神流湖畔の夜沢を経て60分、上信越道藤岡ICから60分、登山口付近に3〜4台。

●公共交通機関：JR高崎線新町駅下車バス55分、JR八高線群馬藤岡駅下車バス45分、元坂原下車。坂原林道経由登山口まで徒歩40分。

＊バス（日本中央バス路線バス運行部）☎ 027-287-4422

コースガイド

　雨降山は、東西御荷鉾山から続く稜線東端の好位置を占めるが、木が茂っていて展望はあまりない。東峰には琴平宮と御嶽神社など五体の神様が祭られ、この地方の山岳信仰の拠点であった。北麓の三波川の上流にある琴平神社の奥社として開かれた。山開きは八十八夜の5月2日に行われ、家内安全・五穀豊穣を祈願する恒例の「火渡り護摩」は1899（明治32）年から続けられている。山名は「あふり」や「あぶり」が「雨降」に転化したと思われる。

雨降山山頂

　バスの場合は、新町駅から上野村行きに乗り、元坂原で下車。トイレあり。登山口までは約40分。車の場合は、神流湖畔の夜沢から御荷鉾スーパー林道に入り、約4.4kmで登山口。トイレはないので道の駅おにし、または相向かいのトイレに寄っておくとよい。林道の脇に3〜4台の駐車スペースがある。❶登山口から作業道を10分歩くと❷の鳥居があり、そこから登山道になる。杉林の登山道は道標もあり、分かりやすい。稜線に出る直前にはカエルのオンブ岩があり、その辺りは雑木林になる。稜線には四連のご神体があり、真新しい御幣が付いていて信仰の深さが感じられる。10分ほどで東峰に着く。❸東峰には琴平大神金山彦命・

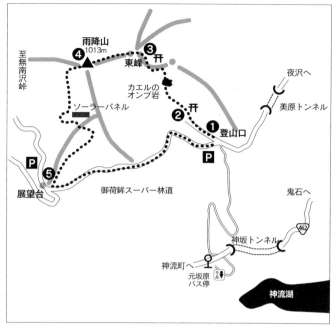

神武天皇・大山祇神社・御嶽神社・天照大神が祭られている。その他に、修行者の休憩所やトイレ、テレビの中継所がある。修行の人は山頂には行かないようで、中継所の脇は雑草がたくさん生えている。20分ほどで山頂。❹山頂は平らで広いが展望はない。下山は、西へ100mほどに道標があるので左に曲がる。植林の中を道標に従い作業道を何度か横切って進む。以前は登山道だったところにソーラーパネルができたので、それが見えたら大回りになるが作業道を歩く。作業道から再び登山道への道標が出てきたら❺の展望台は近い。葉が落ちると、神流湖が見えるので展望台という名があるようだ。ここには法久峠地蔵尊と朽ちたベンチや案内板がある。スーパー林道を❶の登山口まで戻る。

＊作業道がたくさんあり迷いやすい。途中にソーラーパネルがあるので、作業道を歩く。標識がどちらを向いているか分からないところがある。

コースタイム（合計 3 時間）

登山口➡〈0:10〉鳥居➡〈0:50〉東峰➡〈0:20〉雨降山➡〈1:00〉展望台➡〈0:35〉登山口

問い合わせ

- 藤岡市鬼石総合支所にぎわい観光課
  ☎ 0274-52-3111
- 温泉・宿泊
  八塩温泉旅館組合 ☎ 0274-52-2641
- 日帰り温泉
  桜山温泉絹の里別邸 ☎ 0274-50-8005
  （11:00～21:00）

御神体

御荷鉾山・オドケ山
スーパー林道から3山周回コース

難易度 **A**　体力度 **2**

適期	1	2	3	4	5	6	7	8	9	10	11	12

スタート地点	最高地点	終了地点	ルート長	累積登り標高差	累積下り標高差
西御荷鉾山中央登山口 1080m	西御荷鉾山 1287m	西御荷鉾山中央登山口 1080m	13.5km	914m	914m

2万5千分の1地形図　万場・神ケ原

アプローチ
スーパー林道は冬期閉鎖
●車：中央登山口駐車場は40台駐車可、無料、トイレあり。上信越道藤岡ICから神流町方面へ43km。関越道本庄児玉ICから神流町方面へ44km。県道71号、みかぼ高原荘を過ぎ、突き当たり丁字路を右折。東御荷鉾山東登山口は4台、トイレなしで無料。オドケ山登山口6台、トイレなしで無料。
●公共交通機関：日本中央バスでJR高崎線新町駅から神流町役場前まで70〜90分、本数は少ないので注意。バス停から西御荷鉾山西登山口まで7.4km、神流町にタクシーなし。＊道路状況（藤岡市土木課）☎ 0274-40-2322

コースガイド
　御荷鉾山は高崎市の南西方向に位置し、西御荷鉾山（1287m）、東御荷鉾山（1246m）、オドケ山（1191m）の3山から成り古くからの信仰の山である。東西山頂には不動尊が祭られ、地元ではさまざまな伝説が残されていて、中央登山口には大きな鉾も祭られている。尾根沿いにはスーパー林道が走りそれぞれの登山口を結んでいて、車で移動すれば短時間で3つの山頂を踏むことができる。メインの西御荷鉾山は中央登山口から30分ほどの登りなので、家族でのんびりとハイキングするのもよい。

　❶広い駐車場で道路を挟んで反対側が中央登山口。その横にトイレがあり、少し離れて大きな鉾と東屋がある。アスファルト舗装のスーパー林道を東へ、東御荷鉾山へと向かう。❷投石峠は東・西御荷鉾山への登山口で2台ほど車が停められる。周回コースをとるので、さらにスーパー林道を歩く。全般に軽い下り。1時間弱ほど歩くと左に入る林道❸があり、「御荷鉾山登山道のご案内」と書かれた看板が立っている。その林道に入るとすぐ左に大きくカーブして広いスペースがあり、4、5台の車が止められる。林道に向かって左側に東御荷鉾山と書かれた道標があり、林道から外れて登山道を行く。❹危険なところはなく、東御荷

西御荷鉾山頂

鉾山頂まではなだらかで、山頂には不動尊が祭られている。下りは杉林で最後のところが急坂になるのでスリップに注意。❷の投石峠は一度スーパー林道に出て20mほど先の右手に西御荷鉾山と書かれた道標があるのでそこから入る。こちらも

なだらかな登山道で、不動尊に着くとその先が❺の西御荷鉾山頂。広く刈り払われ開けていて展望もよい。反対側にも不動尊があり、山頂が両方から守られているようだ。下りは不動尊から西へ2つの道があるが、どちらからでも同じですぐに合流する。合流したところに中央登山口と西登山口の分岐があり、中央登山口へは20分ほどで下りてしまう。分岐には道標あり。オドケ山へ向かい西登山口方面へ。ほどなくスーパー林道に行き着く。❻からオドケ山登山口へは1.4kmのアスファルト舗装を歩く。❼の林道右側に6台ほどの駐車スペースと看板がある。ここから登山道を行くとすぐに分岐があり、右回りと左回りで周回できるようだが、左への登山道はロープが張ってあり、通行できなくなっている。右側の登山道を行くとすぐにまた分岐がある。右側へは西御荷鉾山と書いた道標があるので左へ入る。一登りで山頂だ。❽山頂は広く祠が2つある。あまり展望はよくない。下山は上った道を引き返す。登山口からはアスファルト舗装の林道を駐車場まで歩く。

＊6月下旬から7月上旬にかけて、ニッコウキスゲが群生。

コースタイム（合計 6 時間）

西御荷鉾山中央登山口駐車場➡〈0:20〉投石峠➡〈1:00〉東御荷鉾山東登山口➡〈1:00〉東御荷鉾山山頂➡〈0:40〉投石峠➡〈0:45〉西御荷鉾山山頂➡〈0:25〉西御荷鉾山西登山口➡〈0:30〉オドケ山登山口➡〈0:20〉オドケ山山頂➡〈0:10〉オドケ山登山口➡〈0:50〉西御荷鉾山中央登山口駐車場

問い合わせ

- 神流町産業建設課 ☎ 0274-57-2111
- 神流町観光案内所 ☎ 0274-57-3305
- 温泉・宿泊
  冬桜の宿神泉 ☎ 0274-52-2100
- 日帰り温泉
  白寿の湯 ☎ 0274-52-3771

中央登山口の鉾

赤久縄山 （あかぐなやま）

栗木平から山頂周回コース

難易度 A　**体力度 3**

適期	1	2	3	4	5	6	7	8	9	10	11	12

スタート地点	最高地点	終了地点	ルート長	累積登り標高差	累積下り標高差
赤久縄山登山口（栗木平）803m	赤久縄山山頂 1523m	赤久縄山登山口（栗木平）803m	12.1km	994m	982m

２万５千分の１地形図　神ヶ原

アプローチ

●車：上信越道藤岡ICから県道13号・国道462号（神流町役場前経由）・県道46号41km（駐車場あり、無料）。

●公共交通機関：JR高崎線新町駅から神流町八幡神社まで日本中央バス1時間33分。八幡神社から赤久縄山登山口まで徒歩5.6km。

＊バス（日本中央バス路線バス運行部）☎ 027-287-4422

コースガイド

　赤久縄山は神流川北岸沿いに連なる山々の最高峰であり、山頂には一等三角点が設置されている。赤久縄山山頂標識の標高は1522.3mとなっているが、現在国土地理院地図では標高1522.7mとなっている。山頂付近はシラカバ、ダケカンバ、ミズナラ、カラマツなどの混生林に覆われており、新緑の5月、紅葉の10月は特に目を見張る美しさである。山頂は一等三角点が設置された当時は360度の展望があったと思われるが、現在は樹木に覆われ残念ながら視界が開けているのは東側の御荷鉾山方面だけである。御荷鉾スーパー林道の開通によりマイカーでのアプローチが容易になり、東登山口・西登山口からの山頂往復だけなら1時間ほどで登って来られるので、ファミリー向きである。

　❶の登山口右側には「赤久縄山登山道のご案内」と書かれた大きな地図の立て看板がある。登山口左側の道標には「赤久縄山3.7km180分」とある。登山口から赤久縄林道を100mほど進んだ先の道路の右側に車が5、6台置けるスペースがある。❶から❷の早滝分岐まで塩沢川沿いを進む。ここから早滝往復は約20分。危険箇所にはクサリがあり、注意して歩けば問題はない。早滝は赤久縄山を流れる塩沢川にかかる直瀑で、落差30〜40m程度。冬期に結氷し氷瀑となる。❷から御荷鉾スーパー林道交点❸までの間は東京電力新榛名線の送電鉄塔の巡視路があり、登山道は明瞭である。❸から5分ほど歩くと林道左側に東京電力新榛名線の送電鉄塔122号の入り口付近に道標があり、「赤久縄山0.9km 35分、早滝2.2km 85分」とあ

父不見山中腹から望む赤久縄山

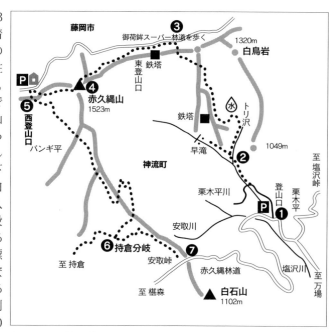

る。道標から2～3分で東登山口に到着するが、東登山口の標識はなく熊出没注意の立て看板がある。赤久縄山山頂❹で一等三角点標石と山頂標識を写真で撮って、ベンチで休憩したら西登山口❺へ下る。❺でも西登山口の標識はなく、赤久縄山400mと熊出没注意の立て看板があり、安取峠への道標には標高1420mと安取峠2.4km 50分とある。しかし、GPSで測ると安取峠2.4km 50分は❻持倉分岐までと思われる。❺～❻までの道幅は広く歩きやすい。❻～❼までの道幅は急に狭くなるが、特に危険箇所はない。❼の安取峠入り口から安取川沿いの山道は廃道状態で、林道を下る。道標は栗木平へ2.7km 30分だが、50分近くかかる。

コースタイム（合計 5 時間）

赤久縄山登山口（栗木平）⇄[0:20/0:15] 早滝分岐（早滝往復 0:20）早滝分岐 ⇄[1:30/1:00] 御荷鉾スーパー林道 ⇄[0:40/0:30] 山頂 ⇄[0:10/0:15] 西登山口 ⇄[1:10/1:40] 安取峠 ⇄[0:50/1:10] 赤久縄山登山口（栗木平）

問い合わせ

- 神流町産業建設課
  ☎ 0274-57-2111
- 神流町観光案内所
  ☎ 0274-57-3305
- 温泉・宿泊
  冬桜の宿神泉 ☎ 0274-52-2100
- 日帰り温泉
  白寿の湯 ☎ 0274-52-3771

赤久縄山山頂

父不見山 （ててみずやま）
道の駅万葉の里から山頂周回コース

適期	1	2	3	4	5	6	7	8	9	10	11	12

難易度 **A**　体力度 **3**

スタート地点	最高地点	終了地点	ルート長	累積登り標高差	累積下り標高差
道の駅「万葉の里」353m	長久保の頭 1066m	道の駅「万葉の里」353m	15.6km	1037m	1043m

2万5千分の1地形図	万場

アプローチ

●**車**：上信越道藤岡ICから県道13号、国道462号（神流町役場前経由）で道の駅「万葉の里」まで36.5km、駐車場（無料）あり。

●**公共交通機関**：JR高崎線新町駅から道の駅「万葉の里」まで日本中央バス約1時間。

＊バス（日本中央バス路線バス運行部）☎ 027-287-4422

コースガイド

　父不見山は群馬県神流町と埼玉県小鹿野町の県境にある。山頂に設置された立て看板「父不見山」の由縁によると、埼玉県側では「ててみずやま」と呼び、群馬県側では「ててめえじやま」と呼び、国土地理院地図では「ててみず」と振り仮名が付いている。地元の道標にはMt. Tetemiezuとなっている。山名が「ててめえじやま」「ててみえずやま」「ててみずやま」と3つの呼び名で呼ばれているのは珍しい。山頂の大きな標柱の標高は1048mとなっているが、道標に掛けた木札の標高は1046mとなっている。国土地理院地図では現在1047mとなっているので、現時点では1047mが正しい表示といえよう。

　駐車適地に乏しいので❶の道の駅「万葉の里」に駐車して、道の駅を起点・終点とする周回コースを歩く。道の駅「万葉の里」から上野村方面に向かって約1kmほど進み、小平の神流川に架かる神流川橋を渡り右折する。200mほど進むと道路の左側に道標があり、「坂丸峠 170分 2.9km　父不見山 230分 4.4km」と表示がある。道標に従い左上に進む。およそ1.5km進むと林道坂丸線に合流する。左折し100mほど進むと林道の右側に大きな立て看板がある。「父不見山登山道のご案内」を見て、これから進むコースを確認しよう。700mほど進むと登山道から御荷鉾山、赤久縄山が見える場所に着く。300mほど進むと水場があるが、水量はわずかである。さらに500mほど進むと古木の根本に小さな祠の置かれた坂丸峠❷に着く。そこを左折し、❸の長久保の頭まで1.3kmの登山道を

塩沢峠付近から望む父不見山（中央・右は長久保の頭）

進む。丸山の右側を巻いて進むと、長久保の頭の手前300m辺りの右側秩父方向（南西方向）に両神山のどっしりとした山容を見ることができる。❸長久保の頭には二等三角点が設置されている。山頂標高1065.8 mはこのコースの最高地点である。山頂の道標の1つに大塚と書かれているが、山頂に設置された二等三角点の基準点名の「大塚」を表していると思われる。❸の長久保の頭から❹の父不見山までの距離は600mほどであるが、高低差100 m下って80 m上るのはきつい。長久保の頭、父不見山とも山頂は樹林に覆われ展望はない。父不見山の山頂には「三角天」と書かれたダルマ石がある。❺杉ノ峠は名前の通り杉に囲まれ、石の祠と石灯籠がある。杉ノ峠から❻の生利に向って北方向に下って行く。神流川に架かる生利大橋を渡り、左折して国道462号を3km歩けば道の駅に到着する。

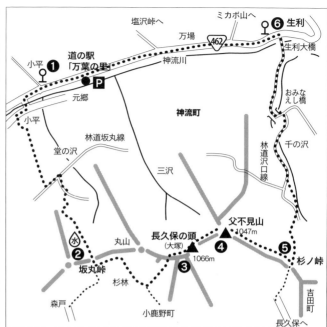

コースタイム（合計 左回り6時間10分／右回り5時間55分）

左回り
道の駅「万葉の里」➡〈2:00〉坂丸峠➡〈0:50〉長久保の頭➡〈0:20〉父不見山➡〈0:30〉杉ノ峠➡〈1:40〉生利➡〈0:50〉道の駅「万葉の里」

右回り
道の駅「万葉の里」➡〈0:50〉生利➡〈2:00〉杉ノ峠➡〈0:30〉父不見山➡〈0:20〉長久保の頭➡〈0:30〉坂丸峠➡〈1:45〉道の駅「万葉の里」

問い合わせ

- ●神流町産業建設課 ☎ 0274-57-2111
- ●神流町観光案内所 ☎ 0274-57-3305
- ●日帰り温泉
  桜山温泉 絹の里別邸 ☎ 0274-50-8005

父不見山山頂

大山・天丸山 天丸橋からの周回コース

おおやま　てんまるやま

難易度 **C**
体力度 **3**

| 適期 | 1 | 2 | 3 | 4 | 5 | 6 | 7 | 8 | 9 | 10 | 11 | 12 |

スタート地点	最高地点	終了地点	ルート長	累積登り標高差	累積下り標高差
天丸橋 1005m	天丸山 1506m	天丸橋 1005m	9.3km	900m	900m

2万5千分の1地形図　両神山

アプローチ

公共交通機関利用では日帰りは無理。
●車：関越道本庄児玉ICまたは上信越道藤岡ICで降り、鬼石から下久保ダム経由で上野村へ。ホテル「ヴィラせせらぎ」手前の新要橋を左折し野栗沢方面へ、民宿「すりばち荘」先の丁字路を右折して最奥の集落奥名郷方面へ。林道を約2kmで登山口の天丸橋に着く。約2時間。駐車は旧道跡や広場に10台程度可。
●公共交通機関：JR高崎線新町駅から日本中央バス奥多野線で上野村八幡バス停（新要橋手前）下車。所要時間、約2時間。
　＊バス（日本中央バス路線バス運行部）☎ 027-287-4422
　＊タクシー（乗合タクシー）☎ 0274-59-2111（上野村役場）

コースガイド

　最奥の集落奥名郷は平家伝説がある。天丸山は林道が奥まで延びて交通の便がよくなり、西上州の山の中でも人気のある山となった。

　❶登山口の天丸橋には標識があり、堰堤を左側に見て沢の右側を上って行く。しばらくして沢の対岸へ渡る。沢の左側を上るが、登山道は踏跡程度となり、目印のテープを探し何回か対岸へ渡り返しながら上って行く。やがて正面に岩壁が出て沢は右に曲がるようになる。❷小さな滝がある。左からの涸れ沢を少し上り、右の岩壁に取り付く。ロープがありトラバースして、滝の上部に出てアルミのハシゴを登り、沢の上部に出る。しばらく沢沿いに上ると、左側の杉の植林地の中に登山道がある。この道はつづら折りの急登で、上れば背後に天丸山の岩峰が見える。やがて緩やかな涸れ沢の中を登って行くと大きな岩が出てくる。この先に大山・天丸山への分岐❸があり、左折して急登すると尾根に出る。この先はやせた尾根の岩稜になるので慎重に上る。小さなコルから岩壁を左に巻くと岩場となり、そこを登るとまた岩場となるが、左の樹林にロープが設置されている。ガレた登山道を上れば大山の山頂となる。❹山頂からはこれから登る天丸山、その奥に黒木に覆われた帳付山、八ヶ岳から御座山、転じれば大ナゲシ、赤岩岳、奥に両神山が一望できる。天丸山へはコースを途中まで戻り、県境から派生

大山

した小尾根を行き、コルから急登して県境の尾根に出て右折すれば❺倉門山である。右手に天丸山を望みながら尾根を進むと天丸山分岐❻となり、右折する。尾根を下れば天丸山の基部に着く。岩壁には何段にも分かれてロープが設置されている。❼天丸山山頂は狭いが、西端の岩場からは素晴らしい展望がある。天丸山分岐❻に戻り、右折して岩場を左から巻いて下って行くといにしえの峠道「上武国境」の馬道のコル❽に着く。ここは十字路であり、右折し❾社壇の乗越まで下る。道は整備されたが、一部に倒木や崩壊しているところもあり注意

する。社壇の乗越は林道が開通して切り通しになっている。右折して舗装された林道を下る。展望が開け、志賀坂の二子山や登って来た大山、天丸山などを眺めながら天丸橋に戻る。

＊天丸山の南面の岩場は垂直に近く落石を起こさないよう慎重に行動する。初心者は登らない方が無難である。（社壇の乗越から天丸山へのコースは山火事以降、上野村では登山禁止としている）
＊天丸沢は徒渉があるので大雨直後は避けること。また、踏跡や徒渉地点を見落としやすいので、下山は避けた方が無難である。
＊民宿「すりばち荘」前にある公衆電話ボックス利用の入山者ノートに記帳すること。

コースタイム（合計 5時間10分）

天丸橋 ⇄(1:20/1:10) 大岩上部の分岐 ⇄(0:25/0:20) 大山 ⇄(0:35/0:35) 倉門山 ⇄(0:10/0:15) 天丸山分岐 ⇄(0:25/0:25) 天丸山
天丸山 ⇄(0:25/0:25) 天丸山分岐 ⇄(0:10/0:15) 馬道のコル ⇄(1:10/1:15) 社壇の乗越 ⇄(0:30/0:30) 天丸橋

問い合わせ

● 上野村振興課 ☎ 0274-59-2111
● 上野村産業情報センター
　☎ 0274-20-7070
● 温泉・宿泊
　ヴィラせせらぎ ☎ 0274-59-2585
　民宿すりばち荘 ☎ 0274-59-2161

天丸山

大ナゲシ 赤岩沢（赤岩橋から山頂往復）コース

難易度 **C**
体力度 **3**

| 適期 | 1 | 2 | 3 | **4** | **5** | **6** | 7 | 8 | **9** | **10** | **11** | 12 |

スタート地点	最高地点	終了地点	ルート長	累積登り標高差	累積下り標高差
赤岩橋登山口 710m	大ナゲシ 1532m	赤岩橋登山口 710m	6.5km	924m	924m

２万５千分の１地形図　両神山

アプローチ

公共交通機関利用では日帰りは無理。

●車：関越道本庄児玉ICまたは上信越道藤岡ICで降りて鬼石から下久保ダム経由で上野村へ。ホテル「ヴィラせせらぎ」手前の新要橋を左折し野栗沢方面へ行き、民宿「すりばち荘」先の丁字路を直進して胡桃平方面へ向かう。狭い林道を進むと登山口の赤岩橋に着く。駐車場は特にないが周辺の路肩に数台駐車可。約２時間。

●公共交通機関：JR高崎線新町駅から日本中央バス奥多野線で上野村八幡バス停（新要橋手前）で下車（約２時間）。
　＊バス（日本中央バス路線バス運行部）☎ 027-287-4422
　＊タクシー（乗合タクシー）☎ 0274-59-2111（上野村役場）

コースガイド

　登山道は赤岩沢沿いに付けられており、県境の尾根を越えて埼玉県側にある鉱山から鉱石を運んだといわれる、いにしえの峠道である。

　❶赤岩橋登山口から赤岩沢沿いの作業道を入る。道の終点からロープで急登しトラバース道を進み、左下の沢に下り対岸へ渡る。この先はつかまる樹木もないザレた上りのトラバース道になり、少し下り、左からの枝沢に架かる鉄パイプの橋を渡る。しばらく沢沿いに行くと正面に絶壁が見え、沢が二俣になる❷。左の涸れ沢の中に踏跡を探しながら上って行くと、道型が明瞭になり尾根への急登となる。この先で岩壁の基部を通過して尾根への上りとなり、沢音が聞こえてくる。右側の足元は深く切れ落ちたＶ字の谷で小滝が続いている。登山道はやがて涸れ沢の中を上るようになり、❸最後は急登して尾根に出ると、古い雨量計跡の木柱の標識がある。トラバース気味の登山道を上ると県境の赤岩峠❹で、十字路になっており小さな

赤岩岳

祠がある。大ナゲシへは県境の尾根を右（西方向）へ進む。小さなピークをいくつか越えると大きなピークの手前で右への巻き道が出てくる。下り気味に進み、次のピークを越えて下ると岩場に突き当たる。正面の樹林の中の岩場にはロープ、左側の岩場にはクサリが設置されている。左側のクサリ場でも特に難しいところはなく、高度感を満喫できる。岩場を上り樹林の中で道は合流して、右方向に少し進むと再度岩場に突き当たる。ここもクサリが設置されており、上ると山頂直下の岩場に出る。また左の樹林の中には巻き道もある。❺大ナゲシ山頂には三等三角点があり、登って来た赤岩峠の向こうに赤岩岳の絶壁や鋸歯のような赤岩尾根、その奥には奥秩父の名峰両神山が見え、南には奥秩父の山々、上武県境の三角錐の宗四郎山をはじめ西

上州の山々、御座山など佐久の山々、奥に八ヶ岳など360度の素晴らしい展望がある。下山は往路を戻る。健脚者は帰途に赤岩峠から赤岩岳を往復してもよい。（約1時間）

＊まれに赤テープがある程度で、涸れ沢は踏跡が不鮮明なので、経験者との同行が望ましい。
＊沢の中を登るので、雨天、増水時は特に注意のこと。
＊民宿「すりばち荘」前にある公衆電話ボックス利用の入山者ノートに記帳すること。

コースタイム（合計 6時間）

赤岩橋 ⇄(0:40/0:35) 二俣 ⇄(1:15/1:05) 雨量計跡 ⇄(0:15/0:10) 赤岩峠 ⇄(1:00/1:00) 大ナゲシ

（参考）赤岩峠 ⇄(0:30/0:25) 赤岩岳

問い合わせ
●上野村振興課 ☎ 0274-59-2111
●上野村産業情報センター
　☎ 0274-20-7070
●温泉・宿泊
　ヴィラせせらぎ ☎ 0274-59-2585
　民宿すりばち荘 ☎ 0274-59-2161

大ナゲシ

諏訪山 浜平コース

| 適期 | 1 | 2 | 3 | **4** | **5** | 6 | 7 | 8 | **9** | **10** | 11 | 12 |

難易度 **C**　体力度 **3**

スタート地点	最高地点	終了地点	ルート長	累積登り標高差	累積下り標高差
浜平 680m	諏訪山山頂 1549m	浜平 680m	10.3km	1100m	1100m

２万５千分の１地形図　浜平

アプローチ
公共交通機関利用では日帰りは無理。
●車：上信越道下仁田ICから湯の沢トンネル経由で上野村楢原へ、さらに上野ダム方面へ行き、浜平トンネルを抜けると左側に登山口の標識があり、浜平駐車場に着く。約1時間。無料駐車場、約30台駐車可。簡易トイレあり。
●**公共交通機関**：JR高崎線新町駅から日本中央バス奥多野線で上野村砥根平まで、所要時間約2時間。
　＊バス（日本中央バス路線バス運行部）☎ 027-287-4422
　＊タクシー（乗合タクシー）☎ 0274-59-2111（上野村役場）

コースガイド
　西上州と呼ばれる山域は一部の山を除いて以前は交通不便な山が多かった。その中でも諏訪山は最奥部に属し、以前は特に交通不便の地であったが、車社会になり高速道路や湯の沢トンネルの開通もあり、日帰りの山に変貌した。上野村砥根平から神流川ダム方面へ、浜平トンネルを抜けた左側に駐車場がある。

　❶虎ヶ王神社の鳥居脇を下り、大神楽沢に架かる橋を渡る。すぐに浜平集落からの道に合流する。道は廃屋の前を通り、その先に諏訪山への標識が出てくる。沢へ下り沢筋を行くと二俣に出る。右の沢を上り、しばらくして対岸へ渡り、トラバース気味に登山道を上って行く。沢の対岸下に「しおじの湯」の引湯パイプや源泉が見える。この先でまた沢に下る。沢の堰堤を越え、荒れた沢の中を進み沢の右側を上るようになると、連続した小滝をトラロープや木の桟橋で上って行く。この先も沢に下り、沢筋に上っていく。左から枝沢が出てくるが、沢の二俣や分岐は全て右の沢沿いに上る。沢から離れたザレた急登のトラバース道は慎重に上る。やがて明るく開けた沢の源頭に出て、つづら折りの急登わずかで尾根に上れば、正面の樹間からヤツウチグラの岩峰が見える。尾根を左折して岩場を越えたところが❷の湯ノ沢の頭である。この先で楢原、三笠山神社からの登山道に合流する。ここから先ピークや岩場を左右に巻きながら行くと、道はトラバースとなり、鞍部にトタン作りの壊れかけた❸弘法小屋がある。ヤセ尾根をロープに助けられて急

ヤツウチグラ

登すると展望が出てくる。ここから先がこのコースの核心部である。ヤセ尾根にはロープやクサリ・ハシゴがあるので慎重に上る。周辺にはアカヤシオ、ヒカゲツツジ、シャクナゲなどの花が咲き、疲れを忘れるであろう。いったん少し下り、岩壁の基部に出る。樹林の中のハシゴを登り、岩場を登れば❹ヤツウチグラ（三笠山）で立派な祠が立っている。八ヶ岳、御座山、浅間山から御荷鉾山、天丸山などの西上州の山々、奥秩父の山々と360度の展望がある。この先ツツジなどの低木の道を少し南へ下ると岩場

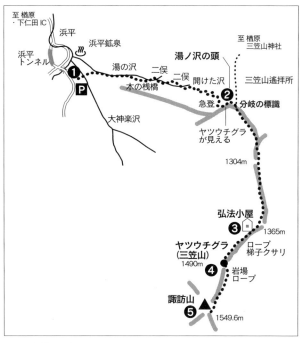

となり、ロープで鞍部に下りる。樹林の中を上り、いくつかのピークを越えると石祠が出てくる。この先わずかで三等三角点のある諏訪山である。❺山頂は展望がなく、落ち着いた静けさを感じる。下山は帰路を戻る。

＊岩場や岩稜帯があるので慎重に行動すること。
＊前半は沢の中を登るので増水時は注意する。
＊4月中旬からのレンゲツツジ、アカヤシオ、シャクナゲの咲く頃、10月中旬からの紅葉の季節がお勧めである。

コースタイム（合計 6 時間 40 分）

駐車場 ⇄(1:45/1:10) 湯ノ沢の頭 ⇄(0:55/0:45) 弘法小屋 ⇄(0:40/0:30) ヤツウチグラ（三笠山） ⇄(0:30/0:25) 諏訪山

問い合わせ

- 上野村振興課 ☎ 0274-59-2111
- 上野村産業情報センター ☎ 0274-20-7070
- 上野村ふれあい館 ☎ 0274-59-3223
- 森の体験館 ☎ 0274-20-7072
- 温泉・宿泊（上野村温泉郷）
  浜平温泉しおじの湯 ☎ 0274-59-3955
  塩の沢温泉やまびこ荘 ☎ 0274-59-2027

諏訪山

二子山 坂本からの周回コース

ふたごやま

難易度 D　体力度 2

適期	1	2	3	4	5	6	7	8	9	10	11	12
				●	●					●	●	

スタート地点	最高地点	終了地点	ルート長	累積登り標高差	累積下り標高差
坂本登山口 610m	西岳 1166m	坂本登山口 610m	4.9km	800m	800m

2万5千分の1地形図　両神山

アプローチ

群馬県側からの公共交通機関利用での日帰りは無理。

●車：神流川に沿って国道462号を西に向かい神流町神ヶ原で「古鉄橋」を左折し、国道299号志賀坂峠を経由し9.8kmで登山口。駐車場は登山口付近の路上に数台可能。埼玉県側からは国道299号で小鹿野町経由で登山口へ。

●公共交通機関：秩父鉄道秩父駅から小鹿野町経由で坂本までバス。
＊バス（西武バス秩父営業所）☎ 0494-21-1635
＊電車（秩父鉄道秩父駅）☎ 0494-22-2459

コースガイド

山麓から望む二子山の大岩壁は、西上州という山域には不似合いなほど、ヨーロッパ的なにおいと風格がある。その岩壁は白い石灰岩からなり、一気にせり上がる迫力には圧倒される。群馬県側からは恐竜の足跡が発見された神流町の漣痕（恐竜の足跡）から群馬、埼玉県境の志賀坂峠を越えてのアプローチになる。登山道はしっかりしており、山稜上からの高度感も素晴らしく、両神山や御荷鉾山・赤久縄山などの山並みも美しく眺望もよい。なお、二子山は世界的に有名なクライミングエリアでもあり、稜線上から石を落とさないようにしたい。岩壁にはクライマーがいつも取り付いているので見学するのもよいだろう。

❶登山口にはバイオトイレがある。沢沿いを歩いていく。❷付近から急登となり、ニリンソウ自生地を過ぎるとすぐに東岳と西岳の鞍部の股峠に着く。❸股峠から東岳へは一カ所クサリ場があり、危険と感じたときは引き返した方がよい。西岳へは北面を巻いていく一般コースと東面の

二子山西岳

西上州

岩場を登る上級コースがあるが、上級コースは岩場のため危険である。西岳山頂から❹の下降点までは狭い稜線を歩くが危険と感じたときは❸の股峠に戻り、ローソク岩経由で❺に向かった方がよい。❹の分岐には約6mのクサリ場があり注意したい。やや道が不鮮明であるがロープ沿いを東岳方向に進むと杉林の中に登山道が続いていて魚尾道峠❺が見えている。❻の分岐までは約50mで獣除けのネットがあるので、通行したら元通りにしておこう。杉林を下っていくと途中送電線鉄塔があり、この辺りからの二子山の岩壁は絶景で写真撮影には絶好のポイント。❼から❶までは車道を約300m歩く。

＊稜線上は狭く転落注意。またルートファインディングが必要になる。

コースタイム（合計 4時間30分）

登山口➡〈1:00〉股峠➡〈0:40〉西岳➡〈0:30〉④分岐➡〈0:20〉⑥分岐➡〈0:40〉⑦登山口➡〈0:30〉①登山口

股峠➡〈0:30〉東岳➡〈0:20〉股峠

問い合わせ

●小鹿野町観光協会
☎ 0494-79-1100
●神流町産業建設課
☎ 0494-57-2111

二子山西岳山頂

諏訪山 志賀坂登山口九十の滝周回コース

難易度 **B**
体力度 **2**

| 適期 | 1 | 2 | 3 | 4 | 5 | 6 | 7 | 8 | 9 | 10 | 11 | 12 |

スタート地点	最高地点	終了地点	ルート長	累積登り標高差	累積下り標高差
志賀坂森林公園 780m	諏訪山 1207m	志賀坂森林公園 780m	4.0km	400m	400m

2万5千分の1地形図　両神山

アプローチ

●車：神流町神ケ原から国道299号へ。恐竜の足跡で有名な瀬林の漣痕（さざ波岩）を横に見て約6.5km、10分で志賀坂トンネル手前駐車場（10台）。

●公共交通機関：JR高崎線新町駅から日本中央バス奥多野線で古鉄橋下車1時間40分。志賀坂トンネルまで徒歩1時間50分。

＊バス（日本中央バス路線バス運行部）☎ 027-287-4422

コースガイド

　恐竜の足跡で有名な瀬林の漣痕から埼玉県へ抜ける国道299号の志賀坂トンネル上部の県境稜線上にある小さなピーク。隣の上野村にも同名の山があり、同じ山域に同名の山があるのは珍しい。比較的短時間で登れるのはこちらである。登山道は神流町志賀坂森林公園遊歩道として整備され、「間物登山口」と「志賀坂登山口」がある。山頂にはその名の通り諏訪神社の祠が祭られている。志賀坂森林公園として尾根ルートと谷ルートの登山道が整備されており、トンネル手前から歩き出せば手軽に頂上まで登ることができる。近年頂上付近の南斜面の杉が伐採されたため、展望が開け両神山方面が見渡せる。頂上からは「かんなの7滝」に数えられる落差40mの九十の滝へ周回するとよい。九十の滝は冬季に結氷し、見事な景観を見せてくれる。滝からは15分ほどで間物登山口へ下りられる。春の新緑とツツジや山桜、秋は紅葉、冬は氷瀑と四季を通じて楽しめる。ただし、冬季は積雪に注意し適切な装備を用意したい。

九十の滝

❶志賀坂トンネルの群馬県側入り口にある登山口駐車場（10台）には立派な指導板がある。歩き出すとすぐに尾根コースと谷コースの分岐があるが所要時間はほどんど変わらず、どちらも危険箇所はない。尾根コースからは二子山や両神山が望める。❷谷コースを行く場合、この先、途中の東屋からも尾根コースと谷コースの分岐がある。谷コースは落ち葉が堆積して滑るところもあるので注意したい。しばらく行くと尾

根コースと谷コースが合流❸、ここからはなだらかな稜線を行く。❹九十の滝、間物集落への分岐。左へひと上りで頂上だ。❺頂上には祠があり諏訪大明神が祭られている。三等三角点があり南側は両神山方面が望めるが三方は展望がない。❻山頂から九十の滝分岐へ戻る。少し下ると東屋の脇からシオジの森への分岐があるが、登山道一部崩壊のため立ち入り禁止となっている。この下で右下に下る道が派生しており、九十の滝下へ出られる。❼わ

たど橋は鉄製の近代的な吊り橋で、ここから九十の滝を望める。❽わたど橋下駐車場（8台）からは林道を徒歩約15分で間物集落。間物から志賀坂トンネルまで国道を徒歩30分。

＊❻シオジの森分岐点にある東屋は倒壊している。また、その直下の木橋も倒壊して急傾斜となっており注意。(2018.10.14 現在)
＊適期は通年。冬季でも雪は少ない。

コースタイム（合計 3時間15分）

志賀坂トンネル ⇄ 0:50/0:30 尾根コース谷コース合流点 ⇄ 0:40/0:35 諏訪山 ⇄ 0:30/0:50 東屋 ⇄ 0:30/0:40 わたど橋下駐車場 ⇄ 0:15/0:20 間物集落 ⇄ 0:30/0:25 志賀坂トンネル

問い合わせ

● 神流町産業建設課
　☎ 0274-57-2111
● 神流町恐竜センター
　☎ 0274-58-2829

諏訪山山頂

さくいん

あ

赤沢峠／あかざわとうげ	34
赤久縄山／あかぐなやま	250
朝日岳／あさひだけ	18
浅間隠山／あさまかくしやま	164,166
四阿山／あずまやさん	150,152
吾妻耶山／あづまやさん	46
吾妻山／あづまやま	114
尼ケ禿山／あまがはげやま	58
雨乞山／あまごいやま	60
雨降山／あめふりやま	246
アヤメ平／あやめだいら	82
荒船山／あらふねやま	212
荒山／あらやま	98
有笠山／ありがさやま	130
伊香保森林公園／いかほしんりんこうえん	198
稲包山／いなつつみやま	36,38
稲含山／いなふくみやま	242
稲村山／いなむらやま	194
岩櫃山／いわびつやま	126
碓氷峠旧道／うすいとうげきゅうどう	160
裏燈林道／うらひうちりんどう	74
裏妙義／うらみょうぎ	188
エビ山／えびやま	174
烏帽子岳／えぼしだけ	148,230
王城山／おうじょうさん	132
大岩／おおいわ	234
大桁山／おおげたやま	244
太田金山／おおたかなやま	120
大ナゲシ／おおなげし	256
大水上山／おおみなかみやま	42
大峰山／おおみねやま	44,46
大屋山／おおやさん	224
大山／おおやま	254
小沢岳／おざわだけ	232
尾瀬ヶ原／おぜがはら	68,70
尾瀬沼／おぜぬま	66,70
オトギの森／おとぎのもり	100
オドケ山／おどけやま	248
小野子山／おのこやま	138
御飯岳／おめしだけ	180
表妙義／おもてみょうぎ	184

か

籠ノ登山／かごのとやま	142
笠ヶ岳／かさがたけ	80
笠丸山／かさまるやま	240
吾嬬山／かづまやま	128
鹿岳／かなだけ	222
兜岩山／かぶといわやま	210
掃部ケ岳／かもんがたけ	202
菅峰／かんぼう	134
鬼怒沼山／きぬぬまやま	90
栗生山／くりゅうさん	108
黒滝山／くろたきさん	218
黒檜山／くろびやま	94
黒斑山／くろふやま	146
鍬柄岳／くわがらだけ	244
袈裟丸山／けさまるやま	104,106
毛無岩／けなしいわ	216
剣ヶ峰山／けんがみねさん	52
剣の峰／けんのみね	158
小浅間山／こあさまやま	144
神津牧場／こうつぼくじょう	206
子持山／こもちやま	136

さ

皿伏山／さらぶせやま	84
三条ノ滝／さんじょうのたき	72
三方ケ峰／さんぽうがみね	142
信濃路自然歩道／しなのじしぜんほどう	144
至仏山／しぶつさん	78
十二ケ岳／じゅうにがたけ	140
上州武尊山／じょうしゅうほたかさん	50,52,54,56
白砂山／しらすなやま	176,178
四郎岳／しろうだけ	92

皇海山／すかいさん	102	
鈴ケ岳／すずがたけ	96	
杏ケ岳／すもんがたけ	202	
諏訪山／すわやま	258,262	
仙人ケ岳／せんにんがたけ	116	
仙ノ倉山／せんのくらやま	30	
相馬山／そうまやま	200	

た

平標山／たいらっぴょうやま	24,28,30
高岩／たかいわ	192
高王山／たかおやま	62
高倉山／たかくらやま	168
高田山／たかだやま	122
嵩山／たけやま	124
立岩／たついわ	214
谷川岳／たにがわだけ	12,14,16,22,24
丹後山／たんごやま	42
玉原高原／たんばらこうげん	58
父不見山／ててみずやま	252
長七郎山／ちょうしちろうさん	100
丁須岩／ちょうすいわ	186
角落山／つのおちやま	158
燕巣山／つばくろすやま	92
天狗岩／てんぐいわ	238
天丸山／てんまるやま	254
戸神山／とがみやま	62

な

鳴神山／なるかみやま	112
鍋割山／なべわりやま	98
日光白根山／にっこうしらねさん	86,88
根本山／ねもとさん	110

は

八王子丘陵／はちおうじきゅうりょう	118
八間山／はちけんざん	172
鼻曲山／はなまがりやま	154,156

破風岳／はふだけ	180
榛名天狗山／はるなてんぐやま	204
燧ケ岳／ひうちがたけ	76
桧沢岳／ひさわだけ	236
平ケ岳／ひらがたけ	64
二子山／ふたごやま	260
武尊山／ほたかさん	50,52,54,56

ま

巻機山／まきはたやま	40
丸岩／まるいわ	134
万太郎山／まんたろうやま	26
御荷鉾山／みかぼやま	248
三国山／みくにやま	32
水沢山／みずさわやま	196
三壁山／みつかべやま	174
三峰山／みつみねやま	48
御堂山／みどうやま	226
三ツ岩岳／みついわだけ	228
碧岩／みどりいわ	234
妙義山／みょうぎさん	182
物語山／ものがたりやま	208
物見山／ものみやま	206

や

矢ケ崎山／やがさきやま	162
谷急山／やきゅうさん	190
薬師岳／やくしだけ	128
湯ノ丸山／ゆのまるやま	148
芳ケ平／よしがだいら	170
蓬峠／よもぎとうげ	20
四ツ又山／よつまたやま	220

取材・執筆者

群馬県山岳連盟

沼田山岳会／長田厚実　高体連OB／小林達也、鹿田雄三、高橋守男、田中洋史、対比地昇、角田二三男　ミヤマ山岳会／佐藤光由、高野真実　中之条山の会／高橋一栄、長谷川勇、小林勉、宮崎勉　大間々山岳会／藤沼隆男　個人会員／細野義法　クラブΣ／町田幸男　境町山の会／大和亨、吉田直人　アイスエクストリーム／山本泰司　太田山岳会／阿久津幸弘　桐生山岳会

群馬県勤労者山岳連盟

モンテ・アルパインクラブ／長谷川浩、武井幸一　太田ハイキングクラブ／前野立穂、加藤博、戸澤哲男、佐藤幹男、倉崎富治、田部井悦子、城代隆良、今井英夫、薗田富美雄、橋本克彦、津久井照夫　毛ツ久里山の会／富澤士郎、磯山陽子　パープル・スノー・アンド・ウィンド／山田浩樹　前橋勤労者山岳会／松田保史、深澤誠次、中田英明　やまなみ／島田恭司、細矢圭代　甘楽町山の会／森下剛志　ぽんぽこ山の会／打木雅人　高崎勤労者山岳会／岩田佳弘　前橋ハイキングクラブ／高橋勇三、岩﨑健、椛澤初男、中島明、佐田睦

日本山岳会群馬支部

北原秀介、黛利信、中山達也、根井康雄、武尾誠

(順不同)

編集委員会

委 員 長　八木原圀明（群馬県山岳連盟会長　日本山岳・スポーツクライミング協会会長）
副委員長　清水隆次（群馬県勤労者山岳連盟会長）
副委員長　北原秀介（日本山岳会群馬支部長）

委員

[群馬県山岳連盟]
吉田直人・佐藤光由・高橋守男・町田幸男・対比地昇・角田二三男

[群馬県勤労者山岳連盟]
岩﨑健・前野立穂・武井幸一・椛澤初男・高橋勇三・佐田睦

[日本山岳会群馬支部]
黛利信・中山達也・宮川勉・根井康雄（編集事務局）

Hiking best guide

　群馬県山岳団体連絡協議会（八木原圀明会長）は群馬県山岳連盟・群馬県勤労者山岳連盟・日本山岳会群馬支部の群馬県内の山岳3団体によって構成され、群馬の山のグレーディングやぐんま県境稜線トレイルの調査や踏査、スポーツクライミング振興などを通して、登山振興と安全登山の推進に当たっています。

群馬の山歩きベストガイド
安心して登れる126コース

発　行　日／2019年12月15日 初版第1刷

編　　　集／群馬県山岳団体連絡協議会
　　　　　　「群馬の山歩きベストガイド」編集委員会

発　　　行／上毛新聞社事業局出版部
　　〒371-8666　前橋市古市町1-50-21　tel 027-254-9966

Ⓒ Jomo Press 2019　Printed in Japan

禁無断転載・複製
落丁・乱丁本は送料小社負担にてお取り換えいたします。
定価はカバーに表示してあります。

ISBN978-4-86352-249-7

ブックデザイン／寺澤事務所・工房

〈memo〉

〈memo〉

本書では重版・改訂に向け、本文、地図、各種データなど見直しています。お気づきの点がございましたら、下記へご連絡下さい。

上毛新聞社事業局出版部　　E-mail : book@raijin.com
　　　　　　　　　　　　　Fax : 027-254-9906